나는 세금 없는 두바이에서 집 산다
글로벌 투자자를 위한 두바이 부동산 투자 완전 정복

나는 세금 없는 두바이에서 집 산다

초판 1쇄 인쇄 2025년 7월 25일
1쇄 발행 2025년 8월 10일

지은이 유다나

펴낸이 우세웅
책임편집 강진홍
콘텐츠 제작 김세경
경영지원 고은주
북디자인 박정호

종이 페이퍼프라이스㈜
인쇄 ㈜다온피앤피

펴낸곳 슬로디미디어
출판등록 2017년 6월 13일 제25100-2017-000035호
주소 경기 고양시 덕양구 청초로 66, 덕은리버워크 A동 15층 18호
전화 02)493-7780 **팩스** 0303)3442-7780
홈페이지 slodymedia.modoo.at **이메일** wsw2525@gmail.com

ISBN 979-11-6785-272-4 (03320)

글 ⓒ 유다나, 2025

※ 이 책은 저작권법에 의하여 보호받는 저작물이므로 무단 전재와 무단 복제를 금합니다.
※ 잘못된 책은 구입하신 서점에서 교환해 드립니다.
※ 본서에 인용된 모든 글과 이미지는 독자들에게 해당 내용을 효과적으로 전달하기 위해 출처를 밝혀 제한적으로 사용하였습니다.

※ 슬로디미디어는 여러분의 소중한 원고를 기다리고 있습니다.
　wsw2525@gmail.com 메일로 개요와 취지, 연락처를 보내주세요.

일러두기

도서 본문 사진의 QR코드를 스캔하면 사진을 자세히 보실 수 있습니다.

글로벌 투자자를 위한 **두바이 부동산 투자 완전 정복**

유다나 지음

나는 세금 없는 두바이에서 집 산다

슬로디미디어

추천사

지난 20년간 아랍에미리트, 특히 두바이는 사막의 모래언덕 위에서 세계가 주목하는 글로벌 허브로 눈부시게 성장해왔습니다.

20년 전 두바이는 지금과는 전혀 다른 모습이었습니다. 끝없이 펼쳐진 모래언덕과 소수의 고층 빌딩, 작은 무역항이 전부였던 이 도시는 불과 한 세대 만에 하늘을 찌르는 마천루와 세계 최고 수준의 인프라, 그리고 혁신적인 경제정책으로 무장한 글로벌 무대로 탈바꿈했습니다. 그러나 이러한 변화는 단순히 도시 풍경의 변화를 의미하지 않습니다. 두바이는 사막 한가운데에서 새로운 비즈니스 문화를 탄생시킨 도시이자, 모든 산업과 자본이 교차하는 거대한 무대로 자리 잡고 있습니다.

지난 수십 년간 에너지, 무역, 물류, 그리고 수많은 투자 프로젝트를 통해 아랍에미리트의 변천사를 가장 가까이에서 지켜본 현장의 경험자들은 공통적으로 이야기합니다. 두바이는 부동산만의 도시가 아니라, 다양한 산업과 글로벌 자본이 끊임없이 유입되고 재편되며 새로운 기회를 만들어내는 기회의 장이라는 것입니다. 화려함 뒤에는 언제나 복잡한 규제 환경, 국제 정세, 그리고 끊임없이 변하는 시장 사이클이 존재하며, 이러한 복합적 생태계를 이해하지 않고서는 두바이에서의 성공을 담보할 수 없습니다.

　이렇듯 쉽지 않은 시장임에도 불구하고 두바이가 여전히 전 세계의 주목을 받는 이유는 분명합니다. 두바이는 그 변화의 속도와 혁신의 크기에서 단연 독보적이며, 준비된 이들에게 상상 이상의 기회를 안겨주는 도시이기 때문입니다.

　『나는 세금 없는 두바이에서 집 산다: 글로벌 투자자를 위한 두바이 부동산 투자 완전 정복』은 이러한 두바이의 실상을 누구보다 현실적으로 담아낸 책입니다. 저자는 두바이를 단순히 화려한 미래 도시로 묘사하지 않습니다. 두바이가 어떻게 성장했고, 무엇이 이 도시를 움직이게 만드는지, 그리고 투자자와 사업가가 어떤 전략으로 이 시장에 접근해야 하는지를 매우 구체적이고 현실적으로 풀어냅니다. 특히 현지에서 직접 사업을 운영하며 체득한 생생한 통찰을 담아냄으로써, 단순한 수치나 전망을 넘어 실제 투자자의 눈높이에 맞춘 실질적인 조언을 전하고 있습니다.

　두바이의 진짜 가치는 스카이라인의 높이나 세금 혜택만으로 설명할 수 없습니다. 그 가치는 변화와 혁신의 속도, 그리고 그 안에서 끊임없이 새로운 기회를 창조해내는 사람들과 시스템에 있습니다. 이 책은 바로 그 본질을 꿰뚫고 있으며, 독자들이 두바이를 단순히 투자처가 아니라 글로벌 자산 포트폴리오의 전략적 거점으로 바라볼 수 있도록 이끌어줍니다.

　두바이를 막연한 기회의 땅이 아니라, 현실적인 비즈니스 무대이자 글로벌 투자 전략의 핵심 거점으로 인식하고자 하는 투자자들에게 이 책은 단연 필독서라고 할 수 있습니다. 『나는 세금 없는 두바이에서 집 산다: 글로벌 투자자를 위한 두바이 부동산 투자 완전 정복』은 두바이의 과거와 현재, 그리고 더 큰 미래를 설계하려는 이들에게 확실한 나침반이 되어줄 것입니다.

–대니얼 신(Daniel Shin)(아틀란티스 와이드 가스 앤드 페트로 트레이딩 (ATLANTIS WIDE GAS AND PETRO TRADING LLC) 회장)

서문

저는 2008년 베이징 올림픽, 2010년 상하이 엑스포를 기점으로 중국이 폭발적으로 성장할 것을 예견하고, 대학교 재학 중이던 2000년 중후반에 중국에서 첫 사업을 시작했습니다. 베이징과 티베트 라싸를 연결하는 칭짱철도가 개통하자마자 48시간 동안 그 열차를 타고 달렸던 때의 추억을 아직도 잊지 못합니다. 당시 베이징을 비롯한 중국 전역에서 부동산 개발 붐이 일어나는 것을 목격했습니다. 하지만 대학생 때 했던 사업이 처음 실패하여 아쉽게도 부동산 투자 기회를 놓친 경험이 있습니다.

이후 저는 두바이에서 그때의 희열을 느끼고 있습니다. 하루에도 수백 킬로미터씩 운전하며 도시 곳곳을 누빌 때마다 수많은 타워크레인과 인부들을 볼 수 있었고, 저는 '중국도 이랬었는데…' 하면서 '두바이가 앞으로 10여 년 이상은 나의 미래다'라고 본능적으로 직감했습니다.

중국을 중심으로 해외 사업을 활발히 하던 시기 제 주변엔 늘 아랍 국가의 친구들이 있었습니다. 그들은 늘 저에게 중동에 대한 긍정적인 인상을 심어주었습니다. 저는 틈틈이 중동 국가에 대해 공부하고 경험도 하면서도 현지 파트너들과 오랫동안 사업을 이어왔습니다. 하지만 이상하게도 중동에 와서 살아야겠다고 생각한 적은 없었습니다.

그러다가 경험 삼아 왔던 두바이 출장이 제 인생을 바꿔놓았습니다. 단 2주간의 출장 이후 한국으로 돌아가야 하는 제가 두바이에 완전히 정착할 수 있는 기회를 지금의 회사에서 얻었기 때문입니다. 단 1초도 망설이지 않고 저는 그 기회를 받아들였습니다. 한국으로 가서 한국 생활을 가감 없이 정리하고 2주 만에 두바이로 돌아왔습니다.

제 이름은 '다나(Dana)'입니다. 아랍어로 '진주'라는 의미를 내포하고 있습니다. 두바이 왕세자의 해시태그 중 하나인 'Dana_Dubai'와도 묘하게 닮아 있습니다. 저에겐 두바이가 운명이었나 봅니다. 중국을 비롯한 여러 국가에 살기도 하고 해외 사업을 줄곧 해오면서 얻은 경험과 노하우들을 축적하여 두바이에서 빛을 발휘하라고 그동안의 수많은 시련이 있었나 봅니다.

저는 '두바이의 진주'처럼 이 도시를 알리고, 한국과 아랍에미리트를 연결하는 다리 역할을 위해 제 이름에 걸맞은 삶을 살고자 결심했고, 그 마음이 이 책을 집필하는 계기가 되었습니다.

두바이를 비롯한 아랍에미리트 전역을 누비면서 제 시야에 들어오는 현장과 수많은 비즈니스 미팅을 담고, 집에 돌아와서는 뉴스, 리포트 등을 보면서 아랍에미리트의 전반적인 현황을 파악했습니다. 잠자는 시간을 제외하곤 주말도 없이 아랍에미리트와 저는 한마음이 되었습니다. 해외 여러 나라의 자산과 인프라, 그리고 사람들이 두바이로 향하는 이유도 알게 되었습니다. 두바이는 단순한 관광지가 아니라, 자산을 안전하게 보호할 수 있는 '현대적 중립지대'로 진화 중이었습니다.

그래서 저는 이 책을 단순한 부동산 투자 안내서로 집필하지 않았습니다. 저만의 경험담과 제 색깔을 온전히 녹여내기보다는 변화하는 국제 정세 속에서 자산을 '어디에, 어떤 방식으로' 놓아야 하는지를 고민하는 투자자들을 위한 현실적 체크리스트이자, 글로벌 부의 흐름을 좇는 이들에게 왜 지금 '두바이'라는 도시를 선택해야 하는지를 입체적으로 보여주는 지도와도 같은 주요 정보를 전달하는 데 중점을 두었습니다.

두바이에 관심 있다면 이 책을 기본서처럼 곁에 두고 읽어보시기를 바랍니다. 책을 통해 이 도시를 이해하고 지역별 특성과 투자 전략을 파악한 후 언젠가 직접 두바이를 둘러보며 저와 함께 더 깊은 이야기를 나눌 수 있기를 기대합니다.

저자 유다나

차례

추천사 . 4
서문 . 7

PART 1 두바이를 알면 돈이 보인다:
기회의 도시를 해석하는 시선

01 아랍에미리트와 두바이 개요 . 17
두바이의 전략적 위치와 도시 특성 . 18
아랍에미리트 경제의 핵심 산업별 성장 구조(외국인 투자/금융/기술/에너지/관광/자본) . 22
글로벌 투자 허브로 부상한 배경 . 33
인구구조와 외국인 중심 비즈니스 환경 . 38

02 기회의 도시 두바이, 지금이 부동산 투자를 시작할 타이밍인 이유 . 43
세금 혜택: 글로벌 투자자를 끌어들이는 핵심 인센티브 . 45
골든 비자와 글로벌 거주 허브 . 49
두바이 부동산이 매력적인 이유: 수익률과 가치 상승, 두 마리 토끼 . 52
법률·정책 인프라로 본 투자 안정성 . 56

PART 2 흐름을 읽는 투자자:
두바이 부동산 시장 20년 리포트

03 부동산 시장의 변곡점(2000~2025년) . 63

두바이 부동산 시장의 태동과 급성장 그리고 하락(2000년대) . 65

글로벌 금융위기 후 회복과 조정(2010년대) . 68

러시아 자본 유입과 초고급화(2021~2024년) . 70

2023~2024년, 두바이 부동산 시장의 양적 도약기 . 72

04 시장을 해독하는 힘: 두바이 부동산의 흐름과 전략(2023~2025년) . 76

3가지 시장, 3가지 전략: 고급, 중산층, 단기 임대, 그리고 지속 가능성 . 77

안정 속 기회를 품은 두바이 부동산 시장(2024~2025년) . 81

변동성 속 질서, 다음 기회는 어디인가? . 84

2025년: 리스크와 기회의 공존 . 85

PART 3 어디에 투자할 것인가:
지역과 개발사 완전 정복

05 '누가 지었는가'가 수익률을 결정한다: 핵심 개발사 리포트 . 93

정부 주도 개발사: 국가 프로젝트의 안정성과 스케일 . 96

민간 마스터 디벨로퍼: 브랜드가 만든 부동산 가치 . 103

니치 개발사와 라이프스타일 특화 브랜드 . 116

아부다비·샤르자·라스 알 카이마의 부상하는 개발사들 . 119

2025년 이후의 개발사별 전략 변화와 투자 기회 . 121

06 '어디에 투자할 것인가'는 시기와 목적에 달렸다: 지역별 투자 가이드 . 124

    두바이 도시 성장 6단계와 투자 기회의 지형도: 역사·경제정책 변화에 따른 대표 지역 . 125

    두바이 핵심 투자 지역 분석 및 투자 사례 . 135

    투자자의 스토리 . 221

07 아부다비·샤르자·라스 알 카이마 부동산 . 231

    아부다비: 정치·행정 수도를 넘어 명실상부한 글로벌 투자 허브 . 233

    라스 알 카이마: 조용하지만 강력한 투자 기회가 흐르는 곳 . 254

    샤르자: 문화와 경제의 균형 속에 떠오르는 투자 중심지 . 256

PART 4 미래를 읽는 지도:
두바이 2040과 인프라

08 두바이 2040 도시 마스터플랜 분석 . 265

    인구 증가, 녹지 개발, 스마트시티 로드맵 . 266

    부동산 가치에 미치는 정책 변화 분석: 도시계획이 부동산 시장을 움직인다 . 270

    지속 가능성과 ESG가 이끄는 투자 트렌드: 가치의 기준이 바뀌고 있다 . 271

09 인프라와 교통, 교육이 만든 투자 지형 . 273

    두바이 메트로 확장, 블루라인 . 273

    에티하드 철도 프로젝트: 도시 구조를 재편하는 교통 혁신 . 275

    입지가 곧 학군이다: 교육이 만들어내는 부동산 가치의 기준선 . 278

PART 5 실전 가이드:
성공하는 글로벌 투자자의 체크리스트

10 구매 프로세스와 투자 전략 . 285

외국인 투자자의 구매 절차 . 285

오프플랜 vs 완공 매물 전략 . 288

법적 고려 사항과 협상 포인트 . 290

오프플랜 모기지와 자금 조달 전략 . 293

11 해외 투자자를 위한 준비 체크리스트 . 298

해외 부동산, '사기 전' 반드시 준비해야 할 것들 . 298

해외 부동산 투자 절차 . 300

해외 부동산 투자자를 위한 세무 가이드: 한국 세법상 신고·납부 의무 . 302

마무리: 이제 당신의 이야기를 시작할 차례입니다 . 306

부록 1 두바이에 거주하거나 부동산을 소유한 유명 인사들 . 308

부록 2 두바이 부동산 투자자가 꼭 알아야 할 핵심 용어 가이드 . 312

참고 문헌 . 316

PART 1

두바이를 알면 돈이 보인다:
기회의 도시를 해석하는 시선

아랍에미리트와 두바이 개요

두바이는 현재 세계에서 가장 역동적인 부동산 투자 시장 중 하나로 평가받고 있습니다. 세금 부담이 적고, 외국인이 100퍼센트 소유할 수 있는 프리홀드(freehold) 지역이 확대되었으며, 장기 거주 비자와 높은 임대 수익률(ROI) 등 다양한 제도적 이점이 투자자들의 이목을 끌고 있습니다. 법적 안정성 또한 글로벌 투자자들에게 매력으로 작용하고 있습니다.

만약 2021년에 두바이의 부동산을 매입했다면 지금쯤 자산 가치가 2배에서 3배 이상으로 상승했을 가능성이 큽니다. 단 3년 만에 두바이 부동산 시장은 놀라운 상승세를 보이며 전 세계 투자자들의 관심을 확실히 사로잡았습니다.

"지금 두바이에 투자하기엔 너무 늦은 것 아닐까요?"

많은 투자자들이 하는 질문입니다. 그러나 정답은 다릅니다.

지금이 아니면 오히려 더 늦을 수 있습니다.

그 이유는 단순합니다. 두바이는 지금 이 순간에도 자본과 기술, 인재가 실제로 유입되고 있는 '살아 있는 투자지'이기 때문입니다.

지정학적 측면에서도 두바이는 중동, 아프리카, 동남아시아, 유럽, 독립국가연합(CIS), 심지어 남미까지 연결될 수 있는 위치에 있습니다. 특히 두바이를 기준으로 비행 거리 4시간 내에 약 30억 명, 8시간 내에 40억 명이 거주하고 있으며, 이는 전 세계 시장으로의 확장성과 접근성을 동시에 확보했다는 뜻입니다.

2025년 현재 아랍에미리트(UAE)에는 약 200개 국적의 외국인들이 거주하고 있으며, 이들은 전체 인구의 85퍼센트 이상을 차지합니다. 다양한 국적과 문화가 어우러진 이 환경은 두바이를 단순한 거주지가 아닌 글로벌 비즈니스 네트워크의 허브로 만들고 있습니다. 투자자는 이와 같은 국제적 네트워크와 지리적 이점을 바탕으로 주변국으로 확장하는 전략까지 동시에 고려할 수 있습니다.

두바이의 전략적 위치와 도시 특성

두바이는 유럽, 아시아, 아프리카를 삼각으로 잇는 중심부에 자리하고 있습니다. 지도를 펼쳐보면 더욱 명확해집니다. 이 도시는 단지 '부유한 도시'가 아니라, 세계 비즈니스의 흐름이 자연스럽게 지나가는 길목에 있습니다. 이러한 지정학적 입지는 두바이를 무역, 물류, 금융, 관광의 중심지로 성장시킨 핵심 요소 중 하나입니다. 그러나 단지 '위치'만으로 이런 도시가 만들어지지는 않습니다.

두바이가 오늘날과 같은 위상을 얻게 된 배경에는 세계적 수준의 항공·해상 네트워크, 탄탄한 인프라, 그리고 외국인 친화적 정책 구조가 어우러져 있습니다. 전략적인 도시 확장과 글로벌 수요를 정교하게 겨냥한 개발 방식이 두바이를 '진화하는 도시'로 성장시켰습니다.

현재 두바이의 면적은 약 4,110제곱킬로미터에 달하지만 여전히 확장되고 있습니다. 해양 간척을 통해 도시 외곽을 넓히고 있으며, 그중 대표적인 사례가 팜 제벨 알리(Palm Jebel Ali)입니다. 이곳은 단순한 인공섬이 아니라, 해안선을 따라 고급 주거지와 관광 시설을 집중 배치한 전략적 개발지로 설계되었습니다. 장기 거주는 물론 단기 임대 수요까지 아우를 수 있는 구조를 갖추어 글로벌 고소득층을 주요 타깃으로 하고 있습니다.

교통 인프라 역시 빠르게 발전하고 있습니다. 현재 두바이 메트로는 64개 역, 84킬로미터 규모로 운영되고 있지만, 2030년에는 96개 역(140킬로미터), 2040년에는 140개 역(228킬로미터)까지 확장될 계획입니다. 이 같은 교통망 확장은 단순한 기반 시설 구축을 넘어, 도시 어디서든 주요 업무 지구까지 20분 내 도달할 수 있도록 설계한 '20분 도시(20-Minute City)' 전략의 일환입니다. 이 확장은 '두바이 2040 도시 마스터플랜(Dubai 2040 Urban Master Plan)'의 핵심 과제로, 교통망이 확장되는 지역은 향후 부동산 입지 가치가 재평가될 가능성이 큽니다.

두바이의 인프라 확장 흐름을 고려한다면 어디에 투자하느냐에 따라 10년 후 자산 가치의 격차가 상당히 커질 수 있습니다.

항공 인프라 확장도 주목할 필요가 있습니다. 알 막툼 국제공항(Al Maktoum International Airport, DWC) 확장 계획은 그 규모를 상상만 해도 압도적입니다. 현재 건설 중인 여객 터미널에만 1,280억AED(디르함)(약 51조 2,000억 원)이 투입되고 있으며, 완공되면 연간 2억 6,000만 명을 수용할 수 있는 세계 최대 공항이 될 전망입니다. 이 공항은 5개의 활주로와 400개 이상의 탑승 게이트를 갖추게 되며, 총면적은 70제곱킬로미터로 두바이 국제공항(DXB)보다 5배나 넓습니다. 단순한 공항을 넘어 하나의 '항공 도시'로 기능할 수 있는 기반이 마련되고 있다는 뜻입니다.

하늘을 담당하는 인프라가 있다면, 해상은 제벨 알리 항구가 그 역할을 맡고 있습니다. 이곳은 중동 최대이자 세계적으로도 손꼽히는 항구로, 연간 1,900만TEU(twenty-foot equivalent unit)의 물동량을 처리하고 있으며, 140개국 이상과 연결된 글로벌 물류 네트워크를 보유하고 있습니다. 항구 인근에 조성된 제벨 알리 자유무역지대(JAFZA)에는 6,400개 이상의 글로벌 기업이 입주해 있으며, 법인 설립의 용이성, 세금 혜택, 물류 인센티브 등 외국인 투자자를 위한 제도적 인프라도 완비되어 있습니다.

최근에는 제벨 알리 항구와 알 막툼 국제공항을 직접 연결하는 에티하드 철도(Etihad Rail)가 개통되면서 물류 경쟁력이 한층 강화되었습니다. 기존에는 3일이 걸리던 수송 시간이 4시간으로 단축되었으며,

이는 두바이가 글로벌 물류 경쟁에서 완전히 새로운 차원으로 도약했음을 보여줍니다.

이처럼 두바이는 단지 '성장 중인 도시'가 아니라, 이미 계획되고 실현된 기반 위에 지금도 정교하게 진화하고 있는 도시입니다. 도시 확장의 속도와 방향이 일반적인 도시들과 비교할 수 없을 정도로 빠르고 전략적입니다.

기후 또한 두바이의 도시 특성과 투자 전략에 중요한 요소로 작용합니다. 두바이는 전형적인 사막 기후에 속해 여름에는 섭씨 40도를 넘고, 최고기온이 50도에 달하는 날도 있습니다. 하지만 겨울철은 전혀 다릅니다. 평균기온이 14~25도 정도로 온화하고 건조한 날씨가 지속되며, 연평균 강수량은 100밀리미터 미만으로 대부분 맑은 날씨를 자랑합니다.

이러한 기후 조건은 단기 임대형 부동산, 휴양형 부동산, 관광지 인근 개발지에 특히 유리합니다. 겨울철 관광 시즌에 수요가 몰리면서 수익이 집중되는 구조 덕분에 임대 수익률이 높고 안정적입니다.

이제 두바이를 단순히 '성장하는 도시'가 아닌, 인프라와 정책, 자본과 기술이 결합되어 계획된 확장 도시로 이해할 수 있을 것입니다. 이 도시의 흐름을 정확히 읽고 선제적으로 투자한다면, 부동산은 단순한 자산이 아니라 미래를 선점하는 전략이 될 수 있습니다.

아랍에미리트 경제의 핵심 산업별 성장 구조
(외국인 투자/금융/에너지/관광/기술)

'UAE는 더 이상 석유의 나라로만 기억되지 않습니다.'

전통적으로 석유에 의존하던 경제구조에서 벗어난 현재의 UAE는 제조업, 부동산, 무역, 물류, 첨단 기술을 중심으로 한 비석유 부문 중심의 다각화된 경제 생태계를 빠르게 구축하고 있습니다. 이와 같은 전환은 단순한 선언이 아니라, 정부가 주도하는 실행과 글로벌 투자 유치 전략을 바탕으로 실질적인 성과를 이루고 있습니다.

UAE 중앙은행이 발표한 2024년 보고서에 따르면 실질 GDP 성장률은 4퍼센트를 기록했으며, 2025년에는 4.5퍼센트, 2026년에는 5.5퍼센트까지 상승할 것으로 전망됩니다. UAE 경제의 회복 탄력성과 확장성을 보여주는 이 지표는 현재가 두바이에 투자하기에 얼마나 적절한 시점인지를 직관적으로 설명해줍니다.

특히 주목할 부분은 비석유 부문입니다. 2024년 2분기 기준으로 비석유 부문 GDP는 전년 대비 4.8퍼센트 성장하였고, 현재 전체 GDP의 75퍼센트 이상이 석유 외 산업에서 창출되고 있습니다. 이는 UAE가 '기름 한 방울 없어도 성장 가능한 경제구조'를 확보했다는 의미로 해석할 수 있습니다. 실제로 두바이는 자체 석유 매장량이 거의 없음에도 불구하고 금융, 무역, 부동산, 관광, 기술 산업이 결합된 세계적인 복합 경제 허브로 도약하고 있습니다.

UAE 비석유 중심 경제의 핵심 포인트

- 2024년 기준 GDP의 75퍼센트 이상을 비석유 산업에서 창출
- 정부 주도의 중장기 비전+글로벌 자본 유치 전략
- 금융, 기술, 관광, 에너지, 투자 다각화로 성장 기반 구축

이러한 경제적 진화는 UAE 정부의 과감한 개혁 의지와 외국인 투자 유치 전략에 기반한 결과입니다. 중장기 비전과 이를 실행에 옮길 수 있는 통치 구조, 투자 인프라, 제도적 개방성은 모두 철저히 계산된 선택의 결과이며, 이를 통해 UAE는 더 넓고 깊은 경제적 확장을 이어가고 있습니다.

현재 우리가 주목해야 할 점은 단 하나입니다. '석유에 의존하던 중동'이라는 고정관념에서 벗어나는 일입니다. 향후 5년간 UAE는 더욱 빠르게 성장할 것이며, 여기에는 선점할 수 있는 기회가 수없이 많습니다.

외국인 투자: 글로벌 자본이 몰리는 도시

UAE, 특히 두바이는 현재 세계에서 가장 빠른 속도로 외국인 직접 투자(FDI)를 유치하는 도시 중 하나입니다. 2023년 한 해 동안 UAE는 약 1,120억AED(약 305억 달러)에 달하는 FDI를 기록하며 역대 최고치를 달성했고, 2024년에는 두바이 단독으로 521억 4,950만 AED(약 142억 달러)을 유치하며 전년 대비 33.2퍼센트 증가한 성과를

냈습니다.

특히 신규 프로젝트 수 기준으로 두바이는 미국에 이어 세계 2위를 기록했습니다. 이는 단순한 자본 유입을 넘어, 질 높은 투자처로서의 신뢰도와 지속 가능성을 입증한 결과라고 해석할 수 있습니다.

두바이의 글로벌 투자 도시 순위는 2024년 기준 세계 4위이며, 중동 및 아프리카(MEA) 지역에서는 투자 유치 1위를 차지하고 있습니다. 더욱 주목할 만한 점은 재투자율이 전년 대비 98퍼센트 증가했다는 사실입니다. 이 지표는 외국인 투자자들이 단기 이익만을 목적으로 진입하는 것이 아니라, 장기적인 관점에서 두바이의 시장 안정성과 성장 가능성을 신뢰하고 있음을 보여줍니다.

자본 유입국 역시 글로벌 강국들로 구성되어 있습니다. 인도(21.5퍼센트), 미국(13.7퍼센트), 프랑스(11퍼센트), 영국(10퍼센트), 스위스(6.9퍼센트) 등이 두바이를 전략적 거점 도시로 활용하고 있으며, 이는 두바이의 경제적 입지와 국제적 위상을 더욱 공고히 하고 있습니다.

이러한 유입의 배경에는 2021년 시행된 외국인 100퍼센트 사업 소유권 허용 제도가 있습니다. 이 제도는 외국인도 현지 파트너 없이 독자적으로 회사를 설립할 수 있도록 허용했습니다. 이후 2,000개 이상의 글로벌 기업이 두바이에 신규 진출하는 결과가 이어졌습니다. 실제로 2024년 기준 등록된 운영 기업 수는 102만 개를 넘어섰습니다. 이 수치는 2020년 대비 무려 152퍼센트 증가한 것입니다.

부동산 투자자들에게도 제도적 문은 활짝 열려 있습니다. 약 200만AED(약 8억 원) 이상을 두바이 부동산에 투자하면 최대 10년간 유효한 골든 비자(Golden Visa)가 발급됩니다. 이는 단순한 거주 권리를 넘어, 장기 자산 보유 전략과 글로벌 이주 전략을 동시에 실현할 수 있는 유연한 혜택으로 작용하고 있습니다.

두바이는 지금 자본과 신뢰가 동시에 집중되는 도시입니다. 단순한 투자처를 넘어, 글로벌 기업과 고액 자산가들이 비즈니스의 중심이자 삶의 기반지로 선택하는 도시입니다. 이제는 '앞으로 투자할 도시'로 여기기보다, 이미 움직이는 자본과 함께 전략적으로 움직여야 할 시점입니다.

금융: 글로벌 금융 허브로 도약하는 두바이

"중동의 자본은 지금, 두바이에서 움직이고 있습니다."

이 표현은 이제 과장이 아닙니다. 두바이는 단순한 무역 도시를 넘어, 글로벌 금융 기업들이 밀집하는 중동의 핵심 금융 중심지로 도약했습니다.

그 중심에는 두바이 국제금융센터(Dubai International Financial Centre, DIFC)가 있습니다. 두바이 국제금융센터는 현재 중동·북아프리카(MENA) 지역에서 가장 영향력 있는 금융 허브이며, 전 세계 금융 네트워크가 교차하는 전략적 거점으로 자리 잡고 있습니다. 글로벌 투자은행, 자산 운용사, 보험사, 핀테크 기업들이 두바이 국제금융센터를 통해 두바이에 본사나 지사를 설립하며 금융 산업 생태계를 촘촘하게 구성하고 있습니다.

UAE 정부는 '비전 2030(Vision 2030)'과 '두바이 경제 어젠다 D33(Dubai

Economic Agenda D33)'을 통해 2033년까지 GDP를 2배로 높이고, 두바이를 세계 3대 경제 도시로 도약시키겠다는 계획을 실행하고 있습니다. 이 전략은 단순한 비전이 아니라, 금융 산업을 성장 동력으로 삼아 스타트업과 투자자에게 실질적 기회를 제공하도록 구조적으로 설계되었습니다.

두바이는 단순한 금융 거점을 넘어, 글로벌 자본과 인재, 기술이 동시에 유입되는 구조적 성장의 중심지로 도약하고 있습니다. 이러한 변화의 이면에는 금융 산업을 전략적으로 육성하려는 정부의 강력한 의지가 자리 잡고 있습니다.

가장 먼저 눈에 띄는 전략은 규제 완화와 금융 자유화입니다. 외국인 투자자에게 100퍼센트 소유권을 보장하며, 법인세를 없애거나 낮은 수준으로 유지하고, 다수 국가와 이중과세 방지 협정을 체결해 세금 부담을 대폭 줄였습니다. 여기에 저렴한 에너지 비용이 기업 운영의 효율성을 높이며, 두바이를 금융사와 스타트업의 실질적인 운영 거점으로 만들고 있습니다.

UAE 정부는 특히 핀테크, 벤처 캐피털, 금융 인프라 유치에 집중하고 있으며, 이 전략은 가시적 성과를 내고 있습니다. 2024년 기준으로 벤처 캐피털 투자 규모가 전년 대비 39퍼센트 증가했고, 글로벌 스타트업들은 자본 조달과 기업공개(IPO)를 위한 거점으로 두바이를 선택하고 있습니다.

두바이의 금융 성장 전략은 단순히 자본만 끌어들이는 것이 아닙니다. 고급 인재와 기술까지 함께 유입되는 구조를 만들어내며, 스타트업과 고성장 기업이 안착할 수 있는 최적의 생태계를 조성하고 있습니다.

이러한 금융 산업의 발전은 부동산 시장에도 직접적인 영향을 주고 있습니다. 두바이 국제금융센터 인근에서는 오피스 수요가 지속적으로 증가하고 있으며, 이에 따라 상업용 부동산의 가치가 상승할 가능성이 높아지고 있습니다. 핀테크 및 벤처 캐피털 본사의 이전이 활발해지면서 주거와 사무 공간이 결합된 복합 개발 프로젝트에 대한 선호도 커지고 있으며, 외국인 CFO, 벤처 캐피털, 스타트업 창업자들의 장기 거주 수요도 고급 주거 단지 중심으로 확대되고 있습니다.

기술: 미래 기술이 자본을 끌어당기는 도시

UAE는 첨단 기술 산업을 육성하고 지식 기반 경제로 전환하기 위해 다각적인 국가 전략을 추진하고 있습니다. 특히 인공지능(AI)과 디지털 혁신 분야에서 두각을 나타내며, 단순한 기술 소비국이 아닌 기술 생산국이자 생태계 중심국으로 성장하고 있습니다.

2020년 UAE는 세계 최초로 AI·디지털경제·원격 근무 응용 분야를 전담하는 부처를 설립하고 '국가 AI 전략 2031(UAE National Strategy for AI 2031)'을 발표했습니다. 이 전략은 에너지, 운송, 관광, 의료, 사이버 보안 등 핵심 산업 전반에 AI 기술을 통합하는 것을 목표로 하고 있으며, 정부가 산업구조 전환을 주도하는 보기 드문 국가 전략 사례로 평가받고 있습니다.

2023년에는 UAE가 자체적으로 개발한 대형 언어 모델(LLM)인 팰

컨 180B(Falcon 180B)를 공개하며 세계의 이목을 끌었습니다. 이는 단순한 '기술 따라잡기'가 아니라 AI 생태계의 독립적 주도권을 확보하려는 본격적 시도로 해석되며, UAE가 기술 강국들과 어깨를 나란히 할 수 있는 기반을 마련한 결정적인 계기로 평가받고 있습니다.

이러한 기술 전략은 단지 비전 선언에 그치지 않았습니다. UAE 정부는 2031년까지 GDP의 40퍼센트를 AI 기반 산업에서 창출하겠다는 구체적 목표를 세웠으며, 목표를 실현하기 위해 고성능 AI 학습용 칩을 2년 치 이상 선제적으로 확보하는 등 실질적인 기술 인프라 투자도 병행하고 있습니다. 2024년에는 'AI 윤리 헌장'을 발표하며 글로벌 AI 거버넌스 논의에도 선도적으로 참여하고 있습니다.

또한 UAE는 블록체인 및 웹3(Web3) 산업에도 집중적으로 투자하고 있습니다. 'UAE 블록체인 전략'과 기술 실증을 위한 '블록체인 샌드박스' 정책을 통해 다수의 실험적 프로젝트와 혁신 기업이 실질적 성장을 이루고 있으며, 두바이 AI 및 웹3 캠퍼스는 2028년까지 3,000개 일자리 창출과 3억 달러의 자본 유치를 목표로 운영되고 있습니다.

이러한 기술 특화 정책은 스타트업과 글로벌 테크 기업들에 매우 매력적인 조건입니다. 관련 규제 또한 혁신 기업 중심으로 설계된 샌드박스 체계를 기반으로 운영되어 기술 상용화 속도가 빠르고 시장 진입 장벽이 낮은 구조를 갖추고 있습니다.

기술 생태계의 성장 흐름은 부동산 시장에도 직접적인 영향을 미치고 있습니다. 특히 기술 인재의 유입이 고급 주거 수요를 확대하고 있으며, 테크존과 캠퍼스 주변은 스마트시티형 복합 단지 개발 수요가 증가하고 있습니다. 기술 중심의 스타트업 본사 이전이 확산되면서 상업용 부동산 수요 또한 늘어나고 있습니다.

동시에 UAE 정부는 기술 인프라에 그치지 않고 교육과 인재 육성 전략에도 전폭적인 투자를 아끼지 않고 있습니다. AI, 블록체인, 우주공학 등 미래 산업 핵심 분야에 특화된 고등교육기관 설립과 글로벌 연구소 유치는, 단기적인 경제 효과를 넘어서 지식 기반 도시로서의 지속 가능성을 높이고 있습니다. 이처럼 기술과 교육, 인재가 선순환 구조로 연결된 생태계는 부동산 시장에도 질적 전환을 일으키고 있습니다.

에너지: 지속 가능성이 가치를 만드는 시대

세계적인 에너지 전환 국가로 부상하고 있는 UAE는 이미 '기후위기 이후'를 준비하고 있습니다. 정부는 '에너지 전략 2050(UAE Energy Strategy 2050)'을 통해 2050년까지 전체 에너지의 50퍼센트를 청정에너지로 전환하겠다는 중장기 로드맵을 발표했습니다. 이는 단순한 선언이 아니라 실제 프로젝트와 예산 투입을 동반한 실행 전략입니다. 대표적인 사례가 모하메드 빈 라시드 알 막툼 태양광발전소입니다. 이곳은 2025년까지 3,500MW 이상의 발전 용량을 확보할 예정입니다. 세계 최대 규모의 단일 태양광발전소로 평가받고 있는 이 시설 하나로도 UAE의 '에너지 독립과 친환경 전환' 의지를 엿볼 수 있습니다.

2030년까지 UAE는 총 1,500억~2,000억AED(약 60조~80조 원)을

에너지 전환에 투자할 계획이며, 이를 통해 약 5만 개 이상의 녹색 일자리를 창출하고 1,000억AED 이상의 에너지 비용을 절감하는 효과를 기대하고 있습니다.

이러한 변화는 부동산 시장에도 직접적인 파급효과를 미치고 있습니다. 친환경 건축 기준 강화, 스마트시티 확산, 녹색 인프라 개발은 모두 부동산 가치에 영향을 주는 요소입니다. 특히 국제적으로 ESG(환경·사회·지배구조) 기준이 강화되는 흐름 속에서 UAE는 에너지 전환을 도시 마스터플랜에 체계적으로 반영한 대표적 국가로 평가받고 있습니다.

현재 글로벌 투자자들에게는 단기 수익률뿐 아니라 지속 가능성에 기반한 자산 안정성이 주요 고려 요소로 부각되고 있습니다. UAE는 도시 전체를 지속 가능한 방향으로 재설계하고 있으며, 이러한 흐름은 투자자에게 단기적인 이익을 넘어 장기적인 자산 가치와 안정성을 제공하는 중요한 기반이 되고 있습니다.

관광: 소비가 자산을 만든다

UAE는 관광 산업을 국가 전략 산업으로 육성하며 세계적인 관광 중심지로 도약하고 있습니다. 2024년 기준 UAE의 연간 관광객 수는 1,715만 명에 달했습니다. 이처럼 압도적인 성장세는 단순한 관광지 개발만으로 이루어진 것이 아닙니다.

세계 최고층 빌딩 부르즈 할리파(Burj Khalifa), 세계적인 미술관 루브르 아부다비(Louvre Abu Dhabi) 등 랜드마크를 중심으로 한 고급 관광 콘텐츠가 끊임없이 확장되고 있습니다. 쇼핑몰, 테마파크, 컨벤션 센터 등으로 구성된 복합 관광 인프라도 꾸준히 투자되고 있습니다.

UAE는 'UAE 관광 전략 2031'을 통해 연간 4,000만 명의 호텔 방문객을 유치하고 관광 부문의 GDP 기여도를 4,500억AED까지 확대하겠다는 목표를 설정했습니다. 이는 단기 트렌드가 아니라 정책 중심의 구조적 성장 계획이라는 점에서 더 큰 의미가 있습니다.

UAE에 오는 관광객들 중 상당수는 국제 전시회, 컨퍼런스, 인센티브 투어 등 마이스(MICE) 산업 행사 참석차 방문한 것으로 분석됩니다. 두바이와 아부다비는 이제 단순한 휴양지가 아닙니다. 세계 최대 규모의 정보통신 전시회인 GITEX, 아랍 헬스, 세계 정부 정상회의, COP28 같은 글로벌 이벤트들이 매년 이곳에서 열리며, 수십만 명의 고급 관광객과 글로벌 인재들이 동시에 유입됩니다. 이들은 비행기를 타고 와서 회의만 하는 게 아닙니다. 호텔에 머무르고, 쇼핑을 즐기고, 고급 레스토랑과 문화 행사를 체험합니다. 이것이 바로 '비즈니스와 관광의 융합', 마이스 산업의 힘입니다.

이처럼 비즈니스와 관광이 결합된 마이스 산업은 소비가 자산을 만들고, 자산이 도시 가치를 끌어 올리는 순환 구조를 형성하고 있습니다. 투자자 입장에서 관광은 부동산 수익률, 호텔 사업, 단기 임대 시장 등으로 직결됩니다. 관광이 살아 있는 도시는 곧 부동산이 뛰는 도시입니다. 단기 숙박, 투자형 레지던스, 리조트 개발, 상업 시설 임대 등 수익 모델은 다양하고 현실적입니다.

자본, 기술, 사람, 소비가 흐르는 도시

UAE의 경제구조는 더 이상 석유라는 단일 자원에 기대지 않습니다. 지금 UAE는 외국인 투자, 금융, 첨단 기술, 지속 가능한 에너지, 글로벌 관광이라는 5개의 성장 엔진을 동시에 돌리고 있는 복합 경제 시스템을 구축하고 있습니다.

두바이는 이러한 구조적 변화를 가장 빠르게 체감할 수 있는 도시입니다. 실제로 외국인 투자 유입 속도가 세계 상위권을 기록하고 있으며, 금융 중심지로서의 입지를 강화하고, AI와 블록체인 같은 미래 기술 생태계를 조성해가고 있습니다. 여기에 더해 기후 변화 시대를 준비하는 청정에너지 전략과 연간 수천만 명의 관광객을 끌어들이는 매력적인 콘텐츠까지 겸비하고 있습니다.

이 5가지 축은 각자 따로 움직이는 것이 아니라 서로 맞물려 시너지를 내는 구조로 작동하고 있습니다.

투자 유입은 기술 기업을 끌어들이고, 기술 기업은 금융 생태계를 풍성하게 만들며, 그 모든 흐름은 궁극적으로 부동산 시장과 도시 공간 가치에 대한 재평가로 이어집니다.

부동산은 이런 변화의 '결과'이자 동시에 '출발점'입니다. 이제 중요한 것은 이러한 거대한 구조 변화 속에서 투자자의 관점으로 어떤 흐름을 먼저 포착하느냐입니다.

두바이는 준비된 도시입니다. 그리고 지금은, 그 도시의 일부를 가장 유리한 조건으로 확보할 수 있는 시기입니다. 변화를 가장 먼저 읽고 움직이는 사람만이 성장의 열매를 가장 먼저 맛볼 수 있습니다.

글로벌 투자 허브로 부상한 배경

글로벌 자본이 몰리는 도시, 두바이의 투자 환경 완성도

"두바이는 왜 글로벌 자본이 몰리는 도시가 되었을까?"

이 질문에 대한 답은 복합적이면서도 명확합니다. '두바이'라는 도시는 이제 단순히 UAE의 토후국 중 하나를 넘어 파리, 뉴욕과 어깨를 나란히 하는 세계적 도시 브랜드로 자리매김하고 있습니다. 두바이는 21세기 글로벌 투자 환경의 중심지로 금융, 부동산, 물류, 관광 등 다양한 분야에서 독보적인 경쟁력을 확보해왔습니다. 전략적 위치, 첨단 인프라, 비즈니스 친화적 제도, 투명한 시장구조, 높은 투자 수익률 모두가 두바이를 세계적인 투자 허브로 만드는 핵심 요소입니다.

두바이는 유럽, 아시아, 아프리카를 잇는 지정학적 교차점에 위치하고 있으며, 약 40억 인구에 접근 가능한 글로벌 시장 연결성을 갖춘 도시입니다. 2024년 기준으로 두바이 국제공항은 연간 9,000만 명 이상의 여객을 수용하며, 전 세계 200개 이상의 도시와 직항 노선으로 연결되어 있습니다. 이는 인재, 자본, 물류의 흐름이 집중되는 허브 도시 두바이의 위상을 실질적으로 보여주는 지표입니다.

두바이는 도시 자체가 '글로벌 스탠다드'로 계획되었습니다. 2024년 실질 GDP 성장률은 약 4.6퍼센트를 기록했으며, 향후 10~20년을 내다보는 인프라 전략의 일부로 스마트시티 프로젝트, 메트로 블루라인 확장, 알 막툼 국제공항 개발 등을 진행하고 있습니다.

이와 같은 인프라는 단순한 도시 기능을 넘어, 직접적인 자산 가치 상승의 핵심 요인이 됩니다. 공항이 개발되는 지역에는 자연스럽게 인프라가 집중되고, 인프라는 자본을 유입시키며, 유입된 자본은 곧 부동산 수요로 이어집니다. 결국 인프라 확장 자체가 도시의 성장 가능성을 보여주는 중요한 신호인 셈입니다.

두바이는 외국인에게 100퍼센트 기업 소유권을 허용하고 있으며, 개인소득세가 면제되는 낮은 세율 체계를 유지하고 있습니다. 일반적인 법인세는 0~9퍼센트 수준이며, 연 매출 3억 1,500만AED 이상에 해당하는 일부 대형 기업에만 15퍼센트의 세율이 적용됩니다. 이러한 경쟁력 있는 세제 구조는 글로벌 본사와 지사의 유치에 큰 영향을 미치고 있습니다.

실제로 2025년 기준 두바이 국제금융센터에는 5,000개 이상의 글로벌 금융 및 핀테크 기업이 입주해 있습니다. 이는 두바이의 제도적 매력과 신뢰도를 대표하는 사례로, 다국적기업들의 전략적 거점 도시로서의 위상을 뒷받침하고 있습니다.

두바이의 부동산 시장은 토지청(DLD)과 부동산규제청(RERA)의 감독 아래 운영되며, 실시간 거래 정보, 디지털 계약 시스템, 임대·보증금 관리가 모두 디지털 플랫폼 기반으로 통합되어 있습니다. 두바이 레스트(Dubai REST) 앱과 같은 공공 플랫폼을 통해 투자자는 안전하고 효율적인 거래 환경을 이용할 수 있으며, 이는 외국인 투자자들에게 특히 높은 신뢰성과 법적 보호를 제공하는 요소입니다.

두바이의 부동산 시장은 낮은 세금, 높은 미래 수요, 탄탄한 인프라라는 삼박자를 갖추고 있으며, 투자자에게 가장 효율적인 자산 축적 구조를 제공합니다. 2024년 기준 두바이의 평균 임대 수익률은 연 6~8퍼센트 수준으로 안정적으로 유지되고 있으며, 같은 해 부동산 가격은 전년 대비 약 20퍼센트 상승했습니다. 2025년에도 약 8퍼센트 대의 추가 상승이 전망되어, 자산 가치 상승과 현금 흐름이 동시에 실현되는 구조가 형성되고 있습니다.

특히 오프플랜(off-plan, 사전 분양) 시장이 고급 부동산 수요와 맞물려 투자 효율성이 높은 구조로 자리 잡고 있습니다. 2024년 기준 전체 부동산 거래 중 오프플랜 비중이 60퍼센트 이상을 차지하였으며, 이는 유연한 분할 납부 조건과 브랜드 개발사에 대한 신뢰에 기반한 결과입니다. 오프플랜 프로젝트는 계약금 일부만으로도 진입할 수 있고, 완공 후 잔금 납부 방식이 많아 투자자의 초기 부담을 줄이면서도 자산 가치 상승을 기대할 수 있는 구조적 장점을 갖추고 있습니다.

글로벌 수요가 만들어낸 두바이 부동산 시장의 주요 트렌드

두바이 부동산 시장은 전 세계에서 가장 주목받는 시장 중 하나로, 특히 럭셔리 부동산 부문에서 독보적인 위상을 점하고 있습니다. 팜 주메이라(Palm Jumeirah), 다운타운 두바이(Downtown Dubai), 비즈니스 베이(Business Bay) 등 핵심 지역이 글로벌 자산가들의 수요가 집중되는 곳으로 떠올랐으며, 이에 대응하는 유연한 공급 전략이 시장의 견인력으로 작용하고 있습니다.

그렇다면 이처럼 강한 상승세를 뒷받침하는 요인은 무엇일까요?

3가지 핵심 요인을 정리하면 다음과 같습니다.

첫째, 경제 회복과 인구 증가입니다. 2025년 두바이의 경제성장률은 4.5퍼센트로 전망되고 있으며, 인구는 전년 대비 5퍼센트 이상 증가하고 있습니다. 이러한 성장세는 외국인 전문가, 디지털 노마드, 고소득층의 유입을 촉진하며, 이는 곧 주거 수요 증가로 직결됩니다. 사람이 몰리면 자산도 몰립니다. 주거 수요가 증가하면 매매 및 임대 수요가 확대되고, 이는 다시 시장 활황으로 이어지는 순환 구조를 만들어냅니다.

둘째, 정책과 인프라의 동시 진화입니다. '두바이 2040 도시 마스터플랜'은 단기 정책이 아니라, 글로벌 투자자들이 신뢰할 수 있는 중장기 청사진으로 평가받고 있습니다. 교통망 확장, 스마트 커뮤니티 조성, 친환경 주거지 개발 등은 단순한 도시 미화가 아니라, 투자자가 자산을 장기 보유하고 싶은 환경을 만드는 전략적 기반입니다. 여기에 프리존(Free Zone) 확대, 외국인 소유권 허용, 장기 비자 정책까지 더해지며 투자자들의 신뢰가 지속적으로 높아지고 있습니다.

셋째, 폭발적인 고급 부동산 수요입니다. 순 자산 수천억 원대의 글로벌 자산가들이 팜 주메이라, 에미리트 힐스(Emirates Hills), 팜 제벨 알리 등 고급 커뮤니티로 이동하고 있습니다. 이들은 단순한 주거 목적의 부동산이 아닌, 브랜드가 있는 자산, 즉 투자 대상이자 정체성으로서의 부동산을 찾고 있습니다.

이러한 복합적인 요인들이 맞물리며, 두바이 부동산 시장은 단기 급등에 그치는 것이 아니라 구조적 상승 국면에 진입하고 있는 시장으로 평가되고 있습니다.

글로벌 투자자들이 두바이를 선택하는 이유

두바이는 글로벌 투자자들에게 안정성과 유연성, 고급 인프라를 동시에 갖춘 도시로 인식되고 있습니다. 특히 안정적인 투자 환경, 유연한 비자 정책(골든 비자 등), 외국인 투자자에 대한 강력한 법적 보호, 그리고 고급부터 중급까지 폭넓게 구성된 부동산 상품은 투자 목적에 따라 다양한 전략 수립을 가능하게 합니다.

여기에 더해 두바이는 세계적 수준의 생활 인프라를 갖추고 있습니다. 2024년 기준으로 QS 세계 대학 랭킹 상위권 국제학교만 10개 이상에 달하며, 의료·문화·교육 분야 모두에서 글로벌 표준에 부합하는 환경을 제공합니다. 이러한 요소는 단순한 '투자처'로서의 두바이를 넘어, 장기적 거주와 삶의 질까지 고려할 수 있는 도시로 만드는 핵심 기반이 되고 있습니다.

두바이는 경제적으로도 정치적으로도 안정된 구조를 갖추고 있으며, 장기 체류를 위한 비자 제도가 유연하게 설계되어 있어 외국인 투자자에게 매우 매력적인 투자·거주 여건을 제공합니다. 외국인도 부동산을 100퍼센트 소유할 수 있는 제도적 기반이 마련되어 있으며, 투자 가능한 부동산 상품군도 다양하게 구성되어 각자 포트폴리오에 맞는 전략을 수립할 수 있습니다.

삶의 질을 결정짓는 요소인 교육·의료·문화 인프라 또한 세계 최고 수준을 유지하고 있으며, 이는 단기적인 투자 수익뿐 아니라 자산의 장기 보유와 가치 상승까지 고려하는 글로벌 투자자들에게 매우 중요한 판단 기준입니다.

인구구조와 외국인 중심 비즈니스 환경

두바이 인구 증가 및 골든 비자 제도

두바이의 인구는 지금 이 순간에도 꾸준히 증가하고 있습니다. 2024년 말 기준 인구는 약 390만 명에 달하며, 2025년에는 400만 명을 돌파할 것으로 전망됩니다. 이 같은 인구 증가는 단순한 자연적 팽창이 아니라 전략적인 이민 유치 및 장기 거주 비자 정책의 직접적인 결과입니다.

특히 두바이 정부는 도시의 장기 성장을 위해 '두바이 2040 도시 마스터플랜'을 수립하여 2040년까지 인구 780만 명을 수용하는 도시로 확장하는 것을 목표로 하고 있습니다. 이는 현재 인구의 2배에 가까운 규모로, 주거, 교통, 일자리, 커뮤니티 기반 시설 전반에 걸쳐 도시 구조를 재편하려는 청사진이라 할 수 있습니다.

그 핵심은 골든 비자 제도입니다. 최대 10년간의 장기 거주권을 부여하는 이 제도의 목표는 고액 자산가뿐 아니라 AI 전문가, 스타트업 창업자, 과학자, 예술가 등 다양한 전문 인재를 유치하는 것입니다. 두바이가 이들을 적극적으로 유치하는 이유는 명확합니다. 도시의 미래 경쟁력은 결국 사람, 특히 인재에게서 비롯되기 때문입니다.

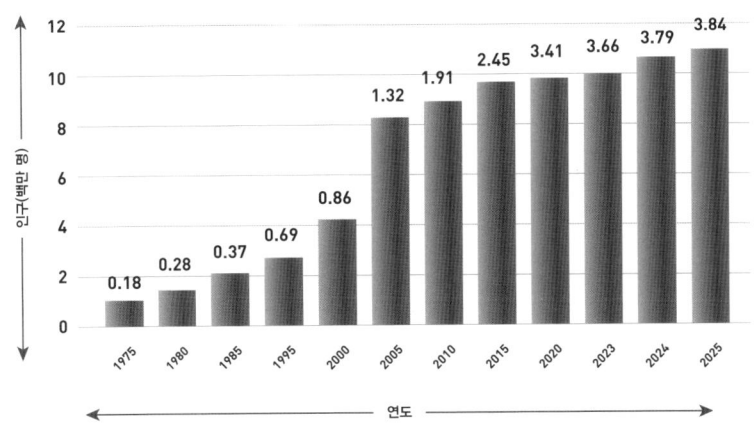

1975~2025년 두바이 인구 통계

　이러한 흐름은 부동산 시장에도 직접적인 영향을 미치고 있습니다. 지속적인 인구 유입은 곧 주거용 부동산 수요의 확대로 이어지며, 이는 실수요 기반의 시장구조를 더욱 견고하게 만듭니다.

　예를 들어 주메이라 빌리지 서클(Jumeirah Village Circle, JVC)은 초기 정착지로 인기가 높습니다. 비교적 저렴한 임대료와 쾌적한 커뮤니티 환경이 장점이며, 실속 있는 주거지를 찾는 외국인 근로자나 장기 체류자를 중심으로 수요가 꾸준히 늘고 있습니다. 두바이 마리나(Dubai Marina)는 바다 전망과 고급 주거 인프라를 갖춘 중상위층 거주지로, 팜 주메이라는 최상위 자산가들을 위한 초고가 빌라 중심의 대표 고급 커뮤니티로 기능하고 있습니다.

　특히 주목할 점은 골든 비자 외에도 프리랜서 비자, 그린 비자 등 다양한 체류 제도가 확산되고 있다는 점입니다. 이들 비자는 외국인의 중장기 체류를 제도적으로 지원하며, 임대 시장의 안정적인 수요층 확보에 기여하고 있습니다.

한국 기업과 사업가에게 열려 있는 기회

UAE, 특히 두바이는 지금 이 순간에도 빠르게 변화하고 있습니다. 더 나은 인프라, 더 혁신적인 도시 설계, 더 강력한 투자 유인책이 실시간으로 업데이트되고 있으며, 이런 환경 속에서 단순한 투자처가 아닌 글로벌 비즈니스의 허브로 진화하고 있습니다.

UAE는 단순히 '큰 시장'이 아니라 '깊은 시장'입니다. 특히 한국 기업에는 '남들과 똑같은 것을 싸게 파는 시장'이 아니라 '남들과 다른 것을 비싸게 팔 수 있는 시장'이라는 점에서 더욱 매력적입니다. 한류 문화에 대한 우호적인 인식, 기술 중심의 도시 전략, 젊고 역동적인 인구구조, 고소득 외국인 거주자의 프리미엄 소비 성향 등은 한국 기업의 진출에 유리한 환경을 만들어주고 있습니다.

먼저 K-콘텐츠 및 문화 산업은 두바이 시장에서 가장 빠르게 반응하는 분야 중 하나입니다. 한국 드라마, K-팝, K-뷰티, K-푸드 등은 이미 현지 대형 쇼핑몰과 마트에서 눈에 띄는 자리를 차지하고 있으며, 브랜드 인지도가 형성되어 있어 진입 장벽이 낮은 편입니다. 브랜딩 전략만 잘 수립한다면 대형 유통망과 협업하여 안정적인 매출 기반을 구축할 수 있습니다.

스마트 기술 및 IT 솔루션 분야 역시 유망합니다. 두바이는 스마트시티 구현을 핵심 도시 전략으로 삼고 있으며, AI, 사물인터넷(IoT),

클라우드, 사이버 보안, 스마트홈 등 기술 기반 솔루션을 공급할 수 있는 기업에는 정부 및 대기업과 장기 파트너십을 맺을 수 있는 기회가 열려 있습니다. 일단 진입에 성공하면 안정적인 수익 모델을 확보할 수 있다는 점에서 매우 매력적인 시장입니다.

교육 및 직업훈련 분야도 주목할 만합니다. UAE는 한국의 체계적인 교육 시스템을 실용성과 효율성 면에서 긍정적으로 평가하고 있으며, 직업교육, 코딩 캠프, 온라인 학습 플랫폼에 대한 수요가 증가하고 있습니다. 한국 측은 현지 교육기관이나 정부 프로그램과의 협력 모델을 통해 구독에 기반한 장기적 수익 구조를 구축할 수 있습니다.

친환경 에너지 및 의료 서비스 분야는 한국의 기술 경쟁력이 특히 빛을 발할 수 있는 영역입니다. UAE는 2050년 탄소중립 목표에 따라 대규모 재생에너지 프로젝트를 추진 중이며, 이 과정에서 태양광, 에너지 저장장치(ESS), 스마트 그리드 등에서 한국 기업과 협력할 가능성이 큽니다. 동시에 의료 관광과 원격 진료 수요도 증가하고 있어, 한국의 우수한 의료 인프라와 기술력이 고부가가치 서비스로 이어질 수 있습니다.

오늘날 두바이는 단순한 중동의 부자 도시를 넘어 세금이 낮고, 제도는 개방적이며, 외국인이 실질적인 소유권과 경영권을 가질 수 있는 곳으로 변모했습니다. 특히 골든 비자 제도는 외국인 투자자와 고급 인재에게 10년 거주권이라는 강력한 인센티브를 제공하며, 안정성과 지속 가능성을 동시에 보장합니다.

여기서 중요한 건 한국 기업과 사업가가 이 기회를 어떻게 인식하고 행동하느냐입니다.

'좋은 시장은 아무나 들어올 수 있지만, 준비된 자만이 수익을 낼 수 있습니다.'

한국 기업은 기술, 콘텐츠, 교육, 의료, 스마트 솔루션 등 다양한 분야에서 글로벌 경쟁력을 갖추고 있으며, 이 강점을 활용해 두바이 시장에 진입한다면 단기 수익을 넘어 장기 성장 거점을 확보할 수 있습니다.

부동산 투자자라면 두바이의 높은 임대 수익률과 자본 이득(capital gain) 가능성을 고려해 분산 투자 전략을 세워볼 수 있습니다. 오프플랜부터 완공 자산, 상업용 부동산까지 자산의 종류와 지역별 특성을 분석해 접근한다면, 국내 시장과는 차원이 다른 수익률을 기대할 수 있습니다. 두바이의 성장은 비즈니스와 부동산 양측 모두에서 한국 기업들에 강력한 성장 동력을 제공하고 있습니다.

지금 이 순간에도 누군가는 두바이에 첫 투자를 하고, 누군가는 법인을 설립하고 있습니다. 준비된 사람에게 두바이는 '멀지만 멀지 않은 시장'입니다.

기회는 분명히 존재합니다.

하지만 그것을 잡는 건 결국 '행동'입니다.

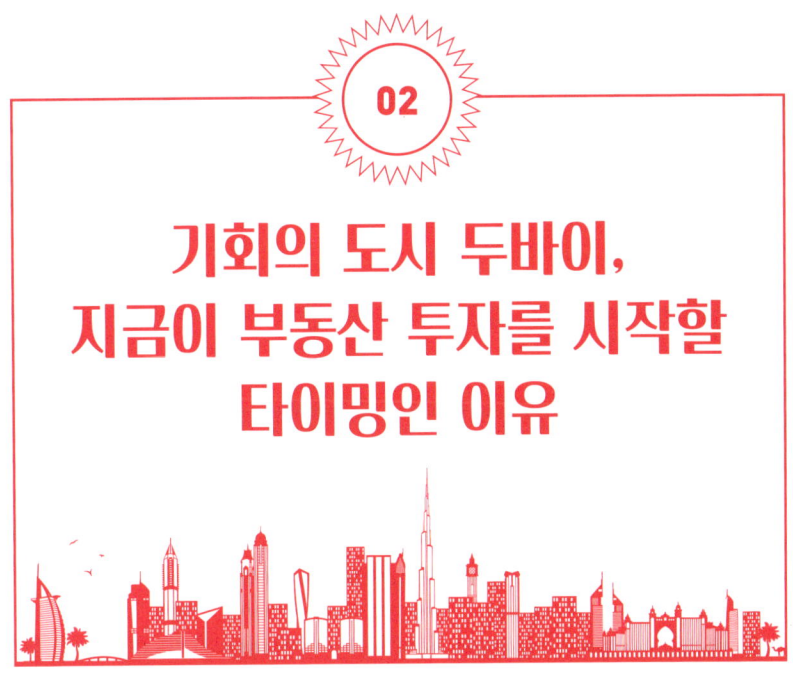

기회의 도시 두바이, 지금이 부동산 투자를 시작할 타이밍인 이유

 부동산 투자를 결정할 때 가장 중요한 질문 중 하나는 바로 '언제 투자할 것인가'입니다. 이 질문에 답하기 위해서는 단순한 시장 분위기뿐 아니라 세금 구조, 자산 수익률, 시장 유동성 등 다면적 요소를 함께 고려해야 합니다.

 두바이 부동산 시장은 최근 몇 년간 글로벌 투자자들로부터 집중적인 관심을 받고 있으며, 그 중심에 세제 혜택, 강력한 자산 보호 시스템, 고수익 구조, 구조적 수요 증가, 도시 인프라 확장 등 여러 성장 요인이 동시에 작동하는 투자 황금기에 접어들었습니다. 특히 한국과 같은 고세율 국가에서 투자 수익을 온전히 지키기 어려운 현실 속에서 두바이의 무(無)세금 체계는 투자자의 수익률을 직접적으로 결정짓는 핵심 변수로 떠오르고 있습니다.

두바이는 단순한 관광지나 투자처가 아니라 '보호받는 자산의 안식처'로 인식되고 있습니다. 고급 브랜드의 진출이 이를 단적으로 보여줍니다. 메르세데스 벤츠, 부가티 같은 럭셔리 자동차 브랜드가 단순한 쇼룸이 아니라 브랜드 이름을 건 레지던스 타워를 개발하고 있습니다. 자산가와 소비자, 그리고 글로벌 자본이 모두 이 도시에 장기적으로 정착할 의지를 보인다는 의미입니다.

의료와 교육 분야도 체계를 갖춰가고 있습니다. 국제 병원이나 명문 학교 수는 아직 제한적이지만, 글로벌 메디컬 그룹의 진출이 이어지고 있고, 자녀 교육을 위해 이주하는 가족들이 꾸준히 늘고 있습니다.

두바이의 인구 유입은 단순한 증가가 아니라 '질적 변화'입니다. 전 세계에서 가장 많은 백만장자들이 이 도시로 이동하고 있으며, 동시에 인도, 파키스탄, 필리핀, CIS 국가 등으로부터 기술 인력과 서비스 인력 유입이 지속되고 있습니다. 상위 1퍼센트와 중산층, 서비스 노동자들까지 각기 다른 이유로 두바이를 선택하는 시대가 열린 것입니다.

도시의 방향성도 분명합니다. 자율주행, AI, 우주 산업, 스마트 물류와 같은 미래 기술 분야에 대한 과감한 투자가 이루어지고 있으며, 두바이는 이제 걸프 지역의 중심을 넘어 글로벌 테크 허브로 자리매김하려는 의지를 분명히 드러내고 있습니다.

그 중심에는 중립 외교 전략이 있습니다. 지정학적으로 매우 민감한 위치에 있음에도 불구하고, 두바이는 미국, 중국, 러시아, 이란, 이

스라엘 등 주요 국가들과의 관계를 안정적으로 유지하고 있습니다. 이는 자산을 분산하려는 글로벌 투자자들이 결정적으로 안심할 수 있는 요소입니다.

두바이는 문화적으로도 빠르게 열리고 있습니다. 주류 판매와 소비에 대한 제도 완화, 외국인 투자자 중심의 정책 개혁, 국제적 예술·스포츠 행사 유치 등은 이제 이 도시에 '닫힌 중동'이라는 수식어를 붙이기 어렵게 만듭니다. 무엇보다 외국인 비중이 전체 인구의 85~90퍼센트에 달한다는 점은 이곳이 이미 '세계인들의 도시'로 재정의되었음을 보여주는 대목입니다.

세금 혜택: 글로벌 투자자를 끌어들이는 핵심 인센티브

부동산 투자를 고민할 때 가장 먼저 떠오르는 단어는 단연 '세금'입니다. 한국을 비롯한 대부분의 고세율 국가에서는 자산을 취득, 보유, 양도, 증여하는 거의 모든 단계에서 세금이 발생합니다. 반면 두바이의 세금 구조는 완전히 다릅니다.

두바이의 간결하고 예측 가능한 세제 시스템은 단순한 인센티브를 넘어 투자 수익률 자체를 높여주는 결정적인 요소가 되고 있습니다.

두바이에서는 개인소득세가 부과되지 않습니다. 임대 소득이든 매각 차익이든 한국처럼 종합소득세를 신고하거나 납부할 필요가 없습니다. 이는 투자자가 수익을 세후가 아닌 '세전 그대로' 실현할 수 있다는 뜻입니다. 예를 들어 주택을 임대해 월 1만AED의 수익을 얻는 경우 한국에서는 최고 45퍼센트까지 세금을 납부해야 하지만, 두바이에서는 세전 수익이 곧 실현 수익이 됩니다.

한국과 두바이의 부동산 세금 비교

항목	두바이	한국	투자자에게 유리한 점 (두바이 기준)
개인소득세	없음(0%)	누진세율: 6~45%(종합소득세, 지방세 포함 시 ~49.5%)	임대·매각 수익 전액 수익화 가능
부동산 보유세	없음(단, 주거 서비스 요금 연 0.5~1% 수준)	재산세(~0.4%)+종합부동산세(최대 6%), 수천만 원 가능	장기 보유 시 유지비 부담 적음
양도소득세	없음	6~45%(다주택자 중과 시 최대 75%, 정책 변동 가능)	단기 매매 시 수익 극대화 가능
상속세 증여세	없음	최대 50%	가족 간 자산 이전 자유로움
부가가치세 (VAT)	주거용: 면제 상업용: 5%	주거용: 면제 상업용: 10%	초기 투자 및 운영 비용 절감
등록세 (취득 관련)	거래가의 4%(토지부 등록 수수료	4.6~13.4%(취득세, 중과 시 최대)	취득 시 비용 부담 낮음
법인세	37만 5,000AED 이하: 0%, 초과: 9%	10~25%(지방세 포함 시 ~27.5%)	중소 법인 및 개인 투자자에 유리
장기 거주 비자	200만AED 이상 보유 시 골든 비자 (10년)	부동산 소유만으로는 장기 체류 불가	투자와 거주 동시 실현 가능

두바이에는 부동산 보유세나 양도소득세도 존재하지 않습니다. 한국의 경우 다주택자에게 적용되는 종합 부동산세, 양도소득세 중과 등이 자산 유지와 처분에 큰 제약이 되지만, 두바이에서는 최초 취득 시 등록세(토지청 등록비 4퍼센트)만 납부하면 이후 별도의 보유세나 양도세는 없습니다.

일반적으로 거래 수수료는 매수자와 매도자가 각각 2퍼센트 수준을 부담하며, 이는 부동산 중개 수수료나 정부 등록 비용에 포함되어 있습니다. 제도상으로 복잡한 세금 신고나 회계 부담이 적고, 실질적인 투자 수익률을 높일 수 있는 구조입니다.

무엇보다 두바이에는 상속세와 증여세가 없습니다. 가족 간 자산 이전 시 어떠한 세금도 부과되지 않아서 재산 승계나 증여가 자유롭고 효율적입니다.

자녀에게 부동산을 넘기고 싶을 때 별도의 세금 없이 자산을 이전할 수 있다는 점은 장기적 자산 관리와 세대 간 부의 이전 측면에서 매우 큰 장점입니다.

고수익을 가능케 하는 절세 구조

두바이의 양도소득세·보유세·상속세·증여세 면제는 단순한 세제 혜택이 아니라 투자자가 실질 수익을 그대로 실현할 수 있게 하는 구조로, 고가 자산일수록 그 효과가 더 크게 나타납니다. 한국처럼 복잡한 세금 구조가 투자 수익을 제한하는 환경과는 근본적으로 다릅니다.

예를 들어 25억 원의 자산이 30억 원으로 상승했을 때 한국의 경우 최대 2억 원 이상을 세금으로 납부해야 하지만, 두바이에는 등록세(4퍼센트)와 거래 수수료(2퍼센트) 외에 별도 세금이 없습니다. 이 비용도 일반적으로 매수자가 부담하는 관행이 있어, 매도자는 실현 수익을 온전히 확보할 수 있습니다.

중·고가 자산에 유리한 투자 환경

두바이는 중·고가(25억~40억 원), 고가(60억 원 이상) 자산군에 대한 투자에 특히 유리합니다. 한국에서는 고액 자산일수록 세금 부담이 기하급수적으로 늘어나기 때문에 다주택자나 고액 자산가일수록 두바이 시장이 대안이 될 수 있습니다.

투자금 대비 실현 수익률을 비교하면, 동일한 자산이라도 한국에서는 30~40퍼센트의 세금이 발생하지만, 두바이에서는 수익을 온전히 실현할 수 있습니다. 자산을 보유하는 이유가 가치 상승뿐 아니라 세대 간 이전까지 고려하는 장기 전략일 경우 더 큰 의미가 있습니다.

유동성과 가치 상승이 동반되는 시장구조

엑스포 2020 이후 두바이는 지속적인 경제성장과 외국인 유입을 배경으로 부동산 수요가 증가하고 있으며, 매도와 임대 모두가 활발하게 거래되는 유동성 높은 시장입니다. 도시 전역에서 스마트시티, 친환경 주거지, 교통 인프라 확장 프로젝트가 진행되고 있으며, 이는 향후 부동산 자산의 중장기 가치 상승을 견인하는 주요 동력이 될 것입니다.

골든 비자와 글로벌 거주 허브

두바이, 거주의 가치를 바꾼다

자산을 축적하는 것도 중요하지만, 어디에서 그 자산을 지킬 수 있는지도 전략의 핵심입니다. 바로 그 해답이 '두바이 골든 비자'에 있습니다.

UAE가 도입한 골든 비자(Golden Visa) 제도는 단순한 장기 체류 비자를 넘어, 두바이를 '살면서 투자할 수 있는 도시'로 만들어주는 강력한 제도입니다. 특히 200만AED(약 8억 원) 이상의 부동산을 보유한 투자자라면 10년 거주 자격을 획득할 수 있으며, 이에 따라 비자 갱신, 가족 동반, 거주지 제약 없이도 안정적인 생활 기반을 확보할 수 있습니다.

이 제도의 핵심은 '투자자 중심'입니다. 현지 스폰서가 없더라도 외국인 투자가가 독립적 경제활동과 거주를 할 수 있으며, 배우자, 자녀는 물론 가사 도우미까지 함께할 수 있어 라이프스타일도 유지할 수 있습니다.

또한 골든 비자 소지자는 '이사드(Esaad) 카드'를 통해 UAE 내 고급 쇼핑, 교육, 의료 서비스 등에서 다양한 우대 혜택을 누릴 수 있습니다. 특히 두바이처럼 글로벌 기업, 스타트업, 고소득층이 모이는 도시에서는 이 제도가 단순한 거주권이 아닌 '자산 안정화 도구' 역할을 합니다.

UAE 10년 골든 비자 핵심 요약표

구분	항목	내용
기본 정보	도입 시기	2019년, UAE 신분증 및 시민권 기관(ICA) 주도 시행
	대상	외국인 투자자, 기업가, 전문 인력 등
	거주 기간	10년(동일 조건으로 갱신 가능)
	최소 소득 요건	투자 기반 골든 비자의 경우 적용 요건 없음
주요 특징	스폰서 요건	스폰서 없이 개인 명의로 비자 신청 가능
	가족 동반	배우자, 자녀(나이 제한 없음), 가사 도우미 등 동반 가능
	거주 조건	UAE 내 거주 의무 없음
		최대 1년 연속 해외 체류 시에도 비자 유지 가능
	경제활동	UAE 내 거주, 사업, 투자 자유롭게 가능
	기타 혜택	이사드 카드 제공 등 쇼핑, 교육, 의료 우대 혜택
부동산 투자 조건	최소 투자 금액	200만AED 이상(약 55만 달러)
	부동산 유형	오프플랜(사전 분양) 및 완공 부동산 모두 가능
	소유 요건	개인 명의 필수
		대출 상환 중이어도 순 자산이 200만AED 이상이면 가능
	다운페이먼트	최소 납입금 요건 없음
신청 및 처리	신청 절차	디지털화된 온라인 시스템으로 신청 가능
	처리 기간	평균 30일 내 승인(2025년 기준)
핵심 장점	체류 안정성	10년 장기 거주+갱신 가능
	투자 안전성	장기 체류 기반으로 자산 보유와 운용에 유리
	비즈니스 활용	DIFC 등에서 법인 설립, 금융 활동 가능
	자산 관리 유연성	세금 부담 없음+장기 체류 보장으로 글로벌 자산 관리 최적화

투자자에게 유리한 제도 설계

골든 비자는 UAE 외부에 체류하고 있어도 비자 유효 상태를 유지할 수 있으며, 신청은 대부분 온라인으로 진행되고 약 30일 내 승인이 이루어집니다. 특히 요즘과 같은 글로벌 이동 시대에 '언제든 돌아올 수 있는 도시'가 있다는 건 매우 강력한 자산입니다.

2025년 현재 투자 기반 골든 비자는 최소 월급 요건 없이 부동산 자산으로만 신청할 수 있습니다. 완공된 주거용 부동산뿐 아니라 오프플랜도 인정되며, 대출 상환 중이더라도 순 자산 요건만 충족되면 신청할 수 있습니다. 이 제도는 이런 투자자에게 적합합니다.

- 중장기적으로 UAE 또는 중동 거주를 고려하고 있는 자산가
- 가족 중심의 이주 또는 교육 목적의 해외 진출을 고려하는 투자자
- 투자와 동시에 '거주의 자유'와 '세금 안전지대'를 동시에 확보하고 싶은 분
- 글로벌 이동이 잦아 비자 유연성이 필요한 기업가 및 전문가

단기 수익만 노리는 투자자에게도 두바이는 매력적이지만, 장기적으로 자산을 관리하고 해외 기반을 다지고 싶은 분들에게는 골든 비자가 주는 '안정성과 선택의 자유'가 더욱 결정적입니다.

투자처이자 인생의 다음 챕터를 준비할 수 있는 도시. 두바이는 이제 '자산만이 아닌 삶까지 투자할 수 있는 도시'로 진화하고 있습니다.

두바이 부동산이 매력적인 이유: 수익률과 가치 상승, 두 마리 토끼

두바이 부동산 시장은 전 세계 투자자들에게 특별한 매력이 있습니다. 그 핵심에는 높은 임대 수익률과 자산 가치 상승이라는 2가지 요소가 동시에 작용하는 구조가 자리 잡고 있습니다. 일반적으로 이 두 요소는 반비례 관계인 경우가 많지만 두바이는 예외입니다. 실질 수익과 장기 성장이라는 두 마리 토끼를 모두 잡을 수 있는 드문 시장이기 때문입니다.

월세 수익만으로도 연 6~8퍼센트, 현금 흐름이 강한 시장

2025년 기준으로 두바이의 아파트 수익률은 평균 6~8퍼센트, 프라임 지역(두바이 마리나, 다운타운 두바이 등)은 9퍼센트에 육박합니다. 빌라 및 타운하우스 임대 수익률은 연평균 5~7퍼센트, 상업용 부동산 임대 수익률은 연평균 7~9퍼센트입니다. 세금이 없기 때문에 순수익률이 매우 높습니다. 특히 단기 임대 수요가 강한 지역에서는 연 수익률이 10퍼센트에 근접하는 사례도 있습니다.

두바이의 임대 시스템에는 한국의 전세 개념이 없으며, 월세 또는 연세(연 단위 일시불 계약)가 일반적입니다. 대부분의 임차인은 외국인 근로자, 전문직 종사자, 디지털 노마드, 기업 주재원, 장기 체류 관광객 등으로 구성되어 있으며, 인구의 약 90퍼센트를 차지하는 외국인 거주자들이 안정적인 임대 수요를 형성하고 있습니다.

이처럼 두바이는 매달 꾸준한 현금 흐름을 창출할 수 있는 구조를 갖추고 있어 글로벌 도시 중에서도 임대 수익률이 가장 높은 시장 중 하나로 손꼽힙니다.

두바이는 서울(3~5퍼센트), 런던(3~4퍼센트), 뉴욕(2~4퍼센트), 싱가포르(2~4퍼센트), 홍콩(2~3퍼센트) 등 주요 글로벌 도시보다 월등히 높은 수익률을 기록하고 있습니다. 소득세나 보유세 등의 세금 부담이 없어서 명목 수익률이 곧 순수익률로 이어진다는 점도 투자자들에게 강력한 장점이 되고 있습니다.

자산 가치 상승을 이끄는 4가지 성장 엔진

두바이 부동산 시장의 자산 가치 상승은 단순한 수요 증가에 그치지 않습니다. 도시의 구조적 성장, 정책적 유연성, 글로벌 자본 유입, 그리고 메가프로젝트 중심의 도시 전략이 서로 맞물리며 자산 가치를 꾸준히 끌어올리고 있습니다. 이 시장의 상승을 이끄는 4가지 주요 엔진을 살펴보면 다음과 같습니다.

첫째, 지속적인 인프라 개발과 도시 확장입니다.

두바이는 '두바이 2040 도시 마스터플랜'을 통해 크릭 하버, MBR 시티, 두바이 사우스 등 신도시 개발을 본격 추진하고 있습니다. 도로망 확장, 메트로 블루라인 연장, 알 막툼 국제공항 확장 등 대형 인프라 프로젝트를 동시에 진행하고 있으며, 이는 곧 주요 지역의 입지 가치를 재편하는 요인으로 작용하고 있습니다. 인프라는 단순한 교통의 문제가 아니라 자산 가치 상승의 직접적인 촉매제입니다.

둘째, 고급 부동산 시장의 지속적 강세입니다.

2023년 두바이의 고급 부동산 가격은 전년 대비 15.9퍼센트 상승했으며, 2024년에도 약 19퍼센트가 추가 상승하며 세계 최고 수준의 성장률을 기록했습니다. 팜 주메이라, 다운타운 두바이, 주메이라 베이 아일랜드(Jumeirah Bay Island) 등 프라임 지역에서는 초고가 주택에 대한 글로벌 수요가 지속적으로 증가하고 있으며, 2025년 상반기 기준 1,000만 달러 이상 초고가 자산 거래가 435건에 달해 역대 최고치를 경신했습니다. 이는 자산가들이 두바이를 안정적인 장기 투자처로 인식하고 있다는 반증입니다.

셋째, 외국인 투자 확대와 거주 인센티브 정책입니다.

10년 골든 비자, 프리랜서 비자, 장기 체류 비자 등 외국인을 위한 유연한 거주 제도가 마련되며 러시아, 인도, 중국, 유럽 등 다양한 지역의 투자자들이 두바이 부동산 시장에 적극적으로 진입하고 있습니다. 2024년 기준 외국인 거래 비중은 전체 부동산 거래의 40퍼센트 이상을 차지하고 있으며, 이는 두바이가 더 이상 단기 투자 시장이 아닌 글로벌 자산 포트폴리오의 핵심 허브로 자리 잡았다는 신호입니다.

넷째, 엑스포 2020 이후 가시화된 대형 개발 프로젝트입니다.

엑스포 부지를 재개발한 디스트릭트 2020(District 2020)은 스마트 시티로 전환하는 것을 목표로 설계되었으며, 알 막툼 국제공항 확장, 하이퍼루프 연결, 스마트 모빌리티 인프라 구축 등 다양한 메가프로젝트가 동시에 추진되고 있습니다. 이러한 국가 차원의 중장기 개발 계획은 부동산 시장에 대한 신뢰를 더욱 높이며, 장기적으로 자산 가치의 안정성과 상승 가능성을 뒷받침하고 있습니다.

자산 가치 상승, 아직 늦지 않았습니다

두바이 부동산 시장은 단기 급등을 넘어 장기적으로도 상승 여력을 충분히 지니고 있습니다.

2025년 기준 예상 부동산 가격 상승률은 평균 5~8퍼센트 수준이며, 프라임 지역에서는 10퍼센트 이상 상승할 가능성도 제기되고 있습니다. 특히 2025년부터 외국인의 부동산 소유가 가능한 지역이 확대되면서 이전보다 더 다양한 입지에서 글로벌 투자를 할 수 있다는 점이 주목할 만한 변화입니다.

빌라 및 타운하우스 시장은 공급 부족 현상이 계속되고 있어, 이 세그먼트에서는 향후 몇 년간 가격 상승세가 가속화될 가능성이 큽니다. 특히 장기 거주를 희망하는 외국인 유입이 꾸준히 증가하고 있는 만큼 실수요에 기반한 수요가 지속될 것으로 보입니다.

한편 단기 투자자의 경우 수익 실현 시점에 대한 전략적 접근이 중요하며, 장기 투자자라면 지금이 저점 대비 여전히 유효한 진입 시점으로 평가되고 있습니다. 2025년 하반기 이후 일부 고급 지역에서는 단기적인 가격 조정 혹은 안정화가 나타날 가능성도 제기되고 있으므로, 투자자 입장에서는 시장 데이터에 기반한 정밀한 분석과 전략 수립이 필요한 시점입니다.

법률·정책 인프라로 본 투자 안정성

많은 이들이 여전히 두바이를 '석유 도시'로 인식하고 있지만, 실제로는 그 이미지에서 이미 멀어졌습니다. 2024년 기준 GDP의 90퍼센트 이상이 관광, 무역, 금융, 기술 등 비석유 산업에서 창출되고 있으며, 같은 해 두바이의 실질 GDP 성장률은 3.1퍼센트, 이 중 비석유 부문은 무려 4.6퍼센트에 달했습니다.

이러한 성장의 기반이 되는 것은 두바이 경제 어젠다 D33 같은 중장기 경제 마스터플랜입니다. UAE 정부는 2025년까지 국가 경제성장률 5~6퍼센트 달성을 목표로 하고 있으며, 이는 재생에너지, 금융 서비스, 물류, 디지털 기술 등 다양한 산업이 고르게 성장하고 있음을 의미합니다.

투자자 입장에서 이러한 수치는 단순한 참고 지표가 아닙니다. 튼튼한 경제는 부동산 수요의 지속성과 자산 가치의 하방 안정성을 의미하며, 이는 장기 투자에서 가장 중요한 판단 기준이 됩니다.

외국인도 안심할 수 있는 두바이의 법적 보호 시스템

해외 부동산 투자를 주저하게 만드는 가장 큰 이유는 법적 불확실성입니다. 소유권을 주장할 수 없거나, 계약이 제대로 이행되지 않거나, 분쟁이 일어나면 불리한 위치에 놓일 수 있기 때문이죠. 두바이는 이런 불확실성을 최소화하기 위해 체계적인 법률 인프라를 구축해왔습니다.

외국인의 100퍼센트 부동산 소유 허용

2002년부터 시행된 프리홀드 제도(Freehold Zone)를 통해 외국인의 부동산 100퍼센트 소유가 허용되었습니다. 시행 지역에 두바이 마리나, 팜 주메이라, 다운타운 두바이 등 핵심 투자 지역 대부분이 포함되어 있으며, 2025년 기준으로 프리홀드 지역이 더욱 확대되고 있어 투자 기회의 외연이 지속적으로 넓어지고 있습니다.

오프플랜 투자 시 자금 보호: 에스크로 계좌 의무화

오프플랜 투자 시에는 에스크로 계좌를 통해 자금 유용을 방지하도록 되어 있습니다. 개발사는 프로젝트 진행 단계에 따라 정부 승인을 받아야만 자금을 인출할 수 있으며, 투자자의 자금은 프로젝트 완공 시까지 안전하게 보호됩니다.

부동산규제청을 통한 시장 통제

2007년 설립된 두바이 부동산규제청은 개발사 등록, 중개 자격 인증, 거래 절차 규정 등 부동산 시장 전반의 질서와 신뢰성을 유지하는 역할을 맡고 있습니다. 법을 위반하면 벌금이나 면허 취소도 가능하기 때문에 시장 전반의 투명성이 높게 유지되고 있습니다.

공정하고 신속한 분쟁 해결 시스템

임대와 관련한 분쟁은 임대 분쟁 해결 센터(Rent Dispute Settlement Center)에서 처리하며, 두바이 국제금융센터(DIFC) 법원은 국제 기준에 기반하여 외국인 투자자를 위한 분쟁 조정 시스템을 제공합니다. 외국인도 현지인과 동등한 법적 보호를 받을 수 있는 체계가 갖춰져 있습니다.

안정성과 성장성을 모두 갖춘 시장

두바이는 단순히 '잘 나가는 도시'가 아닙니다. 정책, 법률, 경제가 조화를 이루며 투자 안정성과 성장성을 동시에 보장하는 몇 안 되는 글로벌 도시입니다.

부동산을 단순 자산이 아닌 장기 포트폴리오로 본다면 두바이만큼 확신을 가지고 들어갈 수 있는 시장은 흔치 않습니다. 그리고 그 확신은 '법'과 '정책'이라는 단단한 기반 위에 세워져 있습니다. 비즈니스 환경 개선과 외국인 투자 유치를 위한 제도 혁신이 더해지면서 두바이는 더욱 개방적이고 투자 친화적인 도시로 나아가고 있습니다.

두바이는 앞으로도 글로벌 경제의 중심지로서 미래형 경제 모델을 선도할 것으로 전망됩니다. '두바이 경제 어젠다 D33'은 2033년까지 GDP 2배 성장, 세계 3대 비즈니스 도시 도약을 목표로 하고 있으며, 이를 위해 디지털 전환, 지속 가능성 강화, 글로벌 투자 유치 확대에 속도를 내고 있습니다. 또한 경제적 안정성과 강력한 법적 보호에 바탕한 두바이 부동산 시장은 투자자들이 신뢰할 수 있는 환경을 제공합니다. 이러한 요소들은 두바이가 매력적이고 안정적이며 지속 가능한 부동산 시장으로 자리 잡게 만드는 핵심 요인입니다.

PART 2

흐름을 읽는 투자자:
두바이 부동산 시장 20년 리포트

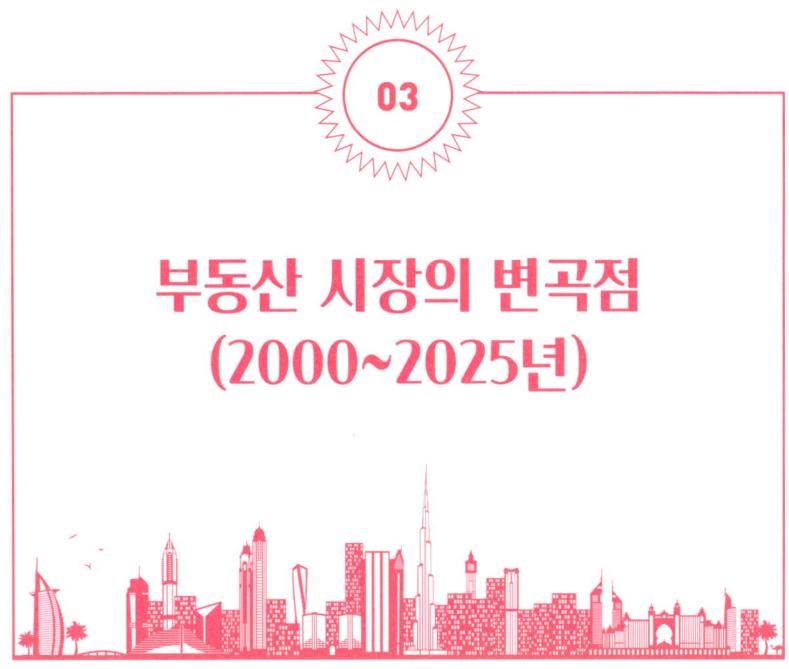

부동산 시장의 변곡점
(2000~2025년)

두바이 부동산 시장의 흐름을 제대로 이해하려면 '지금 오를까?'라는 단편적인 질문에서 벗어나야 합니다. 가격이 오르고 내리는 순간보다 중요한 것은 왜 그런 흐름이 만들어졌는지를 아는 것입니다. 두바이 시장은 글로벌 경제의 격변, 정부의 전략적 정책, 외국인 투자유치의 방향성에 따라 몇 차례 큰 전환점을 경험해왔습니다.

2000년대 초, 두바이는 단순한 지역 도시에서 중동의 경제 허브로 급속히 진화하기 시작했습니다. 기존의 석유 중심 경제에서 벗어나 부동산, 무역, 금융, 관광 등 비석유 산업 중심의 다각화된 경제구조로 본격 전환했고, 이는 도시 개발의 속도와 범위에 결정적인 영향을 주었습니다. 이 시기부터 외국인 투자 유치가 정책의 핵심으로 떠오르며 부동산 시장의 문도 본격적으로 열리게 되었습니다.

이러한 흐름 속에서 두바이의 부동산 가격은 여러 차례 급등과 조정을 반복했습니다. 특히 글로벌 투자자 유입, 대규모 인프라 프로젝트 추진, 관광 산업의 회복세 등이 주거용과 상업용 부동산 수요 모두에 강력한 영향을 주었습니다.

2024년 두바이 부동산 시장은 역사상 가장 활발한 거래량과 가격 상승세를 기록했습니다. 2025년에도 두바이 및 UAE 부동산 시장은 강한 상승세를 보이며 글로벌 투자자들의 관심을 지속적으로 끌고 있습니다. 프라임 지역은 공급 부족으로 인해 가격과 임대료 모두 강세를 유지하고 있으며, 외곽 지역은 신규 공급이 확대되면서 지역 간 양극화가 뚜렷해지고 있습니다. 투자 목적도 거주, 임대 수익, 골든 비자 취득 등으로 다양해지고 있으며, 법인세 도입 이후에도 법적·세무적 안정성과 투자 친화 정책이 유지되고 있어 UAE는 글로벌 자산 포트폴리오의 핵심 투자처로 자리 잡고 있습니다.

이제부터는 2000년대 초반부터 2025년 현재까지 두바이 부동산 시장이 어떤 흐름을 타고 단계별로 변화해왔는지를 가격 상승기와 전환점을 중심으로 살펴보겠습니다. 이 흐름을 이해한다면 앞으로 어떤 타이밍에 어떤 방식으로 움직여야 할지를 보다 명확히 판단할 수 있을 것입니다.

두바이 부동산 시장의 태동과 급성장 그리고 하락(2000년대)

두바이 부동산 시장의 역사는 단순한 지역 개발을 넘어 글로벌 투자 중심지로의 도약이라는 도시 전략과 맞물려 시작되었습니다. 2000년대는 두바이 부동산이 '태동-급등-붕괴'라는 극적인 흐름을 보이며 본격적인 시장의 시작을 알린 시기였습니다.

부동산 시장의 태동(2000~2004년)

2000년대 초반 두바이 정부는 석유 의존도를 줄이고 경제를 다각화하는 것을 목표로 본격적인 도시 개발 정책을 추진하기 시작했습니다. 이 전략의 핵심은 관광, 무역, 금융 그리고 부동산이었습니다. 특히 2002년 외국인에게 부동산 소유를 허용하는 역사적 정책을 시행하면서 두바이 부동산 시장은 전례 없는 성장의 초입에 들어섰습니다.

팜 주메이라, 두바이 마리나, 주메이라 레이크 타워(JLT) 등 대규모 마스터플랜 프로젝트가 잇따라 착공되었고, 자유경제구역과 두바이 국제금융센터 설립은 외국인 투자자들의 신뢰를 강화하는 기반이 되었습니다. 이 시기 부동산 시장은 실수요보다 투자와 투기 수요 중심으로 빠르게 팽창했습니다.

급격한 상승기(2006~2008년)

2006년부터 2008년까지 두바이 부동산 시장은 말 그대로 '폭등기'를 맞이했습니다. 국영기업 두바이 월드(Dubai World) 산하의 나킬

(Nakheel), 에마르(Emaar) 같은 대형 개발사들이 대규모 고급 주거 단지와 초고층 빌딩 개발을 주도하면서 두바이는 글로벌 부동산 시장의 '핫 스폿'으로 급부상했습니다.

2007년에는 세계에서 가장 높은 건물인 부르즈 할리파가 착공되었고, 세계 최대 쇼핑몰인 두바이 몰(Dubai Mall)도 공개되며 도시 자체가 글로벌 럭셔리의 상징으로 부상했습니다. 이 시기 부동산 가격은 연평균 20퍼센트 이상 급등했고, 일부 지역에서는 집값이 2배 이상 뛰기도 했습니다.

그러나 과열된 시장의 이면에는 투기적 수요의 집중과 대출 중심의 투자 구조가 자리하고 있었습니다. 실수요 기반보다는 '자고 일어나면 집값이 오른다'는 과열된 분위기 속에서, 금융위기라는 외부 충격에 취약한 기반이 형성되고 있었던 셈입니다.

글로벌 금융위기와 시장 침체(2008~2009년)

2008년 전 세계를 강타한 글로벌 금융위기는 급성장 중이던 두바이 부동산 시장에도 큰 충격을 안겨주었습니다. 이 시기 두바이는 외국인 자본의 유입과 초대형 개발 프로젝트를 통해 부동산 호황기를 구가하고 있었지만, 세계 금융 시스템의 붕괴는 순식간에 두바이를 위기 국면으로 몰아넣었습니다.

특히 2009년 국영기업 두바이 월드가 채무 상환 유예를 선언하며 '두바이 쇼크'라는 표현이 등장할 정도로 시장은 급속히 얼어붙었습니다. 글로벌 부동산 컨설팅 기업 CBRE에 따르면 2009년 기준 두바이의 주거용 부동산 가격은 2008년 최고점 대비 평균 50~60퍼센트 가까이 하락했습니다. 상업용 부동산 시장 역시 급격한 가격 조정을 피할 수 없었습니다.

거래량은 급감했고, 다수의 오프플랜 프로젝트는 공사 중단 상태에 빠졌으며, 외국인 투자자들은 대거 시장에서 이탈하기 시작했습니다. 부동산 가격 하락은 물론 개발사 부도와 인프라 정비 지연 문제까지 겹치며 두바이의 도시 경쟁력에도 의문이 제기됐습니다. 특히 당시 하수 처리 등 기본적인 인프라 수용의 한계가 드러나면서 급성장에 따른 부작용이 본격적으로 부각되기 시작했습니다.

그러나 이러한 위기는 두바이 정부가 본격적인 제도 개선과 시장 안정화를 추진하는 계기가 되었습니다. 아부다비 정부의 긴급 자금 수혈과 함께, 두바이는 법적·제도적 기반을 정비하며 중장기적으로 회복할 발판을 마련했습니다. 에스크로 계좌 도입, 외국인 소유권 명확화, 시장 투명성 확보 등의 조치들이 바로 이 시기의 교훈을 바탕으로 마련되었습니다.

이후 두바이 부동산 시장은 단기 투기 중심에서 실수요 중심으로 구조가 변화하며 성숙기로의 전환을 준비하게 됩니다. 글로벌 금융위기는 분명 혹독한 시련이었지만, 동시에 두바이 부동산 시장이 장기적으로 더 강해질 수 있는 토대를 마련한 결정적 분기점이었습니다.

글로벌 금융위기 후 회복과 조정(2010년대)

2008년 글로벌 금융위기로 타격을 입은 두바이 부동산 시장은 2010년대에 접어들며 점진적으로 회복하는 조짐을 보이기 시작했습니다. 이 시기에 글로벌 자본의 유입과 대규모 인프라 투자, 그리고 정부 주도의 제도적 정비가 어우러지며 두바이 부동산 시장은 점차 안정을 찾아갔습니다. 그러나 회복이 곧장 안정적인 상승세로 이어진 것은 아니었습니다. 외부 변수와 과잉 공급, 글로벌 경기 둔화 등 복합적인 요인이 맞물리며 조정과 침체를 반복하기도 했습니다.

회복기(2010~2014년)

2010년대 초반 두바이 부동산 시장은 글로벌 금융위기의 충격에서 벗어나며 회복세를 보였습니다. 특히 2011년 중동 지역에 정치적 혼란을 야기한 '아랍의 봄' 이후 두바이는 상대적으로 안정된 정치·경제 환경을 기반으로 투자자들의 대체 투자처로 급부상했습니다.

2013년 두바이가 엑스포 2020 개최지로 최종 선정되면서 상황이 크게 호전되었습니다. 두바이 정부는 이에 발맞춰 대규모 도시 재개발과 인프라 확장에 본격 착수했으며, 이는 곧 부동산 시장의 새로운 성장 동력으로 작용했습니다. 고용 증가와 관광 산업 회복이 실수요를 이끌어내며, 2014년에는 주거용 부동산 가격이 전년 대비 25~30퍼센트 상승하는 등 확연한 회복 국면에 진입했습니다.

이 시기 두바이 부동산규제청의 역할 강화와 함께 부동산 관련 규제 체계도 정비되었고, 시장의 투명성과 신뢰도가 높아졌다는 평가를 받았습니다. 정책적 안정성과 실수요에 기반해 성장했다는 점에서 2010~2014년은 '건강한 회복기'로 볼 수 있습니다.

정체와 하락기(2015~2017년)

2015년부터 두바이 부동산 시장은 다시 한번 전환점을 맞이하게 됩니다. 국제 유가 하락과 함께 글로벌 경기 둔화가 겹치며 투자 심리가 약화되고 공급 과잉 현상이 본격화되었습니다. 특히 고급 주거지와 상업용 부동산을 중심으로 임대료와 매매가 하락하기 시작했습니다.

연평균 10~15퍼센트 수준의 가격 하락이 지속되었고, 일부 지역에서는 공실률 증가와 함께 투자 수익률이 감소해 신규 투자 유입도 둔화되었습니다. 이 시기 두바이 정부는 'UAE 비전 2021(UAE Vision 2021)'을 통해 장기적인 경제 다각화 전략을 발표하며 비석유 산업과 기술 기반 산업의 성장에 박차를 가했습니다. 동시에 인프라 투자 확대와 규제 완화 정책을 통해 부동산 시장의 안정을 도모했습니다.

조정기(2018~2020년)

2018년 이후 두바이 부동산 시장은 글로벌 경기 불확실성과 과잉 공급 문제로 인해 조정 국면에 진입하게 됩니다. 특히 고급 주택 시장의 하락 폭이 컸으며, 임대료와 매매가 모두 지속적인 하락세를 보였습니다. 2019년에는 외국인 투자 감소와 글로벌 투자 심리 위축으로 인해 시장이 더욱 뚜렷이 위축되었습니다.

2020년 발생한 코로나19 팬데믹은 두바이 부동산 시장에 또 다른 도전을 안겨주었습니다. 팬데믹 초기에는 국경 폐쇄와 이동 제한으로 거래량이 급감했고, 단기적인 침체가 발생했습니다.

러시아 자본 유입과 초고급화: 새로운 도약의 시대 (2021~2024년)

2020년 팬데믹의 충격에서 가장 빠르게 회복한 도시 중 하나는 두바이였습니다. 전 세계가 봉쇄와 불확실성에 휩싸여 있던 시기에 두바이는 선제적 백신 접종, 강력한 방역 시스템, 유연한 외국인 비자 정책 등을 통해 신뢰를 회복했고, 이는 곧 부동산 시장의 반등으로 이어졌습니다.

반등의 신호탄(2021~2022년)

2021년부터 두바이 부동산 시장은 확연한 회복세에 진입했습니다. 특히 아파트와 빌라 가격이 전년 대비 10~15퍼센트가량 상승했고, 엑스포 2020 유치를 계기로 글로벌 투자자들의 눈길이 다시 두바이로 향했습니다. 디지털 노마드 비자와 장기 거주 비자 도입은 외국인의 실거주 수요를 확대했고, 두바이는 '안전한 도시, 안정적인 투자처'의 입지를 더욱 공고히 했습니다.

이 시기 유럽과 러시아, 인도 등 다양한 국가의 중상위 자산가들이 두바이로 이주하거나 부동산을 포트폴리오에 편입하기 시작했고, 이는 시장에 실질적 수요 기반을 제공하는 주요 동력이 되었습니다.

러시아 자본 유입과 초고급화(2022~2024년)

2022년 일어난 러시아-우크라이나 전쟁은 글로벌 자산 이동의 거대한 물결을 만들어냈습니다. 러시아 자본이 대거 두바이로 유입되었고, 이로 인해 프라임 부동산 시장은 사실상 '황금기'를 맞이했습니다. 특히 팜 주메이라, 두바이 마리나, 두바이 다운타운과 같은 핵심 지역은 연평균 15~20퍼센트의 가격 상승률을 기록하며 역대 최고 수준의 거래가 이어졌습니다.

이 시기 연간 부동산 거래 건수가 80퍼센트 이상 증가했고, 총 거래액이 1,400억 달러를 넘어서며 전 세계적으로 주목받았습니다. 1,000만 달러 이상의 초고가 주택 거래 건수도 400건을 넘기며 두바이는 뉴욕, 런던과 어깨를 나란히 하는 럭셔리 부동산 시장으로 확실히 자리매김했습니다.

두바이 정부는 이러한 외부 자본 유입과 시장 과열을 단기 현상으로 보지 않고, 장기적이고 지속 가능한 성장을 위해 도시 전략을 재정비했습니다. 스마트시티, 탄소중립 도시, 지속 가능한 인프라 개발 등이 핵심 축으로 자리 잡았고, 부동산 정책은 '투자자 유치+시장 안정화'라는 이중 전략을 강화하는 방향으로 전환됐습니다.

2023~2024년, 두바이 부동산 시장의 양적 도약기

두바이 부동산 시장은 2023년과 2024년을 거치며 단순한 반등을 넘어 본격적인 도약의 시기를 맞이했습니다. 거래량과 거래액 모두 전례 없는 수준으로 증가했고, 고급 시장과 실수요 시장을 아우르는 광범위한 성장이 이어졌습니다. 특히 외국인 투자자의 유입과 정부 주도의 인프라 확장은 두바이를 명실상부한 '글로벌 투자 허브'로 부상시켰습니다.

2023년 한 해 동안 두바이 부동산 시장은 총 12만 9,000건의 거래를 기록하며 전년 대비 약 30퍼센트 증가했습니다. 총거래액은 409억 8,000만AED(약 16조 3,920억 원)로, 33.8퍼센트의 성장률을 기록했습니다. 특히 주거용 부동산은 평균 18.8퍼센트의 가격 상승률을 보였으며 아파트(18.33퍼센트)와 빌라(22.23퍼센트) 모두 강세를 나타냈습니다. 주목할 점은 1,000만AED(약 40억 원) 이상의 고가 부동산 거래가 전년 대비 48퍼센트 증가했다는 점으로, 이는 글로벌 자산가들이 두바이 부동산을 안정적 자산으로 인식하고 있다는 방증입니다.

이러한 성장세는 2024년에도 이어졌습니다. 총거래량은 18만 987건, 총거래액은 522억 5,000만AED(약 20조 9,000억 원)으로, 각각 36.5퍼센트, 27.2퍼센트 증가하며 역대 최고치를 경신했습니다. 아파트 거래는 14만 건을 넘었고, 빌라 및 타운하우스 거래도 3만 건 이상을 기록했습니다. 전체 평균 부동산 가격은 20퍼센트 상승했고, 주거용 부동산은 21.3퍼센트 상승률을 나타냈습니다. 특히 빌라 가격은

2023~2024 두바이 부동산 시장 주요 지표

항목	2023년	2024년
총거래량	약 12만 9,000건	18만 987건
총거래액	409억 8,000만AED	522억 5,000만AED
평균 가격 상승률	20.14%	20.00%
아파트 가격 상승률	18.33%	20.70%
빌라 가격 상승률	22.23%	24.30%
오프플랜 거래 비중	약 60%	60.50%
외국인 투자 비중	약 55%	약 60%
초고급 부동산 거래 증가율	48%	47%

24.3퍼센트 상승해 고급 주택 시장의 수요 강세를 입증했습니다.

오프플랜 거래는 두 해 모두 전체 거래의 60퍼센트 이상을 차지하며 핵심 성장 동력으로 자리 잡았습니다. 이는 투자자들이 개발 중인 프로젝트에 대한 신뢰를 바탕으로 '미래의 두바이'에 투자하고 있음을 의미합니다. 특히 유연한 분납 구조와 장기 거주 비자(골든 비자) 등 인센티브가 투자 심리에 긍정적인 영향을 미쳤습니다. 동시에 스마트 기술과 지속 가능성을 겸비한 신규 프로젝트들이 프리미엄 브랜드 레지던스로 등장하면서 오프플랜 자산의 브랜드 가치도 빠르게 상승하고 있습니다.

지역별로는 팜 주메이라(2,500AED/sq ft), 다운타운 두바이(1,900AED/sq ft), 비즈니스 베이(1,600AED/sq ft) 등 프라임 지역이 고급 수요를 견인했고, JVC(1,100AED/sq ft)와 같은 중저가 주거지 역시 15퍼센트 이상의 가격 상승률을 기록했습니다. 이는 다양한 계층의 수요가 동시에 활성화되고 있음을 시사합니다.

두바이 부동산에 진입할 최적의 시점은 언제인가

오프플랜 시장은 분납이 가능한 구조를 갖추었고 초기 진입 비용이 낮기 때문에 중장기 보유 전략에 적합합니다. 완공 시점까지의 가치 상승과 장기 임대 수요를 함께 고려할 수 있어 특히 포트폴리오 분산을 고려하는 투자자에게 유리합니다.

가격이 안정적인 프라임 지역인 팜 주메이라, 다운타운 두바이, 비즈니스 베이 등은 보유 가치를, JVC, 두바이 사우스 등은 성장 잠재력을 기준으로 접근하는 것이 좋습니다.

외국인 투자자 비중이 60퍼센트에 육박하는 현재, 글로벌 투자 수요가 실거주 수요를 동반하며 지속될 가능성이 크므로 가격 상승 모멘텀이 여전히 유효합니다.

2025년 1월 기준으로 두바이 부동산 시장은 안정적인 성장세를 유지하고 있습니다. 부동산 컨설팅 및 조사 업체 밸류스트랫(ValuStrat)의 보고서에 따르면 2025년 1월 두바이의 부동산 가격 지수(VPI)는 204.2포인트로 전월 대비 1.7퍼센트 상승했으며, 전년 동기 대비로는 27퍼센트 상승했습니다. 이러한 상승은 단기적인 급등보다는 지속 가능하고 견고한 성장으로 평가됩니다.

또한 2025년 1월의 거래량은 1만 4,238건으로 전년 동기 대비

23퍼센트 증가했으며, 거래 가치는 약 442억AED(약 17조 6,800억 원)로 24퍼센트 증가했습니다. 이는 시장의 활발한 활동과 투자자들의 지속적인 관심을 반영합니다.

이러한 데이터는 두바이 부동산 시장이 단순한 회복 단계를 넘어 구조적 성장의 기반 위에 서 있음을 나타냅니다. 거래량, 거래액, 가격, 수요 구조 모두가 건강한 성장세를 보이며, 글로벌 투자자들에게 여전히 매력적인 시장으로 평가되고 있습니다.

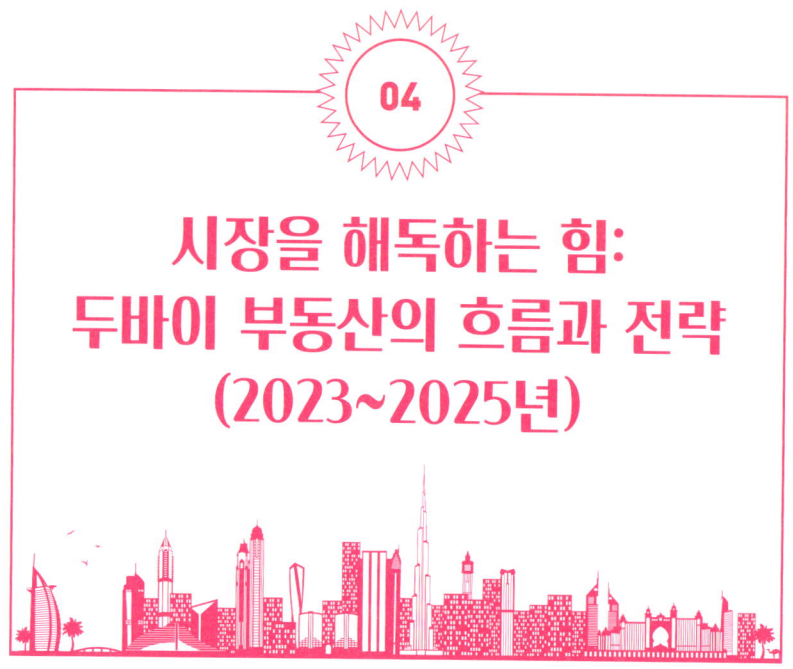

시장을 해독하는 힘: 두바이 부동산의 흐름과 전략 (2023~2025년)

2023년부터 2025년까지 두바이 부동산 시장은 과거 어느 때보다 빠르게 변화하고 있습니다. 단순한 회복기를 넘어 이제는 구조적인 상승 국면으로 본격 전환되고 있으며, 그 중심에는 글로벌 자본의 유입, 도시 개발 전략, 정책 변화, 다변화한 투자자 유형 등이 복합적으로 작용하고 있습니다.

과거 두바이 시장을 '부유층의 놀이터' 혹은 '단기 투자자의 투기장'으로만 보던 시선은 이제 더 이상 유효하지 않습니다. 실수요 기반의 중산층 주거 수요, 스마트 인프라와 ESG 기반 자산, 브랜드 레지던스와 같은 초고급 부동산이 각각의 흐름을 만들어내며 하나의 시장 안에서 다양한 전략이 동시에 작동하고 있습니다.

여기서는 2023년 이후 두바이 부동산 시장을 3가지 관점에서 분석합니다. 첫째, 시장을 구성하는 3가지 축—고급 부동산, 중산층 주거지, 단기 임대 시장—의 분화와 전략적 대응. 둘째, 2024~2025년을 기점으로 나타난 가격 상승과 임대 수익률의 구조적 배경. 셋째, 2025년 이후 시장 조정 가능성과 리스크 요인, 그리고 이를 기회로 전환할 수 있는 투자 전략입니다.

시장을 해독하는 힘은 결국 '흐름을 읽는 능력'에서 비롯됩니다. 언제, 어디에, 어떻게 투자해야 하는가. 이 질문에 대한 실전적 해답을 지금부터 하나씩 짚어보겠습니다.

3가지 시장, 3가지 전략:
고급, 중산층, 단기 임대, 그리고 지속 가능성

'두바이는 더 이상 하나의 시장이 아니다. 3개의 시장이 공존하는 도시다.'

2023년과 2024년 두 해 동안 두바이 부동산 시장은 단순한 회복을 넘어 구조적 변화의 흐름 속에서 명확한 방향성을 드러냈습니다. 특히 고급 부동산, 중산층 주거 시장, 단기 임대 시장이 서로 다른 논리와 수요 구조를 통해 움직이고 있으며, 투자자라면 이 3가지 흐름에 각각의 전략으로 접근해야 합니다.

초고급 시장의 부상: 자산가 유입과 글로벌 자본의 이동

2023년부터 두바이 부동산 시장은 세계적 부호와 자산가들의 투자처로 다시 부상하기 시작했습니다. 팜 주메이라, 에미리트 힐스, 주메이라 베이 아일랜드 등 초고급 지역의 자산 가치가 꾸준히 상승했으며, 1,500만AED(약 60억 원) 이상의 부동산 거래 건수는 2024년 한 해에만 약 950건에 달했습니다. 특히 팜 주메이라의 해안가 빌라는 2억 7,500만AED에 거래되며 세계 최고가 주택 시장 중 하나로 자리 잡았습니다.

이러한 흐름은 단순한 투기적 흐름이 아니라, 글로벌 자산의 이동 방향이 근본적으로 바뀌고 있음을 의미합니다. 런던과 뉴욕에서 두바이로 향하는 이 흐름에는 높은 임대 수익률(평균 6~8퍼센트), 세금 부담 없음, 장기 비자를 통한 거주 안정성이라는 3가지 요인이 작용하고 있습니다. 브랜드 레지던스의 프리미엄 가치 등이 맞물려 고액 자산가의 '포트폴리오 다각화' 목적지로 자리 잡았습니다.

중산층 시장의 성장: 실거주 수요와 투자 수익률의 교차점

두바이 부동산 시장의 또 다른 축은 실속 있는 중산층 주거 수요의 증가였습니다. 주메이라 빌리지 서클(JVC), 아르잔(Arjan), 두바이랜드(Dubailand), 두바이 사우스(Dubai South) 등은 상대적으로 합리적인 가격과 양호한 인프라를 기반으로 실거주자와 중소 투자자에게 각광받았습니다. 특히 JVC는 2024년 기준 평균 1,100AED/sq ft(약 44만 원)로 전년 대비 약 15퍼센트 상승했으며 임대 수익률도 7~8퍼센트 수준을 기록했습니다.

이러한 중산층 지역은 도시 확장과 교통 인프라 개발과 맞물려 향후 가치 상승 여력도 풍부합니다. 정부의 장기 체류 비자 정책과 외국인 거주자 증가가 수요를 뒷받침했습니다. 특히 오프플랜 분양의 유연한 결제 구조는 중산층 실수요자와 투자자 모두에게 접근성을 높여주는 계기가 되었습니다. 이제 두바이의 중산층 시장은 단순한 저가 대체재가 아닌 명확한 투자 전략의 대상으로 자리매김했습니다.

단기 임대 시장의 제도화와 수익성 강화

단기 임대 시장의 성장을 뒷받침한 주요 동력은 관광 회복과 정부의 라이선스 간소화 정책이었습니다. 2024년 기준 두바이 단기 임대 시장은 수익성 면에서도 매우 강세를 보였습니다. AirDNA 및 DXBinteract의 자료에 따르면 단기 임대의 평균 일일 수익은 598AED(약 24만 원)이며, 연간 평균 예약 일수는 252일에 달했습니다.

이에 따른 연평균 임대 수익은 약 14만 7,000AED(약 5,880만 원)로 집계되며, 고정 수익원이자 수익률을 극대화할 수 있는 수단으로 주목받고 있습니다. 팜 주메이라, 다운타운 두바이, 두바이 마리나와 같은 프라임 지역은 물론 JVC, 데이라와 같은 중저가 지역에서도 단기 임대 수익이 빠르게 증가했습니다.

특히 에어비앤비를 중심으로 한 플랫폼 기반 단기 임대가 제도적으로 인정받고 운영 절차가 디지털화되면서 투자자들의 진입 장벽이 낮아졌습니다. 단기 임대는 이제 '관광 수요에 의존하는 변동성 큰 수익 모델'에서 벗어나 두바이의 고정된 수익 자산군으로 자리 잡고 있습니다.

3개의 시장, 3가지 전략

2023~2024년의 두바이 부동산 시장은 '하나의 시장'이 아니었습니다. 고급 자산, 중산층 실수요, 단기 임대 시장이라는 서로 다른 메커니즘이 작동했으며, 투자자는 이 3가지 흐름을 하나의 큰 그림 속에서 각각 다른 전략으로 바라볼 필요가 있습니다.

안정적인 자산 가치와 브랜드 프리미엄을 추구하는 초고액 투자자는 팜 주메이라 및 브랜드 레지던스 중심의 장기 포트폴리오 전략을, 월세 기반의 캐시플로를 확보하려는 중위 투자자는 JVC나 아르잔 등 실수요 지역을 중심으로 오프플랜 투자 및 임대 전략을, 빠른 현금 회전을 노리는 단기 투자자는 다운타운 두바이나 두바이 마리나 등에서의 단기 임대 최적화 전략을 고려해야 합니다.

이처럼 두바이는 '누구에게나 동일한 전략이 통하는 시장'이 아닙니다. 투자자의 목표, 자금 규모, 보유 기간에 따라 최적의 지역과 전략이 달라집니다. 구조를 이해하고 흐름을 읽어야 이 다차원적인 시장에서 수익을 극대화할 수 있습니다.

안정 속 기회를 품은 두바이 부동산 시장(2024~2025년)

2024년 두바이 부동산 시장은 다시 한번 글로벌 투자자들의 이목을 집중시켰습니다. 주거용 부동산 가격이 연간 20퍼센트에 달하는 상승률을 기록하며, 팬데믹 이후 회복 국면을 넘어 본격적인 성장세로 전환했기 때문입니다. 이와 같은 흐름은 일시적인 반등이 아니라, 구조적인 변화와 수요 기반 위에 형성된 결과로 평가되고 있습니다.

2025년에는 이 같은 상승세가 다소 완화되더라도 7~10퍼센트대의 안정적인 가격 상승이 이어질 것으로 전망되고 있습니다. 이는 글로벌 주요 도시들과 비교해도 충분히 매력적인 수준이며, 두바이 시장이 단순한 투기 대상이 아니라 실물 기반의 투자처로 자리 잡고 있음을 의미합니다.

이처럼 견고한 상승 흐름은 2가지 실질적 동력에 의해 뒷받침되고 있습니다. 첫째는 5퍼센트 내외의 지속적인 경제성장률이며, 둘째는 400만 명을 넘어설 것으로 기대되는 도시 인구의 확장입니다. 이러한 요소들은 주거용 부동산뿐 아니라 상업용, 오피스, 리테일 등 전반적인 수요 기반을 뒷받침하고 있으며, 고급 시장의 경우 초고액 자산가들이 유입되면서 특정 지역의 프리미엄이 더욱 두드러지고 있습니다.

특히 다운타운 두바이와 팜 주메이라 등 대표적인 프라임 지역의 경우 초고급 자산에 대한 수요가 꾸준히 이어지고 있으며, 이에 따라 고급 아파트와 빌라의 가격이 7~10퍼센트가량 추가 상승할 것으로 전망됩니다. 이와 같은 흐름은 단기적 시세 차익을 노리는 투기성 매수와는 거리가 멀며, 실수요 중심으로 고급 자산 포트폴리오가 재편되는 움직임으로 이해할 수 있습니다.

오프플랜 부동산은 여전히 투자자들의 주요 관심 대상입니다. 유연한 결제 조건과 7퍼센트 내외의 수익률, 그리고 브랜드 디벨로퍼들의 공급 확대로 인해 해당 시장은 2025년에도 높은 점유율을 유지할 것으로 보입니다. 실제로 2024년에 588개의 신규 프로젝트가 착공되었으며, 이 중 상당수가 에마르(Emaar), 다막(Damac), 빈갸티(Binghatti), 아지지(Azizi) 등 대형 개발사에 의해 공급되고 있습니다.

2024년 두바이의 임대 시장은 안정성과 수익성 측면에서 모두 긍정적인 흐름을 보여주고 있습니다. 평균 임대 수익률은 6.5~7퍼센트 수준으로, 글로벌 주요 도시와 비교해도 상위권에 해당하는 수치입니다. 지역별로는 수익률 편차가 존재하지만, 전반적으로 높은 수준을 유지하고 있습니다. JVC와 데이라는 중산층 중심의 임대 수요가 견고하게 유지되며, 안정적인 캐시플로를 창출하는 지역으로 주목받고 있습니다. 이처럼 두바이의 임대 시장은 단기 차익뿐만 아니라 지속 가능한 현금 흐름 확보에 유리한 구조를 갖추고 있습니다.

빌라 부문의 경우 여전히 공급 부족 현상이 이어지고 있습니다. 2025년 안에 4만 1,000세대가 공급될 예정이나, 이 중 고급 빌라 수요를 감당할 수 있는 물량은 턱없이 부족한 상황입니다. 실제로 시장에서는 약 1만 세대의 빌라 공급이 추가로 필요하다는 분석이 나오고 있으며, 이는 향후 해당 시장의 가격 탄력성을 높이는 주요 요인이 될 것입니다.

두바이의 빌라(villa)는 독립형 또는 반독립형 주택으로, 4~6개의 방이 있으며 개별 정원과 주차 공간을 갖춘 고급 주택들을 주로 말합니다. 한국에서 볼 수 있는 연립주택 또는 다세대 주택을 두바이에서는 타운하우스(townhouse)라고 합니다.

이 외에도 2025년 두바이 시장에서 주목해야 할 트렌드로는 복합용도 개발, 산업 및 물류 부동산의 성장, 그리고 프라임 오피스에 대한 수요 확대를 들 수 있습니다. 특히 전자상거래 성장과 글로벌 기업들의 이전 수요가 물류 인프라와 프리미엄 오피스 시장의 성장을 동시에 자극하고 있습니다.

한편 두바이 정부는 이러한 민간 수요 확대를 정책적 지원으로 더욱 강력하게 뒷받침하고 있습니다. 2025년 예산의 약 46퍼센트가 인프라 부문에 배정되었으며, 도로, 항만, 스마트시티 등 도시 전반의 기능을 확장하는 사업에 집중 투자되고 있습니다. '두바이 2040 도시 마스터플랜'은 장기적 비전 아래 시장의 예측 가능성과 지속 가능성을 확보하는 데 중요한 역할을 하고 있으며, 부동산규제청의 규제 정비, 디지털 소유권 증명서 도입, 골든 비자 제도 강화는 외국인 투자자 유입을 유도하는 핵심 정책으로 작용하고 있습니다.

지속 가능성과 기술 기반 개발 또한 중요한 축으로 부상하고 있습니다. 2025년 신규 개발 프로젝트의 약 35퍼센트는 스마트홈 또는 친환경 설계를 포함하고 있으며, LEED 인증, 사물인터넷 기반 관리 시스템이 새로운 주거 기준으로 자리 잡고 있습니다. 이는 단지 부동산 상품의 고급화가 아닌 도시 차원의 에너지 전환과 ESG 기반 성장 전략과 맞물려 있다는 점에서 더욱 주목할 만합니다.

외국인 투자자의 비중도 더욱 확대되고 있습니다. 2024년 기준 전체 부동산 거래의 약 60퍼센트가 외국인에 의해 이루어졌으며, 주요 투자국은 영국, 인도, 중국, 러시아 등으로 다양합니다.

2025년 두바이 부동산 시장은 고도 성장이 안정적 상승 국면으로 전환되는 시점에 있으며, 이는 단기 수익을 넘어서 장기적 자산 구축 전략에 매우 중요한 전환점이 될 수 있습니다.

변동성 속 질서, 다음 기회는 어디인가?

두바이 부동산 시장은 2000년대 초반의 급성장, 2009년의 금융위기와 침체, 그리고 2010년대의 회복과 조정을 거쳐 2020년대에 접어들며 새로운 도약기를 맞이했습니다. 특히 2022~2024년은 단기적 반등을 넘어 '글로벌 부유층의 자산 이동'과 '프리미엄 부동산 수요 집중'이라는 구조적 변화가 시장을 주도한 시기였습니다.

2025년 현재 두바이 부동산 시장은 단기 급등세를 지나 일부 조정의 흐름 속에 있습니다. 몇몇 지역, 특히 프라임 주거지에서는 매수 심리가 다소 진정되고 있으며, 신규 공급 증가와 맞물려 가격 상승률이 완만해지는 현상이 나타나고 있습니다. 일부 고급 프로젝트에서는 분양 속도와 프리미엄 형성이 정체되는 모습도 보입니다. 이는 단기 과열이 자연스럽게 조정되고 장기적 안정을 위한 성숙기에 진입했다는 신호로 해석할 수 있습니다.

시장의 전반적인 체력은 여전히 강한 편입니다. 외국인 투자자들이 꾸준히 유입되고 있으며, 특히 인도, 러시아, 중국, 유럽계 자산가들의 수요가 여전히 유효합니다. 정부는 '두바이 2040 도시 마스터플랜' 아래에서 지속 가능한 개발, 인프라 확장, 친환경 도시 전략을 동시에 추진하고 있고, 부동산 공급 조절과 금융 규제도 점진적으로 강화하며 시장 안정화에 힘쓰고 있습니다.

2025년의 두바이는 '조정기'라기보다 '균형 회복기'에 가깝습니다. 시장이 고르게 성장하는 가운데 고급 자산과 실수요 중심 자산 간의 구분이 더 명확해지고 있습니다. 프리미엄 커뮤니티는 여전히 희소성이 높고, 중간 가격대의 우량 자산은 안정적인 수익을 기대할 수 있는 구조입니다.

앞으로의 시장은 단순한 가격 상승보다 '어떤 지역에, 어떤 성격의 자산을, 어떤 전략으로 보유할 것인가'가 중요한 시대가 될 것입니다. 이 시기의 투자자에게는 단순히 흐름에 올라타는 것이 아니라 구조를 읽고 전략을 세우는 시각이 필요합니다. 두바이의 다음 기회는, 여전히 진행 중인 이 '질서 있는 구조 변화' 안에 존재합니다.

2025년: 리스크와 기회의 공존

2025년 두바이 부동산 시장은 단기적인 급등기 이후 '속도 조절기'에 들어섰습니다. 그러나 이 시기는 단순한 하락세나 침체가 아니라 시장이 건강한 구조로 재정렬되는 조정기라 보는 것이 더 정확합니다. 2022년부터 2024년까지의 가파른 상승이 끝난 지금, 투자자들은 다시 질문을 던지기 시작했습니다. "지금이 진입 시점인가?" "위험은 무엇이고, 기회는 어디에 있는가?"

시장 이중화: 프리미엄 지역과 변동성 지역의 분화

2025년 상반기 기준으로 일부 지역에서는 가격 상승폭이 둔화되거나 소폭 하락하는 조짐이 관찰되고 있습니다. 특히 단기 투자를 목적으로 한 오프플랜 거래가 몰렸던 프로젝트들 중 일부는 프리미엄 형성에 어려움을 겪고 있으며, 과도한 기대를 반영한 매물은 가격을 재조정하는 추세입니다.

프라임 지역의 실수요 기반은 여전히 견고합니다. 팜 주메이라, 다운타운 두바이, 비즈니스 베이 등 핵심 지역은 고급화된 커뮤니티와 생활 인프라 덕분에 단기 조정에도 불구하고 수요가 지속적으로 유지되고 있으며, 임대 수익률 또한 평균 6~8퍼센트로 안정적인 흐름을 보이고 있습니다.

2025년의 두바이 부동산 시장은 지역에 따라 다른 흐름을 보이며, 실수요에 기반한 프리미엄 입지와 단기 차익 중심의 고위험 지역 간 이원화가 뚜렷해지고 있습니다.

공급 확대와 정책적 리스크

두바이 정부는 공급 안정화와 투기 억제를 위해 신규 프로젝트 승인 및 등록 절차를 보다 엄격히 관리하고 있으며, 개발사와 분양사의 자금 건전성, 프로젝트 투명성 강화에 집중하고 있습니다. 이는 중장기적으로는 시장 안정에 도움이 되지만, 단기적으로는 일부 프로젝트의 분양 속도 지연이나 가격 재조정을 유발할 수 있습니다.

최근 글로벌 금융시장 변동성과 미국의 금리 정책이 외화에 기반한 투자 자금의 유입 속도에 영향을 줄 수 있는 점도 리스크 요인으로 지목됩니다. 미국의 고금리가 장기화될 경우 일부 투자자들이 두바이 외 지역으로 자산을 분산하려는 움직임도 나타날 수 있습니다.

제도 변화와 구조적 리스크

2025년부터 시행되는 스마트 임대료 지수(Smart Rent Index)는 임대료 상승률 상한제를 강화하고 있어 일부 중저가 자산의 임대 수익률이 하락할 수도 있다고 예상됩니다. 중소 투자자 입장에서는 장기 보유 전략의 수익성을 재검토할 필요가 있는 시점입니다.

한편 건설 자재 가격 상승과 숙련 인력 부족, 글로벌 물류 차질 등의 현상이 주요 프로젝트의 인도 지연을 유발할 수 있으며, 실제 인도 시점이 계약 당시보다 상당히 늦어질 가능성도 있습니다.

경쟁 도시와 투자자 분산 리스크

사우디아라비아 리야드, 카타르 도하, 아부다비 등 인접 도시들이 적극적인 외자 유치 전략을 펼치며 두바이와의 경쟁 구도가 형성되고 있습니다. 생활비 및 부동산 가격의 상대적 차이로 인해 일부 중산층의 거주 수요가 다른 도시로 분산되는 흐름도 감지되고 있습니다.

그러나 전체적 구조는 여전히 '상승'에 가깝습니다

단기적인 조정 속에서도 두바이가 글로벌 투자자들에게 꾸준히 신뢰받는 이유는 분명합니다. 여전히 세금 부담이 낮고, 장기 거주 비자 및 기업 환경이 유리하며, 에너지, 금융, 기술, 물류 등 경제 기반 산업이 다변화되고 있다는 점에서입니다. 특히 두바이 2040 도시 마스터플랜, 알 막툼 국제공항 확장, 디스트릭트 2020의 첨단 복합 개발, 친환경 커뮤니티 및 스마트시티 추진 등은 장기 성장 동력을 확실히 뒷받침하고 있습니다.

2025년의 두바이 부동산 시장은 단순한 '고점 우려'의 시기가 아닙니다. 오히려 건전한 성장의 전환점, 즉 진짜 실력 있는 투자자들이 차별화된 전략으로 기회를 잡을 수 있는 시기입니다. 불확실성은 있지만, 그 안에서 기회를 읽는 시야를 가진 투자자라면 2025년은 단기 하락이 아닌 중장기 수익의 '출발점'이 될 수 있습니다.

두바이 부동산 시장은 여전히 견조한 성장세를 이어가고 있지만, 시장의 흐름을 냉철하게 바라보는 시선도 필요합니다. 높은 수익률과 인프라 확대의 장밋빛 전망 뒤에는 글로벌 환경과 시장구조 자체에서 비롯된 다양한 리스크 요인이 존재합니다. 이는 투자자라면 반드시 고려해야 할 변수입니다.

PART 3

어디에 투자할 것인가:
지역과 개발사 완전 정복

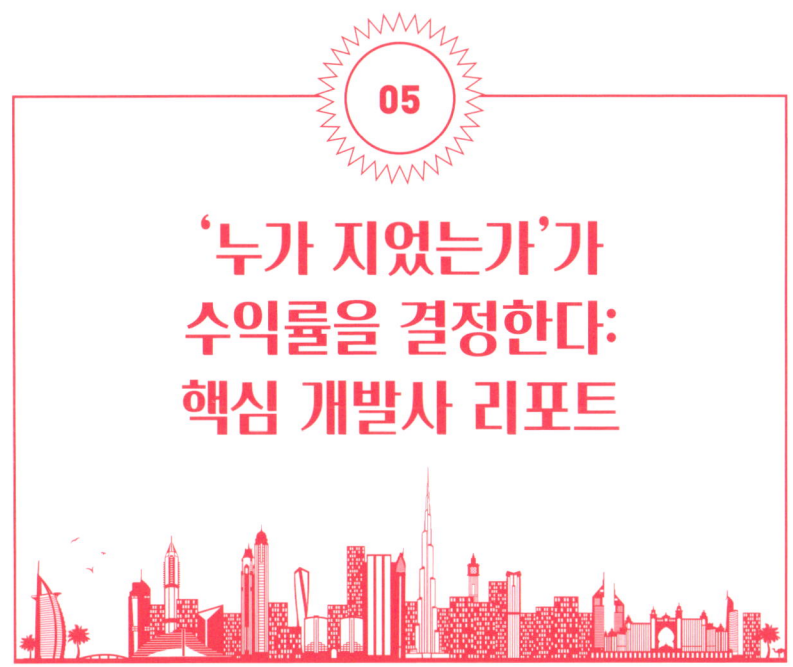

05
'누가 지었는가'가 수익률을 결정한다: 핵심 개발사 리포트

2025년 현재도 UAE의 부동산 시장은 두바이, 아부다비, 샤르자 등 주요 도시를 중심으로 빠르게 성장하고 있으며, 이 성장의 중심에는 수많은 강력한 개발사들이 있습니다. 이들은 단순한 주택 공급자가 아니라, 도시의 스카이라인을 형성하고 인프라를 조성하며 글로벌 투자자에게 신뢰와 안정성을 제공하는 부동산 시장의 설계자로 기능해왔습니다. 대표적 개발사인 에마르의 위상을 이해하기 위해선 경제 전체에서 이들이 차지하는 비중을 함께 살펴볼 필요가 있습니다. 두바이의 전체 GDP는 약 175조 원으로, 한국의 약 6퍼센트 수준에 불과하지만, 부동산과 건설이 경제에서 차지하는 비중은 15~20퍼센트로 한국의 3배에 달합니다.

UAE에서 가장 주목받는 개발사는 단연 에마르 프로퍼티스(Emaar

Properties)입니다. 한국에도 잘 알려진 에마르는 단순한 건설회사가 아니라 도시를 직접 설계하고 운영하는 마스터 디벨로퍼입니다.

2024년 기준 에마르의 연 매출은 약 355억AED(약 14조 원), 수주 잔고는 약 193억AED(약 7조 원)입니다. 시가총액은 약 22조 원으로, 현대건설(약 2조 8,000억 원)의 약 8배, 삼성물산 전체와도 비견되는 수준입니다.

특히 놀라운 점은 프로젝트의 스케일입니다. 에마르는 2023년 한 해에만 50개 이상의 신규 프로젝트를 발표했고, 누적 개발 면적은 약 1,200만 제곱미터입니다. 이 면적은 서울 여의도의 약 4배에 달합니다. 그중에서도 단일 프로젝트인 디 오아시스(The Oasis)는 약 28조 원 규모의 초대형 신도시 개발로, 단순한 아파트 단지를 넘어 하나의 도시를 새롭게 조성하는 수준이라 할 수 있습니다. 한국의 주요 정비 사업과 비교해보면 규모의 차이를 더욱 실감할 수 있습니다. 삼성물산은 2024년 기준으로 한남4구역 재개발(1조 6,000억 원), 신반포4차 재건축(1조 원), 대림가락아파트(5,000억 원) 등 대형 정비 사업 시공권을 확보했고, 현대건설은 압구정3구역(공사비 6조 원), 개포주공6·7단지(1조 5,140억 원) 등 초대형 재건축, 재개발을 진행하고 있습니다. 이와 견주어보면 에마르는 단순히 아파트 단지를 짓는 수준이 아니라 하나의 도시를 통째로 만드는 수준이라고 볼 수 있습니다.

이처럼 두바이의 대표 개발사들은 시공사가 아니라 도시의 방향을 기획하고, 인프라를 만들며, 자산을 장기적으로 운영하는 역할까지 합니다. 그렇기 때문에 투자자 입장에서도 '어디에 투자할 것인가'

만큼이나 중요한 질문은 바로 '누가 지었는가'입니다. 개발사의 신뢰도는 곧 자산의 가치로 연결되며, 브랜드 파워가 임대 수익률, 리세일 가치, 관리 품질까지 좌우하게 됩니다. 특히 오프플랜 단계의 투자는 개발사에 대한 믿음이 핵심 리스크 방어 수단이 되기 때문에, 개발사를 보는 눈이야말로 성공적인 두바이 투자자의 필수 자질이라 할 수 있습니다.

UAE의 부동산 개발사는 크게 4가지 유형으로 구분할 수 있습니다.

① 국가 전략과 연계된 정부 주도 개발사
② 대규모 복합 도시를 기획하는 민간 마스터 디벨로퍼
③ 특화된 고객층을 타깃으로 하는 니치 및 라이프스타일 중심 개발사
④ 아부다비·샤르자·라스 알 카이마(RAK) 등 에미리트별로 부상하는 지역 기반 개발사

이 장에서는 주요 개발사들을 유형별로 분류하고, 각 기업의 포트폴리오, 전략, 그리고 투자자 관점의 시사점을 분석하였습니다. 이를 통해 독자들은 단순히 '어디에 투자할 것인가'를 넘어 '누가 개발했는지를 기준으로 투자를 판단하는 시각'을 확보할 수 있을 것입니다.

투자 인사이트: 왜 '개발사'를 먼저 봐야 하는가?

첫째, 고급 부동산 시장일수록 '브랜드 신뢰도'가 프리미엄을 좌우합니다.

둘째, 입지 조건이 동일해도 '개발사'에 따라 관리 품질, 리세일 가치, 임대 수익률이 달라집니다.

셋째, 초기 분양 시기에는 '개발사 평판'이 오프플랜 리스크를 줄이는 핵심 요소가 됩니다.

정부 주도 개발사: 국가 프로젝트의 안정성과 스케일

두바이를 세계 럭셔리 도시로
만든 상징 개발사

현대 라이프스타일 개발의 선두 주자

실수요 기반의 신뢰형 개발사

도심과 워터프런트를 잇는
복합 개발 전략

공항과 도시를 연결하는
미래 개발의 핵심

나킬: 두바이를 세계 럭셔리 도시로 만든 상징 개발사

나킬(Nakheel)은 두바이를 글로벌 럭셔리 도시로 도약시킨 대표적인 정부 주도 개발사입니다. 세계 최초의 야자수 모양 인공섬 팜 주메이라를 통해 두바이의 도시 이미지를 재정의했으며, 아틀란티스 더 팜(Atlantis The Palm)과 같은 상징적인 랜드마크를 통해 세계 투자자들의 관심을 끌었습니다.

2008년 글로벌 금융위기 당시 약 90억 달러의 부채 때문에 존폐 위기에 처했지만, 두바이 정부의 전략적 개입과 구조조정을 통해 빠르게 회복했고, 2023년에는 46억 달러 규모의 부채 재조정을 완료하며 재정적 안정성을 다시 확보했습니다. 현재는 한동안 중단되었던 팜 제벨 알리 프로젝트를 재개하고 있으며, 팜 주메이라의 초고급 타워형 레지던스인 코모 레지던스(Como Residences) 개발도 본격화하며 고급 자산 전략을 강화하고 있습니다.

이와 함께 나킬은 과거 개발한 JVC 등의 토지를 매각하여 안정적인 현금 흐름을 유지하고 있으며, 신규 프리미엄 프로젝트와 기존 자산의 이중 전략을 통해 안정성과 성장성을 동시에 추구하고 있습니다.

나킬은 단순한 개발사를 넘어 두바이의 도시 브랜드를 형성하고 투자자의 신뢰를 이끄는 전략적 파트너로서 향후 시장의 방향성에도 중요한 영향을 미칠 것입니다.

> **투자자가 기억해야 할 포인트**
> - 나킬은 두바이 정부의 도시 전략과 발맞춰 움직이는 대표적인 정부 주도 개발사입니다.
> - 글로벌 금융위기 이후 빠른 회복과 구조조정을 통해 투자 안정성을 확보했습니다.
> - 팜 주메이라, 팜 제벨 알리처럼 '아이코닉한 자산'을 보유하고 있어 글로벌 수요에 반응하는 자산 가치 상승이 기대됩니다.

메라스: 현대 라이프스타일 개발의 선두 주자

메라스(Meraas)는 '스케일'보다 '삶의 방식'에 초점을 맞춘 두바이의 대표적인 라이프스타일 중심 개발사입니다. 2007년 두바이 홀딩(Dubai Holding) 산하에서 출범한 이후 단순한 건축이 아닌 도시 문화와 경험을 설계하는 전략으로 차별화된 입지를 다져왔습니다.

보행자 친화적인 유럽풍 거리 설계와 커뮤니티 감성을 강조하는 메라스의 개발 철학은 기존의 몰 중심 개발과는 뚜렷이 구분됩니다. 대표 프로젝트인 블루워터스 아일랜드(Bluewaters Island)는 세계 최대 관람차 아인 두바이(Ain Dubai)를 중심으로 고급 주거와 상업, 관광 수요를 모두 흡수하며 새로운 해양 복합 커뮤니티 모델을 만들어냈습니다.

도심에 유럽 감성을 재현한 시티 워크(City Walk)와 해안가 워터프런트 단지 포르 드 라 메르(Port de La Mer) 또한 브랜드 감성과 희소성을 강조한 성공 사례로, 두바이 고소득층 및 글로벌 소비 수요를 겨냥한 전략적 입지를 보여주고 있습니다.

앞으로 메라스는 대규모 개발보다는 브랜드화된 프리미엄 커뮤니티에 집중할 것으로 보이며, 고급 콘텐츠와 부동산이 결합된 형태의 '희소 자산' 창출을 통해 투자자들에게 차별화된 기회를 제공할 것으로 기대됩니다.

투자자가 기억해야 할 포인트
- 메라스는 거주와 소비, 관광이 어우러지는 정제된 라이프스타일 개발 전략을 통해 차별화된 부동산 가치를 창출해왔습니다.
- 공급량이 제한적인 프리미엄 커뮤니티 중심 전략으로, 임대 수익성과 자본 상승률 모두 기대할 수 있는 투자처로 평가받고 있습니다.
- 향후 메라스의 신규 프로젝트는 브랜드 자산이 반영된 희소 투자 기회로 주목받을 가능성이 높습니다.

두바이 프로퍼티스: 실수요 기반의 신뢰형 개발사

두바이 프로퍼티스(Dubai Properties)는 2004년 두바이 홀딩 산하에서 설립된 이래 중산층과 가족 중심 수요를 겨냥한 주거 커뮤니티 개발에 강점을 보여온 대표적인 실수요 기반 개발사입니다. 여러 프로젝트가 합리적인 가격대와 생활 인프라 중심의 입지 선정 전략을 통해 실거주자와 장기 투자자 모두에게 안정적인 수익을 제공하는 자산으로 자리 잡아왔습니다.

대표 프로젝트인 주메이라 비치 레지던스(Jumeirah Beach Residence, JBR)는 해변 접근성과 오픈형 상업 공간, 호텔 및 레스토랑 등이 조화를 이루는 복합 커뮤니티로, 2024년 기준 평균 6~8퍼센트 수준의 임대 수익률을 기록하며 안정적인 현금 흐름을 보여주고 있습니다.

이 외에도 빌라노바(Villanova), 무돈(Mudon), 아라비안 랜치스 III(Arabian Ranches III) 등이 교외 지역의 실속형 주거지로서 실거주와 투자 수요를 동시에 만족시키는 커뮤니티로 자리 잡았습니다. 특히 빌라노바는 2024년 기준으로 거래량이 전년 대비 약 15퍼센트 증가하는 등 가족 중심 수요의 강세를 입증하고 있습니다.

최근에는 워터프런트 고급 프로젝트인 두바이 와프(Dubai Wharf) 개발을 통해 프리미엄 시장으로 확장하는 전략도 추진하고 있습니다. 이를 통해 두바이 프로퍼티스는 실속형 이미지를 유지하면서도 브랜드 가치를 겸비한 균형 잡힌 포트폴리오를 구축해가고 있습니다.

> **투자자가 기억해야 할 포인트**
> - 두바이 프로퍼티스는 실수요 중심의 중산층 주거지를 개발하여 시장에서 안정성과 신뢰를 쌓아온 개발사입니다.
> - 빌라노바, 무돈 등 합리적인 가격대와 커뮤니티 완성도를 갖춘 프로젝트는 실거주·임대 수요를 동시에 확보하고 있습니다.
> - 최근에는 워터프런트 고급지 개발을 통해 프리미엄 시장으로 포트폴리오를 확장하고 있어 향후 성장 가능성도 주목됩니다.

메이단: 도심과 워터프런트를 잇는 복합 개발 전략

메이단(Meydan)은 단순한 부동산 개발사를 넘어 두바이의 도시 구조와 비전을 실현하는 복합 개발 파트너로 자리 잡고 있습니다. 두바이 정부의 전략적 기획 아래 민간 기업 형태로 운영되며, 고급 주거지와 스포츠 인프라, 프리존을 아우르는 프로젝트들을 통해 도시의 질적 고도화에 기여해왔습니다.

대표 프로젝트인 디스트릭트 원(District One)은 크리스탈 라군을 중심으로 초고급 빌라와 수상 레저, 광활한 녹지 공간이 조화를 이루는 마스터 커뮤니티입니다. 도심 속 워터프런트 라이프스타일을 실현한 상징적인 개발 사례입니다. 이 지역은 고소득 거주자와 글로벌 투자자 수요가 집중되는 프리미엄 입지로서, 도시 중심 수변 프리미엄이라는 새로운 패러다임을 열었습니다.

또 다른 핵심 프로젝트 두바이 커낼(Dubai Canal)은 기존 도심을 수변 도시로 전환시킨 대형 인프라입니다. 셰이크 자이드 로드를 따라 조성된 이 인공 수로는 중심부 부동산의 자산 가치를 재정의하는 전환점이 되었습니다.

메이단은 또한 메이단 프리존(Meydan Free Zone)을 통해 기업 설립과 주거가 공존하는 자급자족형 비즈니스 커뮤니티를 구현하고 있으며, 이는 중장기 거점을 찾는 글로벌 사업자들에게도 실질적인 인프라 가치를 제공합니다.

이처럼 메이단은 초고급 주거지와 수변 개발, 비즈니스 인프라를 결합한 복합 전략을 통해 두바이의 도시 브랜드 경쟁력과 자산 가치를 동시에 견인하는 개발사로 평가받고 있습니다.

투자자가 기억해야 할 포인트
- 메이단은 도심 속 초고급 워터프런트 단지를 통해 고소득 거주자 및 글로벌 투자자의 수요를 집중시키는 전략을 취하고 있습니다.
- 디스트릭트 원과 두바이 커낼은 자산 가치 상승과 도시 브랜드 강화를 동시에 실현한 대표 사례입니다.
- 메이단 프리존은 단지를 넘어서 비즈니스 허브로 확장되며, 투자와 거주를 통합한 가치를 제공합니다.

두바이 사우스 프로퍼티스: 공항과 도시를 연결하는 미래 개발의 핵심

두바이 사우스 프로퍼티스(Dubai South Properties)는 두바이 남부를 미래 도시의 핵심 축으로 전환시키는 전략적 개발사로, 알 막툼 국제공항과 엑스포 시티 두바이(Expo City Dubai)를 중심으로 한 대규모 마스터플랜을 주도하고 있습니다.

대표 프로젝트인 사우스 베이(South Bay)는 크리스탈 라군을 중심으로 조성되는 워터프런트 커뮤니티로, 빌라, 타운하우스, 아파트가 조화를 이루는 형태로 개발되고 있습니다. 이 지역은 공항 인접성과 글로벌 전시 인프라의 수혜를 바탕으로 향후 고급 주거지로 성장할 가능성을 갖추고 있습니다.

두바이 사우스의 사업이 단순한 신도시 개발을 넘어서는 이유는 물류, 항공, 무역, 주거가 통합된 자족형 미래 도시 모델을 기획했기 때문입니다. 특히 알 막툼 국제공항은 2030년까지 연간 2억 6,000만 명의 여객을 수용할 수 있는 초대형 글로벌 허브로 조성될 예정이며, 이에 연결되는 두바이 항공·물류 연계 허브(Dubai Logistics Corridor)는 중동 최대의 공급망 중심지로 부상할 전망입니다.

이러한 기반 위에 두바이 사우스가 세우는 주거 및 상업 자산은 수요가 지속적으로 유입될 수 있는 구조를 갖추고 있으며, 현재 프라임 지역 대비 가격 경쟁력이 높은 동시에 인프라 완성 속도도 빠릅니다.

이는 초기 투자자에게 유리한 진입 여건을 제공하고, 장기 보유 관점에서 볼 때 안정성과 성장성을 모두 갖춘 유망한 투자처로 평가됩니다.

> **투자자가 기억해야 할 포인트**
> - 두바이 사우스는 알 막툼 국제공항과 엑스포 시티 두바이를 중심으로 두바이의 미래 핵심 지역을 조성하고 있습니다.
> - 사우스 베이는 크리스탈 라군을 중심으로 주거·여가·상업 기능이 결합된 미래형 복합 커뮤니티로, 공항 인프라 완성과 함께 급부상할 가능성이 큽니다.
> - 가격 경쟁력과 빠른 인프라 구축 속도가 장기 보유형 투자자에게 초기 진입 기회로 작용합니다.

민간 마스터 디벨로퍼: 브랜드가 만든 부동산 가치

두바이 스카이라인의
설계자

품질로 완성하는
프리미엄 커뮤니티

브랜드 협업으로 차별화한
고급 라이프스타일

실용성과 럭셔리를 아우르는
실속형 디벨로퍼

독창적 디자인과
브랜드 협업의 선도자

두바이 럭셔리 개발의
새로운 기준

에마르 프로퍼티스: 두바이 스카이라인의 설계자

에마르 프로퍼티스(Emaar Properties)는 단순한 부동산 개발사를 넘어, 두바이라는 도시의 브랜드와 스카이라인을 설계한 대표 디벨로퍼입니다. 1997년 모하메드 알라바르(Mohamed Alabbar)가 설립한 에마르는 초기에는 두바이 정부가 전액 출자한 공기업 성격을 띠었고, 2000년에는 외국인 투자 유치가 가능한 UAE 최초의 상장 부동산 개발사로 전환되며 중동 부동산 산업에 큰 전환점을 만들어냈습니다.

에마르의 위상이 세계적으로 각인된 계기는 두바이 마리나(Dubai Marina) 개발, 세계 최고층 빌딩 부르즈 할리파 및 두바이 몰(Dubai Mall)을 중심으로 한 다운타운 두바이(Downtown Dubai) 프로젝트입니다. 이 메가 개발은 두바이를 글로벌 도시로 도약시킨 결정적인 이정표로 평가받고 있습니다.

이후에도 에마르는 두바이 힐스 에스테이트(Dubai Hills Estate), 에마르 사우스(Emaar South), 에마르 비치프런트(Emaar Beachfront), 아라비안 랜치스(Arabian Ranches), 라시드 요트 앤드 마리나(Rashid Yachts & Marina) 등 다양한 고급 마스터 커뮤니티를 조성하며 실거주와 투자 수요를 모두 만족시키는 복합 커뮤니티 전략을 꾸준히 이어왔습니다.

에마르는 에마르 인터내셔널(Emaar International)을 통해 아프리카, 아시아, 북미 등으로 진출하며 글로벌 디벨로퍼 입지를 확장해왔고, 최근에는 더 밸리(The Valley), 두바이 크릭 하버(Dubai Creek Harbour) 등 2040 도시 마스터플랜과 연계된 프로젝트를 통해 장기 도시 전략의 핵심 플레이어 역할도 하고 있습니다.

에마르의 개발 철학은 '고급스러움은 단지의 높이나 가격이 아니라 삶의 방식에서 비롯된다'는 데 있으며, 주거, 상업, 레저, 관광이 유

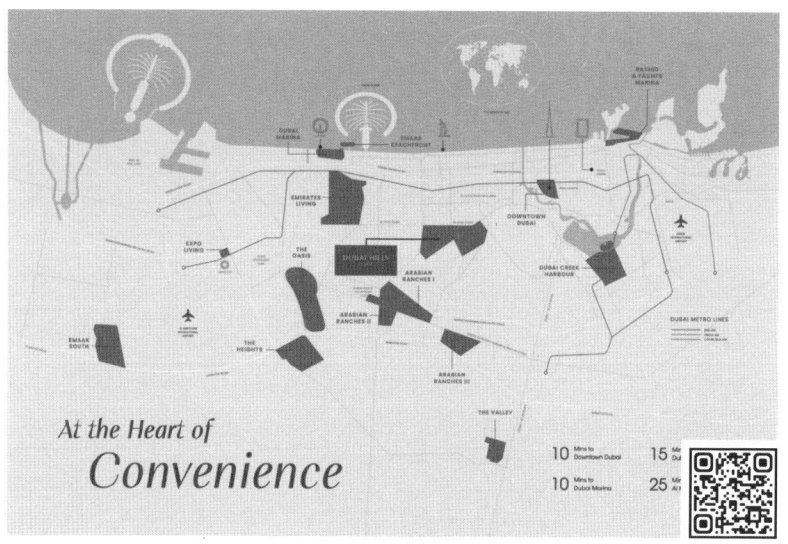

에마르의 주요 프로젝트. ⓒ Emaar Properties

기적으로 연결된 라이프스타일 중심 커뮤니티를 구현해왔습니다. 이는 두바이의 도시 비전과 맞닿아 있으며, 투자자들에게는 도시 성장과 함께하는 안정적인 프리미엄 자산의 기회를 제공하고 있습니다.

투자자가 기억해야 할 포인트
- 에마르 프로퍼티스는 두바이의 스카이라인과 도시 브랜드를 만든 대표 디벨로퍼로, 글로벌 투자자에게 높은 인지도와 신뢰를 얻고 있습니다.
- 다운타운 두바이, 두바이 마리나, 두바이 힐스 등 다양한 마스터 커뮤니티를 통해 실거주 및 투자 수요 모두를 만족시키는 복합 커뮤니티를 구축하고 있습니다.
- 2040 도시 마스터플랜과 연계된 프로젝트 다수에 참여하고 있어, 장기적인 도시 가치 상승 흐름을 선점할 수 있는 개발사입니다.

소바: 품질로 완성하는 프리미엄 커뮤니티

소바(Sobha)는 설계부터 자재 생산, 시공까지 전 과정을 자체 관리하는 수직 계열화 모델을 통해 '품질 중심 럭셔리 주거'를 실현하는 독보적인 개발사입니다. 1976년 오만에서 인테리어 회사로 출발한 후 인도와 중동으로 사업을 확장하였고, 2003년 두바이에 진출한 이후 고급 주거 시장에서 품질 중심 전략을 지속하며 신뢰를 쌓아왔습니다.

소바의 프로젝트는 고급 마감재, 정교한 조경, 웰빙 요소, 수변 및 자연 친화형 설계가 통합된 것이 특징이며, 주요 타깃은 고소득 실거주자와 장기 보유형 투자자입니다. 특히 브랜드 자체가 커뮤니티 전체를 직접 설계하고 건설하는 것이 소바만의 강점입니다.

대표 프로젝트인 소바 하틀랜드(Sobha Hartland)는 모하메드 빈 라시드 시티(Mohammed Bin Rashid City) 안에 있는 800만 제곱피트 규모의 자급자족형 마스터 커뮤니티로, 국제학교, 고급 빌라, 수변 산책로, 공원 등이 조화를 이루고 있습니다. 소바 하틀랜드 II는 이를 한층 확장한 후속 개발로, 더욱 풍부한 녹지와 운하 조망, 최신 커뮤니티 시설이 특징입니다.

이 외에도 소바 원(Sobha One)은 수변 조망과 골프 코스를 갖춘 고층 주거지로 주목받고 있으며, 소바 리저브(Sobha Reserve)는 독립형 빌라에 프라이빗 수영장과 테마 공원이 결합된 자연 친화형 고급 단지입니다. 또한 라스 알 카이마 해안에 조성 중인 소바 시니야 아일랜드(Sobha Siniya Island)는 리조트와 수변 빌라가 어우러진 초고급 휴양형 프로젝트로, 2026년 완공될 예정입니다.

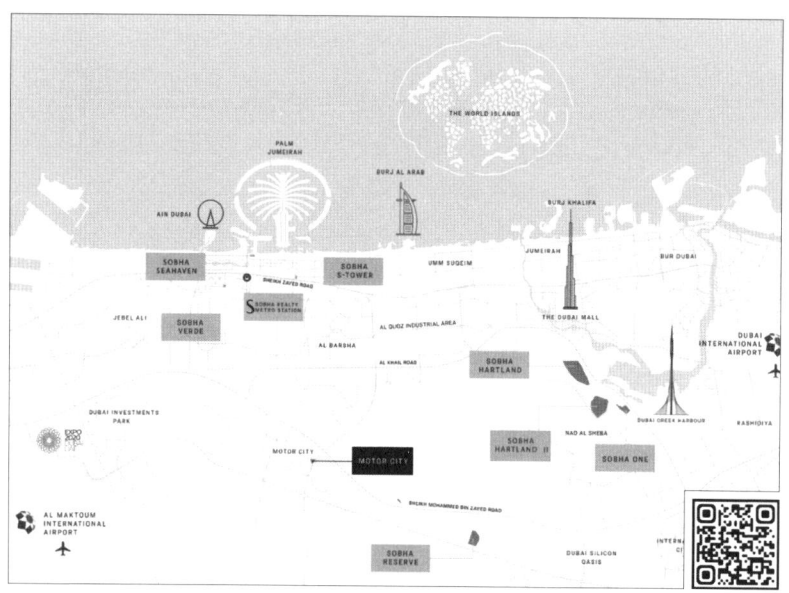

소바의 주요 프로젝트. ⓒ Sobha

다른 대형 디벨로퍼와는 다르게 접근하는 소바는 브랜드에 신뢰를 두는 고급 실거주 수요층에게 일관된 선택을 받고 있으며, 품질 중심 전략을 통해 두바이 고급 시장에서도 지속적인 경쟁력을 유지하고 있습니다.

투자자가 기억해야 할 포인트
- 소바는 설계, 지재, 시공을 자체 통제하는 수직 계열화 모델을 통해 고품질 주거 자산을 공급합니다.
- 모든 프로젝트에 자연·수변·웰빙 개념을 적용하여 고급 실거주 수요를 안정적으로 흡수합니다.
- 하틀랜드, 소바 원, 소바 리저브 등은 커뮤니티 프리미엄이 강하게 반영된 실거주형 투자 자산으로 주목받고 있습니다.

다막 프로퍼티스: 브랜드 협업으로 차별화된 고급 라이프스타일

다막 프로퍼티스(DAMAC Properties)는 중동과 글로벌 시장에서 활동하는 대표적인 프라이빗 디벨로퍼로, 1982년 후세인 사자와니(Hussain Sajwani)가 설립했습니다. 트렌디한 디자인과 브랜드 중심의 마케팅 전략, 고급 커뮤니티 개발에 집중하며 두바이의 고급 주거 시장에서 독자적인 위치를 구축해왔습니다.

다막의 가장 큰 차별점은 글로벌 럭셔리 브랜드와 협업하는 전략입니다. 파라마운트 호텔(Paramount Hotels), 펜디 카사(Fendi Casa), 카발리(Cavalli), 데 그리소고노(de GRISOGONO) 등과의 파트너십을 통해, 단순한 고급 아파트를 넘어 브랜드 경험 기반의 럭셔리 라이프스타일을 구현하고 있습니다. 이는 외국인 투자자와 고액 자산가 수요층의 니즈를 충족하며, 자산의 희소성과 프리미엄 가치를 동시에 확보하는 방식으로 전개되고 있습니다.

다막은 2010년대 후반부터 마스터 커뮤니티 기반의 대형 개발에 주력해왔으며, 두바이랜드(Dubailand), 두바이 마리나(Dubai Marina), 두바이 워터 커낼(Dubai Water Canal), 비즈니스 베이(Business Bay) 등 핵심 지역에 여러 대규모 프로젝트를 진행하고 있습니다.

대표적 프로젝트로 다막 힐스(DAMAC Hills)와 다막 힐스 2(DAMAC Hills 2)가 있으며, 두 곳 모두 트럼프 인터내셔널 골프 클럽을 중심으로 한 고급 커뮤니티입니다. 다막 힐스는 가족 친화적 시설과 고급 빌라 중심의 단지로, 베벌리 힐스에서 영감을 받은 커뮤니티로 조성되었고, 다막 힐스 2는 보다 자연 친화적인 테마와 여가 인프라가 결합된 주거 단지로 확장되었습니다.

다막 하이츠(DAMAC Heights)는 두바이 마리나에 위치한 88층의 초고층 주거 타워로, 펜디 카사와 협업하여 인테리어를 완성했으며, 팜 주메이라를 조망할 수 있는 고급 레지던스로 부상했습니다.

최근 다막은 다막 라군(DAMAC Lagoons) 및 다막 아일랜드(DAMAC Islands)와 같은 대형 워터프론트 프로젝트로 브랜드 포트폴리오를 확장하고 있습니다. 다막 라군은 지중해 국가 테마를 반영한 리조트형 커뮤니티이며, 다막 아일랜드는 몰디브와 하와이 등에서 영감을 받은 인공섬 프로젝트로, 향후 두바이 해양 자산의 프리미엄화를 이끌 계획입니다.

이 외에도 글로벌 도시 콘셉트를 반영한 다막 리버사이드(DAMAC

Riverside)는 파리, 런던, 뉴욕 등에서 영감을 얻은 대규모 타운하우스 단지로, 실거주형 고급 자산 수요를 겨냥하고 있습니다.

> **투자자가 기억해야 할 포인트**
> - 다막은 펜디, 카발리, 데 그리소고노 등과 협업하며 '브랜드 기반 고급 주거'라는 차별화된 시장을 선도하고 있습니다.
> - 다막 힐스, 다막 라군 등은 마스터 커뮤니티와 라이프스타일을 결합한 고부가 자산으로 평가받고 있습니다.
> - 인공섬, 워터프런트, 글로벌 도시 콘셉트를 반영한 다막의 프로젝트는 희소성과 미래 가치를 동시에 추구하는 투자자에게 적합합니다.

아지지 디벨롭먼트: 실용성과 럭셔리를 아우르는 실속형 디벨로퍼

아지지 디벨롭먼트(Azizi Developments)는 2007년 미르와이스 아지지(Mirwais Azizi) 회장이 설립한 민간 부동산 개발사로, 실용성과 럭셔리를 균형 있게 결합한 전략을 바탕으로 빠르게 시장 입지를 확립한 브랜드입니다. 두바이 남부와 신흥 개발지 중심의 공급 확장 전략을 통해 지금까지 수천 채의 주택을 공급해왔으며, 2028년까지 약 3만 1,000채를 추가 공급할 예정입니다.

아지지는 단순한 주거 공급에 그치지 않고 부르즈 아지지(Burj Azizi)라는 초고층 프로젝트를 통해 브랜드 위상을 강화하고 있습니다. 높이 725미터인 이 타워는 완공 시 세계에서 두 번째로 높은 건물이 될 예정이며, 2028년을 목표로 개발이 진행되고 있습니다. 또한 아지지는 호스피탈리티 분야에서도 50개의 5성급 호텔과 1개의 7성급 호텔 개발을 계획하며, 북미·유럽·오세아니아 시장을 겨냥한 글로

부르즈 아지지. ⓒ Burj Azizi

벌 확장 전략을 본격화하고 있습니다.

2024년에는 약 27억 달러 규모의 매출과 6,979가구의 분양을 기록하며, 실용성과 고급화를 동시에 추구하는 브랜드 철학을 실적으로 입증했습니다. 특히 두바이 사우스(Dubai South), 알 푸르잔(Al Furjan), MBR 시티(MBR City), 팜 주메이라 등에서 다양한 상품군을 기획하며, 실거주 및 투자 수요를 모두 겨냥한 입체적 공급 전략을 구사하고 있습니다.

대표 프로젝트인 아지지 베니스(Azizi Venice)는 두바이 사우스에 조성 중인 136헥타르 규모의 워터프런트 복합 개발 단지로, 18킬로미터의 인공 라군과 상업·문화시설이 어우러진 고급 커뮤니티입니다. 아지지 리비에라(Azizi Riviera)는 메이단 원(Meydan One)에 위치한 프랑스 리비에라 감성의 주거지로, 스튜디오부터 3베드룸 아파트까지 다양한 주거 옵션을 제공합니다.

미나 바이 아지지(Mina by Azizi)는 팜 주메이라 동쪽 해안에 위치한 고급 워터프런트 단지로, 탁 트인 바다 전망과 리조트 스타일의 편의시설이 결합된 고급 아파트 프로젝트입니다.

아지지는 실속형 단지부터 초고급 프로젝트까지 포트폴리오를 명확히 세분화하며, 두바이 시장에서 실거주자와 투자자 모두에게 신뢰를 주는 브랜드로 성장해왔습니다. 향후에는 글로벌 시장 확대를 통해 민간 디벨로퍼로서의 지속 가능성과 경쟁력을 더욱 공고히 해나갈 계획입니다.

투자자가 기억해야 할 포인트
- 아지지는 실용적 가격대부터 초고급 자산까지 세분화된 포트폴리오로 실거주자와 투자자 모두를 겨냥하고 있습니다.
- 부르즈 아지지 및 아지지 베니스, 아지지 리비에라 등은 워터프런트와 브랜드 중심의 차별화된 라이프스타일 커뮤니티로 주목받고 있습니다.
- 두바이 남부 중심의 공급 확장 전략과 글로벌 진출 계획은 아지지의 장기 성장성을 뒷받침하고 있습니다.

빈갸티 디벨로퍼스: 독창적 디자인과 브랜드 협업의 선도자

빈갸티 디벨로퍼스(Binghatti Developers)는 2008년 두바이에 설립된 민간 부동산 개발사로, 독창적인 건축미와 글로벌 브랜드 협업 전략을 기반으로 고급 주거 시장에서 빠르게 성장했습니다. 빈갸티 홀딩(Binghatti Holding)의 부동산 부문 자회사로 출발한 후 CEO 무함마드 빈갸티(Muhammad BinGhatti)의 리더십 아래 기술, 디자인, 고급 브랜드 경험을 접목한 프로젝트들을 통해 시장 차별화를 이끌고 있습니다.

빈갸티는 부가티, 메르세데스 벤츠, 제이콥 & 코(Jacob & Co.) 등 세계적 럭셔리 브랜드와 협업하면서 단순한 고급 주택 공급을 넘어 브랜드의 미학과 기능을 결합한 하이엔드 라이프스타일 자산을 선보이고 있습니다. 특히 비즈니스 베이, 다운타운 두바이, JVC 등 핵심 입지에 초고층 랜드마크와 웰니스 중심 주거 단지를 조성하며 두바이 도심의 주거 경험을 새롭게 정의하고 있습니다.

대표 프로젝트인 부가티 레지던스(Bugatti Residences)는 비즈니스 베

부가티 레지던스. ⓒ Binghatti

이에 위치한 43층 규모의 초고급 주거지로, 프랑스 리비에라 감성과 슈퍼카 브랜드의 유산이 융합된 프라이빗 레지던스입니다. 메르세데스 벤츠 플레이스는 다운타운 두바이에 조성 중인 65층 타워로, 스마트홈 기술과 지속 가능성 설계를 접목한 미래형 고급 주거지입니다. 약 472미터 높이의 부르즈 빈갸티 제이콥 앤 코 레지던스(Burj Binghatti Jacob & Co Residences)는 비즈니스 베이의 초고층 타워로, 세계적 시계 브랜드와의 협업을 통해 초프리미엄 레지던스 시장을 선도하고 있습니다.

이 외에도 빈갸티 스카이라이즈(Binghatti Skyrise), 피닉스(Phoenix), 힐(Hill), 노바(Nova), 코너(Corner), 던(Dawn), 더스크(Dusk) 등이 JVC 및 두바이 사이언스 파크(Dubai Science Park)를 중심으로 실용적이면서도 웰빙, 스마트 설계, 도시 접근성을 반영한 다양한 주거 옵션을 제공합니다.

빈갸티는 연간 10개 이상의 프로젝트를 완공하며 빠른 실행력을 입증하고 있으며, 2022년에는 두바이 토지청으로부터 '가장 빠른 개발사'로 선정된 바 있습니다. 지속 가능성, 스마트 기술, 고객 중심 설계라는 3가지 원칙을 중심으로 두바이 고급 시장에서 하이엔드 라이프스타일의 새로운 방향을 제시하고 있습니다.

> **투자자가 기억해야 할 포인트**
> - 빈갸티는 부가티, 메르세데스 벤츠, 제이콥 & 코 등 글로벌 브랜드와 협업하며 차별화된 초고급 주거 자산을 개발하고 있습니다.
> - 비즈니스 베이와 JVC를 중심으로 초고층 랜드마크와 실용적 커뮤니티 등의 다양한 투자 포트폴리오를 제공합니다.
> - 빠른 프로젝트 완공 속도와 독창적인 디자인 전략이 투자 안정성과 미래 자산 가치를 동시에 확보하는 데 기여합니다.

셀렉트 그룹: 두바이 럭셔리 개발의 새로운 기준

셀렉트 그룹(Select Group)은 2002년 설립 이후 두바이의 고급 부동산 시장에서 명실상부한 럭셔리 개발사로 자리매김한 민간 디벨로퍼입니다. 두바이 마리나, 비즈니스 베이, 마리타임 시티 등 프리미엄 입지를 중심으로 고급 주거·상업·레저 프로젝트를 성공적으로 추진하며 품질과 스케일 모두에서 시장의 기준을 새롭게 정립해왔습니다.

대표 프로젝트인 마리나 게이트(Marina Gate)는 두바이 마리나 중심부에 위치한 주거 타워로, 주메이라 리빙 마리나 게이트(Jumeirah Living Marina Gate)와 더 레지던스 앳 마리나 게이트(The Residences at Marina Gate)로 구성되어 있으며, 고급 아파트와 펜트하우스를 통해 이 지역의 스카이라인을 대표하는 랜드마크로 자리 잡았습니다.

페닌술라(Peninsula)는 비즈니스 베이에 위치한 워터프런트 복합 개발 단지로, 아파트·타운하우스·상업 공간·레저 시설이 유기적으로 결합된 새로운 도심형 커뮤니티를 제안하고 있습니다. 2024년부터 순차적으로 건설되고 있으며, 중심 입지의 혁신적 주거 모델로 주목받고 있습니다.

또한 노티카(Nautica)는 두바이 마리타임 시티(Dubai Maritime City)에 위치한 해안가 고급 주거지로, 아라비안 걸프의 탁 트인 전망과 도심 인프라의 연결성을 동시에 갖춘 1~2베드룸 고층 아파트로 구성되어 있습니다. 해양 도시 환경과 실거주 기능이 조화를 이루는 이 프로젝트는 중장기 임대 및 프리미엄 거주 수요를 모두 겨냥하고 있습니다.

식스 센스 레지던스(Six Senses Residences)는 두바이 마리나에 조성 중인 웰니스 중심의 고급 주거 단지로, 세계적인 웰빙 브랜드 식스 센스(Six Senses)와의 협업을 통해 건강 중심의 프라이빗 커뮤니티로 개발되고 있으며, 2025년 완공될 예정입니다.

가장 상징적인 프로젝트는 펜토미니엄 타워(Pentominium Tower)입니다. 이 타워는 세계에서 가장 높은 주거용 빌딩을 목표로 516미터, 122층 규모로 계획되었으며, 2008년 착공 후 중단되었다가 현재 셀렉트 그룹이 인수하여 2030년 완공을 목표로 재개발하고 있습니다.

셀렉트 그룹은 단지의 외형뿐 아니라 주거 경험, 커뮤니티 운영, 브랜드 협업 측면에서 고급 주거의 새로운 기준을 제시하고 있으며, 웰니스와 프리미엄 라이프스타일을 동시에 반영하는 미래형 자산 개발에 집중하고 있습니다.

> **투자자가 기억해야 할 포인트**
> - 셀렉트 그룹은 두바이 마리나, 비즈니스 베이 등 핵심 입지를 중심으로 프리미엄 주거 자산을 개발해온 고급 디벨로퍼입니다.
> - 식스 센스 레지던스, 마리나 게이트, 페닌슐라 등은 브랜드 협업과 커뮤니티 중심 설계를 통해 실거주와 투자 수요를 동시에 만족시킵니다.
> - 펜토미니엄 타워와 같은 초고층 프로젝트는 장기 자산 가치 상승을 겨냥한 미래형 상징 자산으로 주목됩니다.

니치 개발사와 라이프스타일 특화 브랜드

디자인 중심의 부티크 개발사

실용성과 품질을 갖춘 신흥 디벨로퍼

대중적 가격의 실속형 건설사

DANUBE PROPERTIES
분할 납부로 인기 높은 실수요형 브랜드

OMNIYAT
예술적 감성의 초고급 부티크 개발사

도심 중심의 종합 개발사

두바이 부동산 시장에는 대형 마스터 디벨로퍼 외에도 니치(niche) 개발업체들이 고유의 전략을 통해 존재감을 확대하고 있습니다. 이들은 규모보다는 디자인, 가격 전략, 지속 가능성, 특정 타깃층을 고려한 맞춤형 개발에 집중하고 있으며, 중소 규모이지만 뚜렷한 브랜드 철학으로 투자자들의 관심을 끌고 있습니다.

엘링턴 프로퍼티스(Ellington Properties)는 2014년에 설립된 두바이 기반 개발사로, 유럽풍 디자인과 고급 마감재를 활용한 소규모 럭셔리 주거 프로젝트에 특화되어 있습니다. 대표 프로젝트인 벨그라비아(Belgravia)와 힐몬트 레지던스 JVC(Hillmont Residences JVC) 및 두바이 힐스 에스테이트의 중상위층을 겨냥한 고급 아파트 단지로 2022년까지 약 6억 5,000만 달러 규모의 프로젝트를 완료하며 안정적인 성장을 이어가고 있습니다.

임티아즈 디벨롭먼트(Imtiaz Developments)는 지속 가능성과 현대적 디자인을 결합한 중급 럭셔리 주택 개발사로, 코브(Cove), 선셋 베이 2(Sunset Bay 2) 등을 통해 신흥 주거지인 두바이 아일랜드(Dubai Islands)에서 입지를 다지고 있습니다. 친환경 자재와 고급 커뮤니티 시설을 강조하는 이 브랜드는 실거주 수요와 투자 수요를 모두 겨냥한 전략을 펼치고 있습니다.

타이거 프로퍼티스(Tiger Properties)는 1976년 샤르자에서 출범한 이후 두바이로 사업을 확장하며, 중저가 시장을 타깃으로 분양가가 저렴한 아파트 프로젝트를 선보이고 있습니다. 특히 JVC 내 레드 스퀘어 모스크바(Red Square Moscow) 등의 테마형 개발이 러시아 및 동유럽 투자자층에 어필하며 국제적 고객 기반을 넓혀가고 있습니다.

다누브 프로퍼티스(Danube Properties)는 최근 저가형 주거 개발에서 럭셔리 시장으로 중심을 전환하고 있으며, 애스턴 마틴(Aston Martin), 람보르기니(Lamborghini) 등 글로벌 브랜드와의 협업 프로젝트가 주목받고 있습니다. 설립자 리즈완 사잔(Rizwan Sajan) 회장의 1퍼센트 결제 플랜은 중산층 투자자에게 큰 호응을 얻고 있으며, 2025년 이후 고급 시장에서의 본격적인 경쟁력이 기대됩니다.

옴니야트(Omniyat)는 두바이 초고급 시장에서 디 오퍼스(The Opus), 벤토(Vento) 등 상징적인 부티크 레지던스 프로젝트를 선보이며, 건축미와 예술성, 호텔 브랜드와의 협업을 통해 고부가가치 자산을 창출하고 있습니다. 특히 도체스터 컬렉션(Dorchester Collection)과의 파트너십이 글로벌 자산가의 프리미엄 거주지 수요를 충족시키는 데 기여하고 있습니다.

와슬 프로퍼티스(Wasl Properties)는 두바이 정부가 후원하는 공공 성격의 디벨로퍼로, 와슬 타워(Wasl Tower), MGM/벨라지오 리조트 등 럭셔리 복합 개발에 집중하고 있습니다. 전략적 입지와 글로벌 브랜드 협업을 통해 경쟁력을 강화하고 있으며, 공공 지원에 바탕한 안정적인 자산 개발 모델을 보유하고 있습니다.

> **투자자가 기억해야 할 포인트**
> - 니치 개발사들은 브랜드 철학과 고객 타깃이 명확하며, 고급 디자인·합리적 분양가·지속 가능성 등 특정 분야에서 강점을 보입니다.
> - 엘링턴, 임티아즈, 타이거, 다누브 등은 각기 다른 타깃층과 지역에 특화된 전략으로 실거주와 투자 수요를 동시에 만족시킵니다.
> - 옴니야트와 와슬은 초고급 시장과 정부 주도 시장을 대표하며, 상징적 자산과 안정성을 중시하는 투자자에게 적합한 선택지입니다.

아부다비·샤르자·라스 알 카이마의 부상하는 개발사들

아부다비 대표
국영 디벨로퍼

샤르자 기반의 차세대 디벨로퍼

라스 알 카이마의
프리미엄 디벨로퍼

알다르 프로퍼티스(Aldar Properties)는 2004년 아부다비 정부의 지원 아래 설립된 대표적인 공공·민간 혼합 개발사로, 야스 아일랜드(Yas Island), 사디야트 아일랜드(Saadiyat Island) 등 아부다비의 대형 관광·문화 인프라 개발을 이끌며 도시 브랜드를 강화해왔습니다. 페라리 월드(Ferrari World), 야스 마리나 서킷(Yas Marina Circuit), 루브르 아부다비(Louvre Abu Dhabi)와 같은 세계적 명소가 알다르의 기획 아래 탄생한 프로젝트입니다.

최근 알다르는 두바이 시장으로 확장하며 웰니스 중심 고급 커뮤니티인 헤븐(Haven) 프로젝트를 선보였습니다. 이 프로젝트는 단순한 진출을 넘어 알다르가 UAE 전체를 아우르는 대표 디벨로퍼로 도약할 수 있을지를 가늠하는 시금석이 될 전망입니다. JLL 2024 보고서에 따르면 야스 아일랜드는 2024년 한 해에만 약 1,200만 명의 관광객을 유치하며 성공적인 복합 개발 모델로 평가받았고, 알다르의 연매출은 약 15억AED에 이를 것으로 추정되고 있습니다.

아라다 디벨롭먼트(Arada Developments)는 2017년 샤르자 왕가가

지원하여 설립된 민간 디벨로퍼로, 샤르자의 실수요 기반 시장에서 급성장하고 있습니다. 왕실이 약 40퍼센트의 지분을 보유하고 있으며, 중산층 중심의 주거 수요를 겨냥한 알자다(Aljada), 마사르(Masaar) 등 복합 커뮤니티 프로젝트를 통해 안정적인 수요층을 확보하고 있습니다.

특히 알자다는 2024년 기준 약 5,000세대의 입주가 완료되었고, 샤르자 인구가 180만 명을 넘어서는 상황에서 실거주 및 임대 수요 모두에 부합하는 프로젝트로 주목받고 있습니다. 품질 대비 가격 경쟁력이 높아 실수요자뿐 아니라 중장기 투자자에게도 매력적인 자산으로 평가됩니다.

RAK 프로퍼티스(RAK Properties)는 2005년 설립된 라스 알 카이마(Ras Al Khaimah) 기반 상장 개발사로, 미나 알 아랍(Mina Al Arab), 하야트 아일랜드(Hayat Island) 등 해변형 리조트 및 주거 프로젝트를 중심으로 성장해왔습니다. 특히 미국 윈 리조트(Wynn Resorts)와 협업하여 2025년 하야트 아일랜드에 UAE 최초로 카지노를 도입할 예정이며, 성공한다면 RAK가 두바이와 아부다비에 이어 제3의 관광 허브로 부상할 가능성이 높습니다.

실제로 라스 알 카이마는 2024년 한 해 동안 약 130만 명의 관광객을 유치하며 북부 에미리트에서 영향력을 확대하고 있습니다. 카지노 중심 복합 리조트 개발은 향후 중동 내에서 새로운 시장 패러다임을 제시할 수 있는 잠재력을 지니고 있습니다.

> **투자자가 기억해야 할 포인트**
> - 알다르는 아부다비를 대표하는 대형 개발사로, 야스 아일랜드와 같은 복합 프로젝트를 통해 두바이 외 지역 확장의 선봉에 서 있습니다.
> - 아라다는 샤르자 기반 실수요형 중산층 시장에서 강세를 보이며, 알자다 프로젝트 등으로 안정적인 수요를 유도하고 있습니다.
> - RAK 프로퍼티스는 하야트 아일랜드를 통한 카지노 도입과 관광 복합 개발로 라스 알 카이마를 새로운 투자 중심지로 변모시키고 있습니다.

2025년 이후의 개발사별 전략 변화와 투자 기회

2025년 현재 UAE 부동산 시장에는 150개 이상의 개발사가 활발히 활동하고 있으며, 각 개발사의 안정성과 개발 전략은 투자 성과에 큰 영향을 미치고 있습니다. 투자자들은 개발사의 재무 건전성, 완공 이력, 프로젝트 입지의 미래 성장 가능성을 종합적으로 고려해야 합니다.

최근 시장에서는 다음과 같은 트렌드가 두드러지고 있습니다.

첫째는 럭셔리 부동산의 지속적 강세입니다. 두바이에서는 다막, 옴니야트, AHS 등 럭셔리 개발사가 주도하여 세계적인 명품 브랜드와 협업한 고급 주거 및 상업 자산 공급이 활발히 이어지고 있습니다. 초고급 수요층을 겨냥한 이들 프로젝트는 두바이를 글로벌 럭셔리 부동산 허브로 정착시키고 있습니다.

둘째는 지속 가능한 개발의 확산입니다. 임티아즈, 소바 등은 친환경 건축과 스마트 기술을 접목한 지속 가능한 커뮤니티 개발에 주력하고 있으며, 환경 책임과 가치 차별화를 동시에 추구하고 있습니다. 이 전략은 미래형 도시 개발의 흐름을 반영하고 있습니다.

셋째는 중저가 시장을 겨냥한 공급 확대입니다. 타이거 프로퍼티스, 다누브 등은 실수요자를 겨냥한 합리적인 가격대의 아파트 공급에 주력하고 있으며, 다양한 국적의 중산층 투자자를 확보하며 시장 내 입지를 넓혀가고 있습니다.

넷째는 랜드마크 프로젝트의 본격화입니다. 부르즈 아지지, 팜 제벨 알리 등 상징적인 대형 개발이 속도를 내고 있습니다. 이러한 프로젝트들은 두바이의 스카이라인을 새롭게 그리는 동시에 글로벌 투자자의 이목을 집중시키는 주요 촉매가 되고 있습니다.

다섯째는 민관 협력의 강화입니다. 에마르, 메라스 등은 전략적 제휴를 통해 국제적 투자 유치와 도시 인프라 확장을 동시에 이끌고 있습니다. 이 같은 협업은 시장의 안정성과 지속 가능성을 높이는 핵심 요소로 작용하고 있습니다.

2025년 이후: 성장 전망과 핵심 투자 지역

두바이 부동산 시장은 인구 증가와 관광 회복세에 따라 2027년까지 안정적인 성장세를 이어갈 것으로 전망됩니다. 특히 오프플랜 분양이 시장의 중심축으로 자리 잡으며 2024년 기준으로 전체 거래의 약 68퍼센트를 차지하고 있습니다. 초기 투자자들에게는 가격 이점과 높은 수익률을 동시에 제공할 수 있는 구조입니다.

주목해야 할 핵심 투자 지역으로는 JVC, 두바이 힐스, 팜 주메이라, MBR 시티 등이 꼽힙니다. 이들 지역은 고급 주거 수요 증가와 빠른 개발 속도를 바탕으로 장기 자산 가치 상승이 기대됩니다. 특히 도심 외곽의 신흥 개발 지역은 인프라 확장과 가격 메리트를 통해 미래 성장성이 큰 유망 투자지로 평가받고 있습니다.

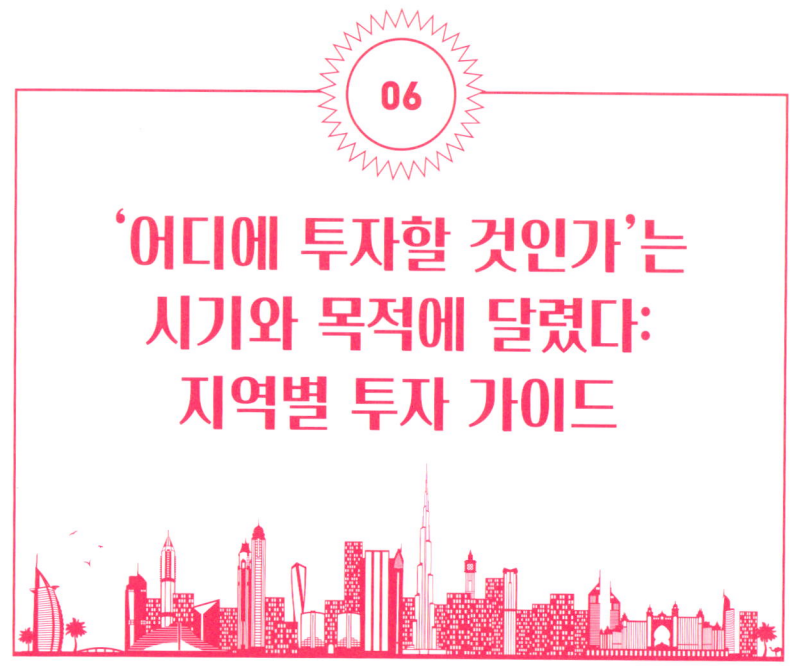

06
'어디에 투자할 것인가'는 시기와 목적에 달렸다: 지역별 투자 가이드

부동산 투자에서 가장 어려운 질문은 바로 '어디에 투자할 것인가'입니다. 자금 규모, 기대 수익률, 투자 목적, 그리고 무엇보다 '지금이 언제인가'라는 타이밍의 문제까지 겹치기 때문입니다. 단순히 지역 이름을 나열하는 것만으로는 이 질문에 답할 수 없습니다. 투자의 성패는 결국 '누가, 언제, 왜 그 지역을 선택했는가'에 달려 있기 때문입니다.

여기서는 투자자들이 보다 전략적인 투자 판단을 내릴 수 있도록, 두바이의 성장 흐름과 각 지역의 변화를 시간과 구조의 맥락에서 정리하였습니다. 단순한 현재 시세나 인기 순위가 아니라, 과거부터 이어져온 개발 흐름과 미래 계획을 기준으로 지역별 투자 기회의 본질을 짚어보는 것이 핵심입니다.

먼저 두바이의 도시 발전을 6단계로 나누어 설명합니다. 전통적인 올드타운부터 시작해 엑스포 개최와 함께 주목받은 신흥 개발지, 그리고 현재 진행 중인 '2040 도시 마스터플랜'의 핵심 지역까지, 변화의 흐름 속에서 투자 기회의 지형도를 그려볼 수 있습니다. 이후 투자 목적에 따라 두바이의 핵심 지역을 5가지 유형으로 분류하여 54개 지역을 설명하겠습니다.

각 지역에 대한 설명은 단순한 정보 제공을 넘어서, 실제 투자자들의 사례와 실전 전략을 통해 현장감 있는 인사이트를 전달할 것입니다. 이를 통해 자신이 목표하는 투자 유형에 따라 어떤 지역이 적합한지를 명확히 비교하고 판단할 수 있습니다.

두바이 외에도 아부다비, 샤르자, 라스 알 카이마 등 UAE 내 주요 에미리트의 부동산 시장을 소개하겠습니다. 두바이와는 또 다른 성장 스토리와 제도적 특징, 주요 개발 프로젝트를 중심으로, UAE 전체를 하나의 시장으로 바라보는 통합적 시각을 제공할 것입니다.

두바이 도시 성장 6단계와 투자 기회의 지형도: 역사·경제·정책 변화에 따른 대표 지역

두바이는 고유한 역사성과 초현대적 도시 인프라가 공존하는 독특한 도시로, 글로벌 투자자들에게 매우 다양한 부동산 투자 기회를 제공하고 있습니다. 특히 도시의 성장 단계에 따라 각기 다른 지역이 형성되었으며, 이는 투자 목적에 따라 전략적인 선택을 가능하게 합니다.

여기서는 두바이의 도시 발전 흐름을 6단계의 시기로 구분하고, 각 시기별로 형성된 대표 지역들과 해당 지역의 투자 특성을 종합적으로 분석하였습니다. 이를 통해 단순한 지역 정보 이상의 인사이트를 얻고, 도시 성장의 맥락 위에서 투자 시점과 목적에 부합하는 전략을 세울 수 있을 것입니다.

① 전통적 올드 타운, 초기 정착 및 진주 채취 시대(1830~1930년대)

이 시기는 바니 야스(Bani Yas) 부족이 1833년 두바이 크릭(Dubai Creek) 주변에 정착하며 도시가 시작된 초기 정착기입니다. 진주 채취와 지역 무역이 중심이었던 소규모 어촌 시절로, 당시는 도시가 이제 막 성장하고 있었기 때문에 주거지나 시장은 진흙과 산호석으로 지어진 간소한 형태였습니다.

무역의 중심으로 자리 잡기 시작한 시점은 1894년 외국인 무역업자에 대한 세금 면제 정책이 시행된 때입니다. 그리고 1900년대 초에는 진주 산업의 호황 덕분에 두바이 경제가 크게 성장하였습니다. 당시에는 다우(Dhow) 선박을 이용하여 인도, 페르시아, 동아프리카와 활발히 무역했습니다. 이 시기를 살펴보면 두바이의 발전이 무역을 기반으로 확대되었음을 알 수 있습니다.

당시의 대표적 지역은 알 파히디(Al Fahidi), 알 라스(Al Ras), 바스타키야(Bastakiya) 등입니다.

1960년대의 두바이. © Wikimedia Commons

② 근대화 초기와 무역 중심 도시로의 전환기(1930~1960년대)

진주 산업이 쇠퇴한 이후 두바이는 무역과 상업의 중심지로 빠르게 변화했습니다. 두바이 크릭 준설(1959년), 두바이 국제공항(Dubai International Airport, 1960년)으로 글로벌 경제와 연결이 강화되었습니다. 알 막툼 브리지(Al Maktoum Bridge, 1963년)가 건설되어 버 두바이(Bur Dubai)와 데이라(Deira)가 연결되었습니다.

이 시기의 두바이는 외국인 투자 유치와 상업 지역 개발에 집중했으며, 1966년 석유가 발견된 이후에는 석유 수익이 경제에 큰 영향을 미쳤습니다. 하지만 두바이는 석유 의존도를 줄이고 무역과 상업 중심으로 경제를 다각화하는 방향을 지속적으로 추구했습니다. 이 시기를 통해 두바이는 무역 중심지로서의 입지를 더욱 공고히 하였습니다.

당시의 대표적 지역은 데이라, 버 두바이 등입니다.

1980년대의 두바이. © Wikimedia Commons

두바이 월드 트레이드 센터. © UAE Ministry of Economy

③ 석유 기반 인프라 확장기(1970~1980년대)

1970년대와 1980년대 두바이는 석유 수익을 바탕으로 대규모 인프라 확장에 나섰습니다. 1971년 UAE 결성 이후 두바이는 세계 무역의 중심지로 거듭나기 위한 발판을 마련했습니다. 1972년 라시드항(Port Rashid)이 개항했고, 1979년에 제벨 알리항(Jebel Ali Port)이 개항하면서 두바이는 세계 최대 인공 항만을 보유한 도시가 되었습니다. 또한 1985년에는 제벨 알리 프리존(Jebel Ali Free Zone, JAFZA)을 설립하여 외국인 투자를 유치하는 데 성공했습니다.

두바이 월드 트레이드 센터(Dubai World Trade Centre, DWTC) 완공(1979년)과 셰이크 자이드 로드(Sheikh Zayed Road)의 확장은 두바이를

인공위성이 촬영한 부르즈 알 아랍. ⓒ Wikimedia Commons

글로벌 금융 및 무역의 중심지로 만들어갔습니다. 석유 수익은 도로, 학교, 병원 등 공공 인프라의 확충에 활용되었고, 그로 인해 인구가 급격히 증가했습니다. 인도, 파키스탄, 이란 등에서 노동력이 유입되어 두바이 경제성장에 중요한 역할을 했습니다.

당시의 대표적 지역은 알 사트와(Al Satwa), 움 수케임(Umm Suqeim), 주메이라(Jumeirah) 등입니다.

④ 글로벌 허브 도약과 부동산 자유화기(1990~2008년)

1990년대와 2000년대 초반 두바이는 셰이크 모하메드 빈 라시드 알 막툼(Sheikh Mohammed bin Rashid Al Maktoum)의 비전 아래 글로벌 금융·관광·부동산 중심지로 빠르게 성장했습니다. 이 시기 두바이는 단순한 중동의 무역 도시에서 벗어나 세계적인 메가시티로 도약하는 기반을 다졌습니다.

특히 1999년 개장한 부르즈 알 아랍(Burj Al Arab)은 두바이를 세계적 관광지로 부상시키는 기폭제가 되었으며, 팜 주메이라와 더 월드 아일랜드 같은 인공섬 프로젝트는 두바이의 기술력과 미래 지향적인 도시 비전을 상징하는 글로벌 랜드마크로 자리 잡았습니다.

이와 함께 두바이 마리나, 두바이 몰과 같은 대규모 상업 및 주거 복합 프로젝트는 도심의 경제적 가치를 비약적으로 끌어올렸습니다. 특히 2002년 도입된 프리홀드(Freehold)법은 외국인에게 특정 지역 내 부동산 소유를 허용함으로써 국제 투자자들의 대규모 유입을 촉진했습니다. 이를 통해 두바이 부동산 시장은 급격한 성장을 이루었고, 에

부르즈 알 아랍과 주메이라 해안. ⓒ Wikimedia Commons

마르, 나킬, 다막과 같은 주요 마스터 디벨로퍼들이 시장을 선도하는 중심축이 되었습니다.

당시의 대표적 지역은 팜 주메이라, 두바이 마리나, 주메이라 레이크 타워스, 다운타운 두바이 등입니다.

부르즈 할리파. ⓒ Burj Khalifa

⑤ 금융위기 이후 회복기와 교외 커뮤니티 확장기(2009~2020년)

2009년부터 2020년까지 두바이는 글로벌 금융위기 이후 경제 회복과 구조 전환을 위해 다각화와 지속 가능한 성장에 전략적으로 집중했습니다. 특히 엑스포 2020과 같은 글로벌 이벤트를 유치하여 도시 브랜드를 강화하는 데 성공했으며, 관광·기술·물류 분야로 산업을 재편하여 새로운 성장 기반을 마련했습니다.

이 시기 두바이에서는 상징적인 인프라 프로젝트들이 완공되며 도시의 위상이 크게 제고되었습니다. 2010년에는 세계 최고층 빌딩 부르즈 할리파가 완공되었고, 같은 해 두바이 메트로(Dubai Metro)가 중동 최초의 무인 지하철 시스템으로 개통되며 교통 인프라의 혁신을 이끌었습니다.

주거 및 커뮤니티 개발 측면에서도 두바이 힐스 에스테이트, 다막 힐스, 두바이 사우스 등 새로운 복합 단지가 조성되며 주거 수요가 도시 외곽까지 확대되었습니다. 동시에 두바이는 비즈니스 허브로서의 경쟁력도 강화했는데, 두바이 디자인 디스트릭트(Dubai Design District, d3)와 두바이 국제금융센터의 확장 개발은 프리존 및 혁신 산업 중심지로서의 위상을 공고히 하는 데 기여했습니다.

그러나 2020년 코로나19 팬데믹은 관광 및 부동산 시장에 일시적인 충격을 주었으며, 여행 제한과 글로벌 경기 둔화로 인해 많은 프로젝트들이 지연되거나 재조정되었습니다. 그럼에도 불구하고 2021년 성공적으로 개최된 엑스포 2020은 두바이의 회복력을 대내외에 입증하는 계기가 되었으며, 이후 경제 회복과 글로벌 투자 재유입을 촉진하는 전환점이 되었습니다.

이 시기의 대표적 지역은 두바이 힐스 에스테이트, 다막 힐스, 두바이 사우스 등입니다.

⑥ 두바이 2040 도시 마스터플랜과 미래형 도시 확장기(2021~현재)

2021년 이후 두바이는 두바이 2040 도시 마스터플랜(Dubai 2040 Urban Master Plan)을 바탕으로 지속 가능한 성장과 글로벌 도시 경쟁력 강화를 위한 전략을 본격 추진하고 있습니다. 이 계획은 스마트시티 개발과 친환경 프로젝트를 핵심 축으로 두바이를 미래 지향형 도시로 탈바꿈시키려 하는 장기적 비전입니다.

럭셔리 주거 단지인 다막 라군. ⓒ Damac Properties

혁신 기술 분야에서도 괄목할 만한 확장이 이루어졌습니다. 두바이 실리콘 오아시스(Dubai Silicon Oasis)와 두바이 인터넷 시티(Dubai Internet City)의 확장은 두바이를 중동의 기술 허브로 만드는 데 핵심 역할을 하고 있으며, 인공지능과 블록체인 기술이 도입되면서 도시 전반의 디지털 경쟁력이 크게 높아지고 있습니다.

고급 커뮤니티 개발 또한 가속화되고 있습니다. 다막 라군(DAMAC Lagoons), 에마르 비치프런트(Emaar Beachfront), 모하메드 빈 라시드 시티(Mohammed Bin Rashid City, MBR City) 등의 고소득 글로벌 투자자를 겨냥한 럭셔리 주거 단지가 두바이를 세계 프라임 부동산 시장의 중심으로 자리 잡게 하고 있습니다.

교통 인프라 측면에서도 대형 프로젝트가 병행되고 있습니다. 알 막툼 국제공항 확장과 에티하드 철도 건설은 두바이가 지역 간 연결성과 물류 경쟁력 면에서 한 단계 더 도약하는 기반이 되고 있습니다.

한편 부동산 시장에서는 지정학적 변화에 따른 자본 흐름이 뚜렷하게 나타나고 있습니다. 2022년 이후 러시아와 중국의 자본이 본격적으로 유입되었으며, 2024년까지 럭셔리 부동산에 대한 수요가 지속적으로 증가하는 추세를 보이고 있습니다.

이와 함께 두바이는 친환경 도시로 전환하는 데도 속도를 내고 있습니다. 두바이 전기수자원청(Dubai Electricity and Water Authority, DEWA)이 주도하는 태양광 프로젝트는 연간 수십만 톤의 탄소 배출을 감축하는 효과를 기대할 수 있으며, 두바이를 기후 친화적 미래 도시로 이끄는 핵심 정책 중 하나로 주목받고 있습니다.

대표적 지역으로 모하메드 빈 라시드 시티, 두바이 크릭 하버, 에마르 비치프런트, 다막 라군, 엑스포 시티 두바이 등이 있습니다.

두바이 핵심 투자 지역 분석 및 투자 사례

두바이의 핵심 지역 유형

여기서는 투자 목적에 따라 두바이의 핵심 지역을 5가지 유형으로 분류하고 총 54개 지역에 관해 설명하겠습니다.

1. 프라임 자산 보유형: 장기 보유와 자산 가치 보존이 핵심인 13개 초고급

지역

2. 임대 수익형: 안정적 수익과 실수요 기반의 임대 전략이 유효한 11개 지역

3. 개발 잠재력·중장기 성장형: 인프라 확장과 미래 가치 중심의 13개 개발형 지역

4. 복합 커뮤니티 및 생활 편의 중심: 실거주 수요와 주거 만족도가 높은 8개 지역

5. 상업 및 특수 자산형: 오피스, 리테일, 산업용 등 수익성 중심의 9개 특수 지역

프라임 자산 보유형

프라임 자산 보유형의 특징은 다음과 같은 키워드로 요약할 수 있습니다: 자산 가치 보존, 부의 상징, 장기 보유 목적의 고급 주거 및 상업 지역, 높은 투자 수익 기대.

- 다운타운 두바이(Downtown Dubai): 글로벌 랜드마크(부르즈 할리파) 중심, 초고가 주거/상업
- 팜 주메이라(Palm Jumeirah): 럭셔리 워터프런트 빌라 및 아파트
- 에미리트 힐스(Emirates Hills): 초고가 저밀도 주거, 독점적 커뮤니티
- 주메이라 베이 아일랜드(Jumeirah Bay Island): 프라이빗 섬, 초프리미엄 자산
- 블루워터스 아일랜드(Bluewaters Island): 고급 주거 및 관광지(아인 두바이)
- 두바이 하버 & 에마르 비치프런트(Dubai Harbour & Emaar

Beachfront): 워터프런트 럭셔리 개발

- 두바이 국제금융센터(DIFC): 프리미엄 상업 및 주거, 금융 허브
- 시티 워크(City Walk): 고급 라이프스타일 중심 복합 단지
- 알 바라리(Al Barari): 친환경 럭셔리 빌라, 틈새 프리미엄
- 주메이라 골프 에스테이트(Jumeirah Golf Estates): 골프 중심 고급 주거
- 소바 하틀랜드(Sobha Hartland): 신흥 프리미엄 주거, 녹지 중심
- 메이단(Meydan): 고급 주거 및 스포츠(경마) 복합
- 주메이라 비치 레지던스(Jumeirah Beach Residence, JBR): 해변 고급 아파트, 관광 수요

다운타운 두바이

지역 소개: 두바이의 심장, 프리미엄 자산의 상징인 다운타운 두바이는 세계 최고층 빌딩 부르즈 할리파와 세계 최대 쇼핑몰 중 하나인 두바이몰을 중심으로 에마르가 조성한 두바이의 대표적인 프리미엄 복합 지역입니다. 고급 아파트와 럭셔리 호텔, 상업 시설이 조화를 이루며, 글로벌 자산가들이 선호하는 초고가 부동산이 밀집해 있습니다.

주요 특징: 이 지역은 단순한 주거지를 넘어 두바이의 정치·경제·문화 중심지 역할을 합니다. 부르즈 할리파 조망 유닛은 희소성과 상징성으로 인해 높은 프리미엄이 형성되며, 부동산 시장에서 지속적인 수요가 이어지고 있습니다. 2025년 기준 평균 매매가는 약 AED 2,500~4,500/sq ft이며, 아르마니 레지던스(Armani Residence), 어드레스

레지던스(Address Residences)와 같은 브랜드 유닛은 AED 4,000/sq ft를 초과하기도 합니다.

주거 환경: 다운타운 두바이는 고급 아파트 중심의 고밀도 주거지로, 호텔식 서비스를 제공하는 풀서비스 레지던스가 다수 포함되어 있습니다. 디 어드레스(The Address), 비다(Vida), 아르마니 레지던스(Armani Residence) 등 다양한 브랜드가 고급 인테리어와 수영장, 컨시어지 등 어메니티를 갖추고 있으며, 자산 보존·상속·법인 자산 운용 목적으로도 활용됩니다.

교육 환경 또한 우수합니다. 차량으로 약 10~15분 거리에 하틀랜드 인터내셔널 스쿨(Hartland International School), 클라리온 스쿨(Clarion School), 노스 런던 칼리지엇 스쿨(North London Collegiate School) 등 영국 및 국제 바칼로레아(IB) 커리큘럼 기반의 명문 국제학교들이 밀집해, 자녀 교육을 중시하는 글로벌 거주자들에게 높은 평가를 받고 있습니다.

교통 및 커뮤니티 접근성: 두바이 메트로 레드라인의 부르즈 할리파/두바이몰역(Burj Khalifa/Dubai Mall)과 셰이크 자이드 로드에 직접 연결되어 있어 접근성이 매우 뛰어납니다. 두바이몰, DIFC, 비즈니스 베이, 시티 워크 등 주요 지역도 차량으로 5~10분 내외로 이동할 수 있으며, 보행자 친화적 거리와 두바이 분수 호수가 도시 속에서도 쾌적한 주거 환경을 제공합니다.

> **투자자가 기억해야 할 포인트**
> - 부르즈 할리파 뷰, 프리미엄 입지, 고정 수요라는 3가지 요소가 자산 가치 유지의 핵심입니다.
> - 단기 수익보다는 자산 포트폴리오 안정화와 상속형 투자에 적합한 장기 보유 전략이 유효한 지역입니다.

팜 주메이라

지역 소개: 두바이 프리미엄 자산의 대명사인 팜 주메이라는 야자수 형태로 조성된 세계 최대 규모의 인공섬으로, 두바이의 럭셔리 부동산 시장을 대표하는 상징적인 지역입니다. 바다 위에 건설된 이 프리미엄 주거 단지는 고급 빌라와 레지던스, 호텔, 리조트, 레스토랑, 상업 시설 등이 유기적으로 연결된 복합 커뮤니티로, 글로벌 자산가와 유명 인사들이 집중 투자하는 지역으로 꼽힙니다.

주요 특징: 팜 주메이라의 부동산 대부분은 프리홀드로 외국인이 소유할 수 있습니다. 시그니처 빌라(Signature Villas)와 가든 홈(Garden Homes) 등 단독 해변 빌라는 두바이 내에서도 희소성과 프리미엄 가치가 가장 높은 자산입니다. 2025년 기준으로 전용 해변과 파노라마 바다 전망을 갖춘 빌라는 2,500만AED에서 최대 1억AED까지 거래되고 있으며, 해변 고층 아파트는 AED 3,000~5,000/sq ft에서 형성되어 있습니다.

주거 환경: 팜 주메이라는 조용하고 프라이빗한 주거 환경과 함께 리조트급 커뮤니티 인프라를 제공합니다. 프라이빗 비치, 수영장, 피트니스 센터, 요트 선착장 등 고급 편의 시설이 갖춰져 있으며, 나킬

몰(Nakheel Mall), 더 포인테(The Pointe), 아틀란티스 더 로열(Atlantis The Royal) 등 다양한 쇼핑과 레저 공간도 함께 누릴 수 있습니다. 글로벌 투자자, 외교관, 기업 임원 등 고소득층 중심의 거주자들이 주요 수요층을 형성하고 있습니다.

교육 인프라도 우수합니다. 차량으로 10분 이내 거리에 젬스 웰링턴 인터내셔널 스쿨(GEMS Wellington International School), 두바이 칼리지(Dubai College), 리젠트 인터내셔널 스쿨(Regent International School) 등이 있으며, 대부분 영국식 혹은 IB 커리큘럼을 기반으로 운영됩니다. 자녀 교육을 고려한 실거주 목적의 투자에도 적합한 입지입니다.

교통 및 커뮤니티 접근성: 셰이크 자이드 로드에서 연결되는 전용 브리지와 모노레일을 통해 접근할 수 있으며, 택시나 셔틀 서비스도 원활하게 운영되고 있습니다. 인근에는 두바이 마리나와 알 수푸(Al Sufouh) 지역이 있어 생활권이 유기적으로 연결됩니다. 다만 도심 주요 업무 지구(DIFC, 다운타운 등)와는 거리가 다소 떨어져 있어 세컨드 하우스 또는 전원형 주거지로 활용되는 경우도 많습니다.

투자자가 기억해야 할 포인트
- 팜 주메이라는 브랜드, 희소성, 자산 가치라는 3가지 요소가 결합된 대표 프리미엄 지역입니다.
- 단기 임대와 장기 보유 모두 유효하며, 특히 리조트 연계형 자산과 바다 조망 유닛이 지속적인 수요를 보이고 있습니다.
- 건물 브랜드, 바다 조망, 커뮤니티 인프라에 따라 시세 차이가 크므로 신중한 선별과 포트폴리오 전략이 중요합니다.

에미리트 힐스

지역 소개: 에미리트 힐스는 두바이에서도 손꼽히는 프라이빗 고급 주거지로, 왕족, 대사관 관계자, 글로벌 고소득층이 거주하는 초고액 자산가 전용 커뮤니티입니다. 미국 베벌리 힐스를 모델로 삼아 에마르가 직접 개발한 마스터플랜 단지로, 두바이에서 가장 오랜 역사를 지닌 고급 빌라 지역 중 하나입니다.

주요 특징: 모든 주택은 대형 단독 필지 위에 맞춤형으로 설계된 커스텀 빌라로, 대부분 대지면적이 1만 2,000~3만 제곱피트에 달합니다. 프라이빗 수영장, 정원, 서재, 시네마룸, 보안 시스템 등 최고급 사양이 기본으로 제공되며, 뛰어난 조경과 외관 디자인은 지역의 가치를 더욱 높여줍니다. 특히 몽고메리 골프 클럽 두바이(Montgomery Golf Club Dubai)와 인접한 골프장 조망 부동산이 높은 프리미엄을 형성하고 있습니다. 2025년 기준으로 일반적인 빌라 매매가는 3,000만~1억 5,000만AED 수준이며, 일부 초호화 저택은 3억 9,000AED 이상에 거래되기도 합니다.

주거 환경: 에미리트 힐스는 철저한 보안과 프라이버시가 보장된 단독 주택 중심 커뮤니티로, 가족 단위 장기 거주에 최적화되어 있습니다. 커뮤니티 내에는 고급 식료품점, 피트니스 시설, 커뮤니티 센터 등이 운영되고 있으며, 주거 만족도가 매우 높습니다.

교육 인프라도 뛰어납니다. 차량으로 5~10분 거리에 두바이 인터내셔널 아카데미(Dubai International Academy), 에미리트 인터내셔널 스쿨(Emirates International School), 리젠트 인터내셔널 스쿨 등 명문 국제학교가 있으며, 모두 영국식 또는 IB 커리큘럼 기반으로 운영됩니다.

교통 및 커뮤니티 접근성: 에미리트 힐스는 셰이크 자이드 로드와 알 카일 로드(Al Khail Road)에 인접해 차량 접근성이 뛰어나며, 두바이 마리나, 팜 주메이라, JLT, 블루워터스 등 주요 지역과는 차량으로 10~15분 내외 거리입니다. 대중교통보다는 자가용 중심의 교통수단이 주를 이룹니다.

투자자가 기억해야 할 포인트
- 에미리트 힐스는 두바이 내 자산 보존과 상속 목적의 대표 지역으로, 안정성과 희소성이 결합된 초고급 저택 시장입니다.
- 골프장 조망 여부, 대지 크기, 건축 스타일에 따라 가격 차이가 큰 만큼, 개별 속성에 맞춘 맞춤형 매입 전략이 중요합니다.

주메이라 베이 아일랜드

지역 소개: 주메이라 베이 아일랜드는 바다 위에 조성된 인공섬으로, 육지와는 전용 다리 하나로만 연결된 독립형 초고급 커뮤니티입니다. 메라스가 개발한 이 섬은 두바이 내에서도 희소성과 프라이버시가 가장 뛰어난 입지로 평가받으며, 제한된 필지 수와 단독 커뮤니티 구조 덕분에 '거주 가능한 초프리미엄 자산'의 정점으로 꼽힙니다.

주요 특징: 불가리 리조트(Bulgari Resort)와 불가리 레지던스(Bulgari Residences)를 중심으로 구성되어 있으며, 함께 조성된 단독 빌라와 타운하우스는 평균 대지면적이 1만 2,000~2만 제곱피트에 달합니다. 모든 유닛은 바다 혹은 두바이 스카이라인을 조망할 수 있으며, 커뮤니티 자체가 외부 차량 진입을 제한하는 철저한 보안 체계로 운영됩니

다. 2025년 기준으로 주거용 자산의 매매가는 4,500만~1억 5,000만 AED 수준이며, 해안 최전선에 위치한 일부 유닛은 2억AED 이상에 거래되기도 합니다.

주거 환경(학군 포함): 불가리 브랜드가 상징하는 럭셔리 라이프스타일을 구현한 이 지역은 VIP 전용 리조트처럼 운영되는 프라이빗한 생활 환경이 특징입니다. 거주자 전용 해변, 요트 클럽, 고급 레스토랑, 개인 수영장과 정원 등 최고 수준의 어메니티가 갖춰져 있습니다.

교육 환경 또한 우수합니다. 차량 10~15분 거리에는 주메이라 칼리지(Jumeirah College), 젬스 웰링턴 인터내셔널 스쿨, 두바이 브리티시 스쿨(Dubai British School) 등 명문 국제학교가 있으며, 모두 영국 커리큘럼 기반으로 운영됩니다. 자녀 교육과 프라이버시를 동시에 중시하는 글로벌 고소득층 가구에 특히 적합한 입지입니다.

교통 및 커뮤니티 접근성: 셰이크 자이드 로드와 주메이라 로드 (Jumeirah Road)를 통해 DIFC, 다운타운, 시티 워크 등 주요 업무 지구 및 상업지까지 10분 이내로 접근할 수 있습니다. 섬 내부는 거주자만 차량으로 진입할 수 있으며, 커뮤니티 전체가 고도 보안 체계로 운영되어 프라이버시가 보장됩니다.

투자자가 기억해야 할 포인트
- 주메이라 베이 아일랜드는 프라이버시, 희소성, 브랜드 프리미엄이 결합된 두바이 최상위 해안 자산입니다.
- 불가리 레지던스와 같은 레퍼런스 자산은 글로벌 투자자 간 전매도 활발하며, 장기적인 가치 상승이 기대되는 안정적인 투자처입니다.

블루워터스 아일랜드

지역 소개: 블루워터스 아일랜드는 두바이 마리나 인근 해안에 조성된 인공섬으로, 세계 최대 관람차인 아인 두바이를 중심으로 고급 아파트, 리조트, 쇼핑가가 어우러진 복합 해안 개발 프로젝트입니다. 메라스가 기획한 이 지역은 관광객과 거주자가 함께 몰리는 프리미엄 입지로, 단기 임대와 실거주 수요가 공존하는 독특한 자산 구조를 갖추고 있습니다.

주요 특징: 섬 전체가 현대적인 고층 아파트 단지로 구성되어 있으며, 대부분의 유닛은 바다 또는 아인 두바이 관람차 조망을 확보하고 있습니다. 2025년 기준으로 평균 매매가는 약 AED 3,000~4,500/sq ft이며, 바다 뷰 및 관람차 뷰 유닛에는 10~20퍼센트의 프리미엄이 적용됩니다. 모든 단지는 스마트홈 시스템, 고급 마감재, 프라이빗 라운지 등 럭셔리 요소가 기본 적용되어 있으며, 두바이의 해안 프리미엄 자산으로서 높은 완성도를 보여줍니다.

주거 환경(학군 포함): 블루워터스 아일랜드는 리조트형 커뮤니티로, 피트니스 센터, 수영장, 미식 레스토랑, 프리미엄 리테일숍이 단지 내에 입점해 있습니다. 아인 두바이, 시저스 팰리스 블루워터스(Caesars Palace Bluewaters) 등 글로벌 랜드마크와 함께 구성되어 있어, 관광과 주거가 공존하는 두바이의 대표 복합 커뮤니티로 자리 잡았습니다.

차량으로 10~15분 거리에는 두바이 브리티시 스쿨 주메이라 파크(Dubai British School Jumeirah Park), 에미리트 인터내셔널 스쿨 메도스(Emirates International School Meadows), 리젠트 인터내셔널 스쿨 등이 있으며, 모두 영국 또는 IB 커리큘럼 기반의 명문 국제학교입니다.

교통 및 커뮤니티 접근성: 블루워터스 아일랜드는 셰이크 자이드 로드와 직접 연결되는 전용 다리가 있어서 도심과의 접근성이 우수합니다. 비즈니스 베이, DIFC, 다운타운까지는 차량으로 약 20분 내외이며, 셔틀버스, 보행자 산책로, 전용 주차장 등 다양한 교통 인프라가 마련되어 있습니다. 관광객과 거주자의 동선을 분리한 설계 덕분에 복합 커뮤니티임에도 불구하고 거주 안정성이 매우 높은 점이 특징입니다.

> **투자자가 기억해야 할 포인트**
> - 블루워터스 아일랜드는 단기 임대와 장기 보유 전략이 모두 유효한 복합 자산입니다.
> - 아인 두바이 조망 여부와 해안선 입지에 따라 자산 가치의 차이가 뚜렷하므로 세부 입지를 고려한 선별적 접근이 필요합니다.

두바이 하버/에마르 비치프런트

지역 소개: 두바이 하버(Dubai Harbour)와 에마르 비치프런트(Emaar Beachfront)는 두바이 마리나와 팜 주메이라 사이에 위치한 해안 개발지로, 에마르가 주도한 대규모 마스터플랜 프로젝트입니다. 슈퍼요트 마리나와 백사장, 고급 레지던스, 해양 관광 기능이 결합된 복합 해양 신도시로, 실거주와 투자 수요가 동시에 유입되는 신흥 프라임 커뮤니티로 주목받고 있습니다.

주요 특징: 에마르 비치프런트는 총 27개 고급 타워형 레지던스로 구성되어 있으며, 전 세대가 1.5킬로미터 길이의 프라이빗 해변과 접

해 있습니다. 대부분의 유닛은 바다 또는 두바이 마리나 조망을 확보하고 있으며, 2025년 기준으로 평균 매매가는 약 AED 3,000~5,000/sq ft 수준입니다. 해안 전면 또는 마리나 뷰 유닛에는 10~25퍼센트의 프리미엄이 붙습니다.

두바이 하버는 중동 최대 규모의 슈퍼요트 마리나(1,400척 수용 가능), 크루즈 터미널, 고급 상업 시설을 갖춘 해양 중심지로, 두바이의 해상 관광과 상업 인프라를 대표하는 핵심 거점으로 성장하고 있습니다.

주거 환경(학군 포함): 에마르 특유의 고급 커뮤니티 관리 시스템이 적용되어 있으며, 프라이빗 해변, 수영장, 피트니스 센터, 커뮤니티 상가 등 생활 인프라가 잘 구성되어 있습니다. 해양 친화적인 설계로 실거주자는 물론 세컨드 하우스 수요자와 장기 임대 투자자에게도 적합한 환경입니다.

차량으로 10~15분 거리에 젬스 웰링턴 인터내셔널 스쿨, 리젠트 인터내셔널 스쿨, 두바이 칼리지 등 영국식 및 IB 커리큘럼 기반의 명문 국제학교가 다수 있어 가족 단위 투자자에게 높은 평가를 받고 있습니다.

교통 및 커뮤니티 접근성: 셰이크 자이드 로드를 통해 두바이의 중심 업무 지구(DIFC, 다운타운 등)까지 차량으로 약 15~20분 정도 걸립니다. 두바이 마리나와 연결되는 도보 교통망, 크루즈 터미널, 향후 확대될 예정인 해상 교통 노선 등 다양한 이동 인프라를 갖추어 관광과 주거, 해양 이동이 통합된 입지 경쟁력이 있습니다.

> **투자자가 기억해야 할 포인트**
> - 두바이 하버와 에마르 비치프런트는 해변 조망, 신축 프리미엄, 브랜드 가치가 결합된 전략적 해양 커뮤니티입니다.
> - 실거주, 세컨드 하우스, 단기 임대 수요가 모두 견고하며, 개발 완료까지 중장기 자본 이득이 기대되는 지역입니다.

두바이 국제금융센터

지역 소개: 두바이 국제금융센터는 중동 및 아프리카 지역을 대표하는 글로벌 금융 허브로, 다국적 은행, 로펌, 자산 운용사, 컨설팅 기업이 집중된 핵심 비즈니스 지구입니다. 최근에는 고급 레지던스, 파인 다이닝, 아트 갤러리, 5성급 호텔 등이 함께 조성되며 도심형 프리미엄 주거지로서의 가치도 더욱 부각되고 있습니다.

주요 특징: 주거 시설은 대부분 초고급 브랜드 아파트로 구성되어 있으며, 포시즌스 프라이빗 레지던스(Four Seasons Private Residences), 리츠칼튼 레지던스(The Ritz-Carlton Residences) 등 글로벌 브랜드가 입점해 있습니다. 특히 영국 관습법을 따르는 독립 법률 체계와 자체 금융 규제 기관을 갖춘 특별구역이라는 점에서 외국인 투자와 법인 설립에 매우 유리한 조건을 제공합니다. 2025년 기준으로 고급 아파트의 평균 매매가는 약 AED 2,500~4,500/sq ft 수준이며, 법인 소유 비중이 높은 투자 시장으로 알려져 있습니다.

주거 환경(학군 포함): 업무 중심지임에도 최근 고급 주거 수요가 증가하면서 풀서비스 아파트 중심의 고급 주거 타워가 활발히 공급되고 있습니다. 대부분의 레지던스는 발렛, 룸서비스, 피트니스, 수영장, 비즈니스 라운지 등 호텔급 어메니티를 갖추고 있으며, 싱글 또는 전문직 종사자, 글로벌 기업 임원들이 주요 거주층을 형성하고 있습니다.

학군 또한 우수한 편입니다. 차량으로 10분 이내 거리에 젬스 웰링턴 프라이머리 스쿨(GEMS Wellington Primary School), 스위스 인터내셔널 사이언티픽 스쿨(Swiss International Scientific School), 두바이 인터내셔널 스쿨 알 쿠오즈 캠퍼스(Dubai International School Al Quoz) 등이 있으며, 모두 영국이나 스위스식 혹은 IB 커리큘럼 기반의 교육을 제공합니다.

교통 및 커뮤니티 접근성: 셰이크 자이드 로드 및 파이낸셜 센터역(Financial Centre Station)과 직접 연결되어 있어 교통 접근성이 매우 뛰어납니다. 또한 다운타운 두바이, 시티 워크, 비즈니스 베이 등 주요 지역도 차량으로 5분 이내에 이동할 수 있으며, DIFC 내부에 업무, 쇼핑, 문화, 식음 시설이 밀집되어 있어 도보 생활권이 완비된 도심형 복합지로 주목받고 있습니다.

투자자가 기억해야 할 포인트
- DIFC는 법적 안정성과 글로벌 브랜드가 결합된 대표적인 도심형 고급 자산지입니다.
- 기업 임대 및 법인 보유에 유리하며, 실거주, 임대, 자산 포트폴리오 전략 모두에 적합한 핵심 입지입니다.

시티 워크

지역 소개: 시티 워크(City Walk)는 두바이 도심에 위치한 고급 복합 커뮤니티로, 거리형 쇼핑몰, 레스토랑, 호텔, 브랜드 아파트가 조화를

이루는 라이프스타일 중심지입니다. 메라스가 기획하고 개발한 이 지역은 유럽식 보행자 중심 도시 설계로 독특한 분위기를 자아내며, 예술과 디자인 감각을 중시하는 고소득층 사이에서 꾸준한 인기를 얻고 있습니다.

주요 특징: 시티 워크의 아파트는 대부분 저층 또는 중층 구조로 세련된 외관, 넓은 실내, 고급 마감재를 갖추고 있으며, 현대적인 라이프스타일에 적합한 설계가 특징입니다. 2025년 기준으로 주요 단지의 평균 매매가는 약 AED 2,500~4,000/sq ft 수준이며, 부르즈 할리파 조망 또는 센트럴 파크 조망 유닛은 10~20퍼센트 프리미엄이 적용됩니다. 커뮤니티는 자전거 및 도보 중심 동선으로 구성되어 있고, 주말이면 가족 단위 방문객과 관광객으로 활기를 띠며 도심 속 여유로운 삶을 누릴 수 있는 프리미엄 주거지로 평가받고 있습니다.

주거 환경(학군 포함): 시티 워크는 고급 레지던스, 국제 브랜드 리테일, 미식 레스토랑, 의료시설, 각종 편의 시설이 집약된 복합 커뮤니티입니다. 규모는 크지 않지만, 메라스의 일관된 커뮤니티 관리로 고급스러운 분위기와 높은 보안, 청결 수준을 유지하고 있습니다.

차량으로 5~10분 이내 거리에는 젬스 웰링턴 프라이머리 스쿨, 주메이라 바칼로레아 스쿨(Jumeira Baccalaureate School), 클라리온 스쿨(Clarion School) 등 명문 국제학교들이 있으며, 모두 영국식 또는 IB 커리큘럼을 기반으로 운영됩니다. 가족 단위 거주자들에게 높은 교육 만족도를 제공합니다.

교통 및 커뮤니티 접근성: 시티 워크는 셰이크 자이드 로드에서 바로 진입할 수 있으며, 부르즈 할리파/두바이몰역과도 인접해 있어 대중교통 접근성이 매우 뛰어납니다. 다운타운, DIFC, 주메이라 등 핵심 지역도 차량으로 5~10분 거리이며, 도심 내 프라이버시와 이동성을 동시에 확보한 전략적 입지를 갖추고 있습니다.

> **투자자가 기억해야 할 포인트**
> - 시티 워크는 도보 중심 설계와 고급 상업 인프라가 결합된 프리미엄 복합 커뮤니티입니다.
> - 다운타운과 DIFC 인접, 브랜드 관리, 우수한 학군까지 갖춘 도심 속 전략적 자산으로 실거주와 단기 임대 투자 모두에 적합한 지역입니다.

알 바라리

지역 소개: 알 바라리(Al Barari)는 나드 알 셰바(Nad Al Sheba) 인근, 두바이 중심에서 다소 벗어난 위치에 조성된 초고급 녹지형 빌라 커뮤니티입니다. 전체 부지의 약 60퍼센트 이상이 정원, 수로, 공원 등 녹지 공간으로 구성되어 있으며, 자연 친화적 설계와 철저한 프라이버시가 조화를 이루는 독보적인 주거지로 평가받고 있습니다.

'사막 속의 정원'이라는 별명에 걸맞게 단순한 거주지를 넘어 웰빙과 힐링을 중시하는 글로벌 상류층을 위한 프라이빗 커뮤니티로 자리 잡았습니다.

주요 특징: 고급 빌라, 저밀도 고급 아파트 단지(더 리저브, 더 네스트 등), 생태 공원, 웰니스 클럽, 유기농 카페, 고급 레스토랑 등으로 구성되어 있으며, 자동차보다 보행자 중심의 커뮤니티 설계가 적용된 것이 특징입니다. 2025년 기준으로 대형 빌라의 매매가는 1,500만

~7,500만AED 수준이며, 일부 초대형 커스텀 유닛은 8,000만~1억 AED에 이르기도 합니다. 제곱피트당 가격은 약 3,000~4,500AED 수준이며, 조경 품질, 설계 완성도, 고급 마감 자재 등에 따라 프리미엄이 부여됩니다.

주거 환경(학군 포함): 알 바라리는 조용하고 프라이빗한 환경과 건강한 삶을 중시하는 실거주자에게 높은 평가를 받고 있습니다. 대부분의 빌라에는 개별 정원과 수영장이 설치되어 있으며, 웰니스 클럽, 요가 스튜디오, 스파, 고급 피트니스 센터 등 삶의 질을 높이는 커뮤니티 시설이 완비되어 있습니다.

교육 인프라도 우수합니다. 차량으로 10~15분 거리에는 렙턴 스쿨(Repton School), 킹스 스쿨 나드 알 셰바(King's School Nad Al Sheba), 스위스 인터내셔널 사이언티픽 스쿨(Swiss International Scientific School) 등 명문 국제학교가 있으며, 모두 영국식 또는 IB 커리큘럼으로 운영됩니다. 자녀 교육과 안정된 생활을 함께 고려하는 가족 단위 투자자에게 이상적인 선택지입니다.

교통 및 커뮤니티 접근성: 셰이크 모하메드 빈 자이드 로드에 인접해 있어 다운타운 두바이, DIFC, 비즈니스 베이 등 주요 지역까지 차량으로 15~20분 내외로 이동할 수 있습니다. 인근에는 MBR 시티 및 메이단도 있어 향후 도시 확장성과도 연결됩니다. 커뮤니티 내에서는 대중교통보다 자가용 중심의 이동이 일반적입니다.

> **투자자가 기억해야 할 포인트**
> - 알 바라리는 두바이에서 유일하게 '자연 속 럭셔리'를 실현한 녹지형 커뮤니티로, 장기 거주 및 상속 자산으로서의 가치가 높습니다.
> - 프라이버시, 웰니스 인프라, 고급 학군이라는 세 요소가 복합적으로 작용하여 실거주와 투자 목적을 동시에 만족시키는 프리미엄 주거지입니다.

주메이라 골프 에스테이트

지역 소개: 주메이라 골프 에스테이트(Jumeirah Golf Estates)는 세계적인 골프 대회인 DP 월드 투어 챔피언십이 개최되는 골프 코스를 중심으로 조성된 고급 빌라 커뮤니티입니다. 자연 친화적 환경과 여유로운 생활 인프라를 동시에 갖춘 이 지역은 특히 가족 중심의 중상류층 및 외국인 실거주자들에게 안정적인 선호를 받고 있습니다. 다양한 테마의 서브 커뮤니티(와일드플라워(Wildflower), 시에나 레이크(Sienna Lakes), 주리 힐스(Jouri Hills) 등)가 어우러져 있어 개별 라이프스타일에 따라 선택할 수 있는 점도 강점입니다.

주요 특징: 넓은 대지 위에 단독 빌라와 고급 타운하우스로 구성되어 있으며, 대부분 골프장 혹은 정원 조망이 가능합니다. 일부 유닛은 수영장, 홈오피스, 시네마룸 등 맞춤형 고급 사양을 갖추고 있으며, 브랜드 개발 프로젝트인 주리 힐스(Jouri Hills)는 보다 현대적인 디자인과 공간 활용을 반영하고 있습니다. 2025년 기준으로 일반 빌라의 매매가는 450만~5,000만AED 수준이며, 초고급 빌라는 6,000만AED 이상으로 거래되기도 합니다. 제곱피트당 가격은 약 2,000~3,500AED입니다.

주거 환경(학군 포함): 주메이라 골프 에스테이트는 조용하고 안전한 커뮤니티 환경 속에서 가족 중심의 고급 주거 생활을 제공합니다. 커뮤니티 내에는 골프 클럽, 피트니스 센터, 클럽하우스, 고급 식음 시설 등 다양한 편의 시설이 마련되어 있으며, 주요 거주층은 외국인 전문직과 중상류층입니다.

교육 인프라도 우수합니다. 차량으로 10~15분 거리에 젬스 유나이티드 스쿨(GEMS United School), 아버 스쿨(The Arbor School), 주메이라 인터내셔널 너서리(Jumeirah International Nursery) 등 영국·미국·IB 커리큘럼 기반의 명문 국제학교가 있어 가족 단위 실거주자에게 높은 만족도를 제공합니다.

교통 및 커뮤니티 접근성: 셰이크 모하메드 빈 자이드 로드와 알 파야 로드(Al Fay Road)에 인접해 있어 두바이 마리나, JLT, 두바이 사우스, 알 막툼 국제공항까지 차량으로 15~25분 내외로 이동할 수 있습니다. 또한 인근에 위치한 주메이라 골프 에스테이트 메트로역(Jumeirah Golf Estates Metro Station)을 통해 대중교통 접근성도 꾸준히 개선되고 있습니다.

투자자가 기억해야 할 포인트

- 주메이라 골프 에스테이트는 골프장 조망, 가족 중심 인프라, 고급 커뮤니티 프리미엄이 결합된 실거주형 고급 자산지입니다.
- 장기 거주와 자산 보존 목적의 복합 전략에 적합하며, 신흥 프리미엄 빌라 단지 중에서도 안정성이 뛰어난 투자처로 평가받습니다.

소바 하틀랜드 I & II

지역 소개: 소바 하틀랜드 I(Hartland I)과 하틀랜드 II(Hartland II)는 MBR 시티 내에 조성된 프리미엄 마스터 커뮤니티로, 인도계 디벨로퍼 소바 리얼티(Sobha Realty)가 설계부터 시공까지 직접 진행한 고품질 주거 단지입니다. 하틀랜드 I은 하틀랜드 그린스(Hartland Greens), 포레스트 빌라(Forest Villas) 등을 포함한 커뮤니티로 이미 입주가 활발히 이루어지고 있으며, 하틀랜드 II는 2024년 이후 본격 개발을 시작해 2025년부터 2030년까지 단계적으로 완공될 예정입니다.

주요 특징: 프라이빗 녹지 주거지인 하틀랜드 I은 저층 고급 아파트(하틀랜드 그린스(Hartland Greens)), 타운하우스, 풀 빌라(포레스트 빌라(Forest Villas), 가드니아 빌라(Gardenia Villas))가 조화를 이루고 있으며, 공원과 수로, 국제학교 등 자족형 인프라가 완비된 완성형 커뮤니티입니다.

하틀랜드 II는 웨이브 오퓰런스(Waves Opulence), 더 크레스트(The Crest) 등의 고층 레지던스와 소바 에스테이트(Sobha Estates)의 저층 타운하우스가 혼합된 형태로 개발되고 있으며, 수변 조망과 스마트홈 설계 등 첨단 주거 요소가 적용되어 있습니다.

2025년 기준으로 하틀랜드 I 아파트는 약 AED 2,000~3,200/sq ft, 빌라는 800만~3,000만AED(약 AED 2,500~3,500/sq ft), 하틀랜드 II 오프플랜 아파트는 약 AED 1,800~2,500/sq ft, 빌라는 약 AED 3,000~4,000/sq ft 수준에서 분양 중입니다.

주거 환경(학군 포함): 하틀랜드 전체는 대형 공원, 수변 산책로, 피트니스, 카페, 스파 등 자연 친화적이고 고급스러운 커뮤니티 시설을 갖추고 있어 쾌적한 주거 환경을 제공합니다. 고급 마감재와 탁 트인 실내 공간 설계가 실거주자 중심의 만족도를 높여주며, 세컨드 하우스 수요도 함께 수용합니다.

이 지역의 가장 큰 장점 중 하나는 교육 여건입니다. 커뮤니티 내에 위치한 노스 런던 칼리지엇 스쿨과 하틀랜드 인터내셔널 스쿨(Hartland International School)은 모두 영국 및 IB 커리큘럼을 운영하는 세계적 수준의 명문 국제학교로, 교육을 중시하는 글로벌 거주자들에게 높은 선호도를 자랑합니다.

교통 및 커뮤니티 접근성: 하틀랜드는 알 카일 로드(Al Khail Road)와 메이단 스트리트(Meydan Street)를 통해 다운타운 두바이, DIFC, 비즈니스 베이 등 주요 업무 지구까지 차량으로 약 10~15분 내외로 이동할 수 있습니다. 인근에 위치한 라스 알 코르 자연보호구역(Ras Al Khor Wildlife Sanctuary)은 도심 속에서도 탁 트인 조망과 쾌적한 녹지 환경을 제공합니다. 하틀랜드 II는 향후 도로망 확충 및 대중교통 노선 도입을 통해 접근성이 더욱 강화될 예정입니다.

투자자가 기억해야 할 포인트
- 소바 하틀랜드는 고급 주거 품질, 국제학교, 자연 친화 인프라가 결합된 가족 중심 프리미엄 커뮤니티입니다.
- 하틀랜드 I은 실거주 및 자산 보존형, 하틀랜드 II는 오프플랜 기반 자본 이득형 전략에 적합한 투트랙 투자처로 주목받고 있습니다.

메이단

지역 소개: 도심과 자연을 잇는 확장형 프리미엄 주거지인 메이단(Meydan)은 세계적인 경마 대회인 두바이 월드컵(Dubai World Cup) 개최지인 메이단 경마장을 중심으로 조성된 스포츠·레저 복합 지구입니다. 이후 MBR 시티, 소바 하틀랜드 I & II, 디스트릭트 원(District One) 등 프리미엄 커뮤니티가 속속 들어서면서 두바이의 미래 도시 개발을 이끄는 핵심 축으로 부상하고 있습니다.

주요 특징: 메이단은 워터프런트 수로, 경마장 조망, 라스 알 코르 자연보호구역 인접 등 자연 입지의 장점을 갖추고 있으며, 대형 대지의 단독주택(디스트릭트 원 빌라(District One Villas), 더 생추어리 바이 엘링턴(The Sanctuary by Ellington))과 저층 고급 아파트(디스트릭트 원 레지던스(District One Residences), 아지지 리비에라(Azizi Riviera))가 혼합된 복합 주거 단지로 구성되어 있습니다. 2025년 기준으로 빌라 매매가는 700만~5,000만AED, 평균 약 1,330만AED, 아파트는 약 AED 1,700~2,800/sq ft, 평균 AED 2,019/sq ft에 거래되고 있습니다. 두바이 워터 커낼(Dubai Water Canal) 연계 개발, 두바이 크릭 하버 접근성 개선, 메이단 원 몰(Meydan One Mall) 개장 등 다양한 대형 인프라 조성이 예정돼 있어 향후 프리미엄 상승 여력이 매우 높은 지역입니다.

주거 환경(학군 포함): 메이단은 자연과 도시의 조화를 기반으로 설계된 저밀도 커뮤니티로, 산책로, 사이클링 트랙, 카약 수로, 대형 공원 등이 잘 조성되어 있습니다. 커뮤니티 내 수영장, 피트니스 센터, 커뮤니티 센터 등 생활 인프라도 갖춰져 있으며, 철저한 프라이버시

보호가 특징입니다.

교육 인프라도 매우 우수합니다. 차량으로 10~15분 내에 노스런던 칼리지엇 스쿨, 하틀랜드 인터내셔널 스쿨, 메이단 아카데미(Meydan Academy), 스위스 인터내셔널 사이언티픽 스쿨 등이 있으며, 모두 영국·IB·스위스 커리큘럼 기반의 교육을 제공합니다. 자녀 교육과 안정적인 주거를 동시에 추구하는 가족 단위 투자자에게 특히 매력적인 입지입니다.

교통 및 커뮤니티 접근성: 메이단은 다운타운 두바이, DIFC, 비즈니스 베이 등 주요 도심 지역에서 차량으로 약 10~15분 거리에 위치해 뛰어난 접근성을 자랑합니다. 알 카일 로드(Al Khail Road)와 라스 알 코르 로드(Ras Al Khor Road)를 통해 주요 간선도로와 연결되며, 향후 메트로 연장과 신규 교량 건설 등의 교통 인프라 확장도 계획돼 있어 중장기적 접근성이 더욱 좋아질 전망입니다.

투자자가 기억해야 할 포인트
- 메이단은 도심 접근성+저밀도 고급 커뮤니티라는 강점을 바탕으로 실거주 및 장기 보유 목적에 적합한 지역입니다.
- 국제학교 밀집도, 자연 친화 환경, 개발 확장성까지 갖춘 미래형 프리미엄 주거지로, 중장기 자산 성장 가능성이 매우 높습니다.

주메이라 비치 레지던스

지역 소개: 해변과 도심이 만나는 프리미엄 라이프스타일 거점인 주메이라 비치 레지던스(Jumeirah Beach Residence, JBR)는 두바이 마리나

해안선을 따라 조성된 두바이 최초의 대형 워터프런트 주거 복합 단지입니다. 약 1.7킬로미터에 걸쳐 40여 개의 고급 레지던스 타워가 배치되어 있으며, 상업, 레저, 관광 기능이 결합된 도심 속 비치 커뮤니티로 자리매김했습니다. 특히 '워크 더 워크(Walk the Walk)'라는 거리형 라이프스타일은 두바이 내에서도 독보적인 해변형 주거 환경을 제공합니다.

주요 특징: JBR은 해변 상업지이자 고급 주거지로, 관광객과 실거주자가 공존하는 복합적 성격을 지닌 지역입니다. 아인 두바이와 블루워터스 아일랜드 인접 입지 덕분에 일부 유닛은 뛰어난 조망과 희소성을 바탕으로 지속적인 프리미엄을 형성하고 있습니다. 2025년 기준으로 평균 매매가는 약 AED 2,000~3,800/sq ft이며, 해안 최전선에 위치한 유닛은 10~20퍼센트의 프리미엄이 추가 적용됩니다.

주거 환경(학군 포함): 대부분의 고급 레지던스는 1~4베드룸의 대형 평면으로 구성되며, 전용 발코니와 바다 조망, 프라이빗 비치, 커뮤니티 수영장 및 피트니스 시설이 기본 제공됩니다. 또한 단지 내에는 다양한 레스토랑, 카페, 슈퍼마켓, 메디컬 클리닉 등 생활 편의 시설이 도보로 갈 수 있는 거리에 밀집해 있어 주거 만족도가 높습니다.

교육 인프라도 뛰어난 편입니다. 차량으로 10~15분 거리에 두바이 브리티시 스쿨, 에미리트 인터내셔널 스쿨, 리젠트 인터내셔널 스쿨 등의 국제학교가 있으며, 모두 영국식 또는 IB 커리큘럼을 운영하고 있어 자녀 교육을 고려하는 가족 단위 투자자에게 적합한 입지입니다.

교통 및 커뮤니티 접근성: 셰이크 자이드 로드와 직접 연결되어 차량 접근성이 뛰어나며, 트램, 메트로, 셔틀버스, 수상 택시 등 다양한 교통수단이 마련돼 있습니다. 두바이 마리나, 블루워터스 아일랜드, 두바이 하버와의 인접성이 커뮤니티 간 연계성과 생활 편의성을 더욱 강화하며, 관광객과 거주자의 동선을 분리한 설계 역시 거주 안정성을 높이는 요소입니다.

> **투자자가 기억해야 할 포인트**
> - JBR은 두바이 내 유일한 도심형 비치 레지던스로, 관광 수요와 실거주 수요가 결합된 고급 복합 자산입니다.
> - 해변 조망 여부, 상업 접근성, 생활 인프라의 완성도에 따라 자산 가치 차이가 크므로, 중장기 보유 전략과 선별적 투자 전략이 요구되는 지역입니다.

임대 수익형

임대 수익형의 특징은 다음과 같은 키워드로 요약할 수 있습니다: 중단기 임대 수익, 높은 임대 수요, 운용형 투자. 가격대별로 고수익률과 안정적 수익 지역 포함.

프리미엄 임대 수익형

- 비즈니스 베이(Business Bay): 상업 및 주거 복합, 고수익 아파트
- 두바이 마리나(Dubai Marina): 워터프런트 고층 아파트, 강력한 임대 수요
- 두바이 힐스 에스테이트(Dubai Hills Estate): 프리미엄 주거, 가족 및 전문직 수요

중저가 고수익률형

- 주메이라 빌리지 서클(Jumeirah Village Circle, JVC): 저렴한 아파트, 높은 수익률
- 알 바르샤(Al Barsha): 중저가 주거, 가족 및 근로자 수요
- 타운 스퀘어(Town Square): 젊은 가족 중심, 합리적 가격
- 두바이 사우스(Dubai South): 공항 인근, 산업 및 근로자 수요
- 미르디프(Mirdif): 저밀도 주거, 지역 주민 수요
- 두바이 실리콘 오아시스(Dubai Silicon Oasis): 테크 산업 중심, 저렴한 아파트
- 인터내셔널 시티(International City): 초저가, 고수익률, 다양한 임차인
- 바르샤 하이츠(Barsha Heights): 중저가 아파트, 우수한 접근성

비즈니스 베이

지역 소개: 도심과 수로가 만나는 임대 수익의 중심지이자 고밀도·고수요 투자처인 비즈니스 베이는 다운타운 두바이와 직접 연결된 대표적인 상업·주거 복합 지역으로, 두바이 워터 커넬을 따라 고층 오피스, 레지던스, 호텔, 레스토랑이 밀집해 있습니다. '두바이의 미드타운'이라 불릴 만큼 도심 인접성과 라이프스타일 인프라가 잘 갖춰져 있으며, 글로벌 기업과 외국인 전문직 종사자들의 업무 및 주거 수요가 집중되는 핵심 비즈니스 지구입니다. 생활 편의성과 임대 수요를 동시에 갖춘 이 지역은 임대 수익형 부동산 투자처로 꾸준한 수요를 자랑합니다.

주요 특징: 고층 주거 타워가 밀집한 비즈니스 베이는 스튜디오부터

펜트하우스까지 다양한 유형의 아파트가 공급되며, 대다수는 호텔식 관리 또는 브랜드 레지던스 구조를 갖추고 있습니다. 2025년 기준으로 평균 매매가는 약 AED 1,300~2,200/sq ft이며, 운하 조망 또는 도심 인접 유닛은 10~15퍼센트의 프리미엄이 형성됩니다. 단기와 장기 임대 모두 활발히 이뤄지고 있으며, 연 임대 수익률은 평균 6.5~8.5퍼센트에 이릅니다.

주거 환경(학군 포함): 젊은 외국인 전문직 종사자와 투자자를 주요 수요층으로 두고 있는 비즈니스 베이는 대부분의 주거 유닛이 풀옵션 아파트로 제공됩니다. 수영장, 피트니스, 컨시어지, 발렛 등 호텔급 어메니티가 기본으로 제공되며, 고급 라이프스타일을 선호하는 실거주자들의 만족도도 높습니다.

교육 여건 역시 우수합니다. 차량으로 10~15분 거리에 젬스 웰링턴 프라이머리 스쿨, 호라이즌 잉글리시 스쿨(Horizon English School), 사파 브리티시 스쿨(Safa British School) 등 영국식 커리큘럼 기반의 명문 국제학교가 있어, 자녀 교육을 고려한 거주 수요도 함께 유입되고 있습니다.

교통 및 커뮤니티 접근성: 셰이크 자이드 로드와 알 카일 로드 양측에 인접해 차량 접근성이 우수하며, 비즈니스 베이역(Business Bay Station)을 통해 DIFC, 다운타운, 알 바르샤, 두바이 마리나 등 주요 지역과 직접 연결됩니다. 도보 거리 내에 다양한 식음료 및 생활 편의시설이 밀집해 있으며, 수변과 도심의 장점을 동시에 누릴 수 있는 복합형 생활 인프라가 특징입니다.

> **투자자가 기억해야 할 포인트**
> - 비즈니스 베이는 도심 인접성과 강력한 고정 수요를 기반으로 한 대표적인 임대 수익형 지역입니다.
> - 장기 임대와 단기 임대(에어비앤비) 모두에 적합하며, 조망, 단지 브랜드, 서비스 관리 수준에 따라 수익률 편차가 크므로, 세부 입지를 고려한 선별적 접근이 중요합니다.

두바이 마리나

지역 소개: 두바이 마리나는 아라비아만과 인공 운하를 따라 조성된 워터프런트 주거지로, 고층 레지던스, 요트 마리나, 쇼핑몰, 레스토랑, 해변이 어우러진 복합 라이프스타일 커뮤니티입니다. 세계 각국의 여행자와 장기 체류 외국인 수요가 집중되며, 두바이에서 가장 활발한 임대 수익형 부동산 시장 중 하나로 손꼽힙니다.

주요 특징: 스튜디오부터 4베드룸까지 다양한 구조의 고층 아파트가 공급되며, 대부분 바다 또는 마리나 조망을 갖추고 있습니다. 2025년 기준으로 평균 매매가는 AED 1,400~2,800/sq ft, 타운하우스는 약 AED 1,236/sq ft, 빌라는 약 AED 2,018/sq ft 수준입니다. 조망과 단지 브랜드에 따라 최대 20퍼센트의 프리미엄이 적용됩니다. 단기 임대, 월세, 연 단위 임대 등 다양한 수익 모델이 가능하며, 연 평균 수익률은 7~9퍼센트입니다.

주거 환경(학군 포함): 고급 라이프스타일을 추구하는 싱글 또는 젊은 부부 중심으로 구성되어 있으며, 대부분 풀옵션 아파트로 호텔급 서비스와 어메니티(수영장, 피트니스, 라운지 등)를 제공합니다. 차량으로 10~15분 거리 내에 두바이 브리티시 스쿨 에미리트 힐스(Dubai British

School Emirates Hills), 에미리트 인터내셔널 스쿨 메도스, 리젠트 인터내셔널 스쿨 등이 있으며 모두 영국·IB 커리큘럼 기반의 명문 국제학교입니다.

교통 및 커뮤니티 접근성: 두바이 마리나역, 트램, 워터택시 등 다양한 교통수단이 마련되어 있으며, 셰이크 자이드 로드와 직접 연결돼 도심 접근성도 우수합니다. 두바이 마리나몰, JBR 해변가 등 생활·관광 인프라가 집약되어 있어 관광객과 거주자 모두에게 매력적인 생활권을 형성합니다.

투자자가 기억해야 할 포인트
- 두바이 마리나는 단기 임대 수익과 자산 가치 상승을 동시에 기대할 수 있는 핵심 워터프런트 지역입니다.
- 조망, 단지 브랜드, 관리 수준에 따라 투자 수익률의 차이가 크므로, 선별 투자 전략이 중요합니다.

두바이 힐스 에스테이트

지역 소개: 하이브리드 자산지인 두바이 힐스 에스테이트는 에마르와 메라스가 공동 개발한 대규모 마스터 커뮤니티로, 골프장, 공원, 국제학교, 병원, 쇼핑몰 등 다양한 생활 인프라가 통합된 프리미엄 주거지입니다. 다운타운 두바이와 차량으로 15분 거리여서 접근성이 뛰어나며, 가족 단위 실거주자와 고소득 임차인이 동시에 유입되는 실거주·임대 병행형 지역입니다.

주요 특징: 아파트(파크 하이츠(Park Heights), 콜렉티브(Collective), 골프 스위츠(Golf Suites) 등), 타운하우스(시드라(Sidra), 메이플(Maple)), 대형 빌

라 등 다양한 주거 유형이 조화를 이루고 있으며, 장기 거주 목적의 가족과 단기 임대 수익을 노리는 투자자 모두의 수요가 있습니다. 2025년 기준 평균 매매가는 아파트 AED 1,400~2,300/sq ft, 빌라 AED 2,200~3,200/sq ft 수준이며, 연 임대 수익률은 아파트 기준 6~8퍼센트, 타운하우스와 빌라는 평균 5~6퍼센트 수준입니다.

주거 환경(학군 포함): 두바이 힐스 파크와 두바이 힐스 몰을 중심으로 커뮤니티 내 산책로, 자전거 도로, 스포츠 시설, 카페, 병원 등이 잘 조성되어 있어 가족 친화적인 환경을 자랑합니다. 차량으로 5~10분 거리 내에 젬스 웰링턴 아카데미, 두바이 하이츠 아카데미(Dubai Heights Academy), 킹스 스쿨 알 바르샤(King's School Al Barsha) 등 고급 국제학교가 밀집해 있어 교육 인프라도 우수합니다.

교통 및 커뮤니티 접근성: 알 카일 로드, 움 수케임 스트리트와 직접 연결되어 있으며, 다운타운 두바이, 두바이 마리나, 비즈니스 베이까지 차량으로 10~15분 내로 이동할 수 있습니다. 대중교통이 확장될 계획이어서 향후 접근성이 더욱 나아질 예정입니다.

투자자가 기억해야 할 포인트
- 두바이 힐스 에스테이트는 가족 중심 실거주 수요와 안정적인 임대 수익이 공존하는 고급 커뮤니티입니다.
- 상업, 교육, 의료, 여가 인프라가 통합된 고급 커뮤니티로, 중장기 자산 운용 및 포트폴리오 안정화 전략에 적합한 지역입니다.

주메이라 빌리지 서클

지역 소개: 진입가가 합리적이고 임대 수익률이 높은 대표 지역인 주메이라 빌리지 서클은 나킬이 개발한 대규모 원형 마스터 커뮤니티로, 아파트, 타운하우스, 상업 공간이 어우러진 중급 주거지입니다. 두바이 중심부에서 차량으로 15~20분 거리여서 접근성이 우수하며, 실거주와 임대 수요가 꾸준히 유지되고 있습니다. 특히 소액 투자자와 월세 수익형 투자자들에게 높은 인기를 얻고 있는 대표 실속형 투자처입니다.

주요 특징: JVC는 아파트, 타운하우스, 빌라 등 다양한 유형의 주거 상품이 혼재된 지역으로, 특히 스튜디오 및 1~2베드룸 아파트의 월세 수요가 강하게 형성되어 있습니다. 2025년 기준으로 아파트 매매가는 AED 800~1,300/sq ft이며, 일부 신규 단지는 오프플랜 상태에서 높은 분양률을 기록하고 있습니다. 연 임대 수익률은 7~9퍼센트에 달해 실속형 투자자들에게 가장 인기 있는 지역 중 하나입니다.

주거 환경(학군 포함): JVC는 커뮤니티 몰, 공원, 피트니스 센터, 레스토랑, 수영장 등 생활 인프라가 지속적으로 확장되고 있습니다. 주요 거주층은 다양한 국적의 외국인 직장인과 젊은 가족으로 구성되어 있으며, 상대적으로 저렴한 가격대와 쾌적한 주거 환경이 장점입니다.

교육 환경도 우수하며, 차량으로 10~15분 거리에 JSS 인터내셔널 스쿨(JSS International School), 선마크 스쿨(Sunmarke School), 노드 앵글리아 인터내셔널 스쿨(Nord Anglia International School) 등이 있습니다. 모두 영국식 또는 IB 커리큘럼을 운영하고 있어 자녀 교육 수요에도 적합합니다.

교통 및 커뮤니티 접근성: 셰이크 모하메드 빈 자이드 로드와 알 카일 로드에 인접해 있어 두바이 마리나, 비즈니스 베이, 다운타운 두바이 등 주요 지역까지 차량으로 15~20분 내외로 접근할 수 있습니다. 인근에 아르잔(Arjan), 모터 시티(Motor City), 바르샤 하이츠(Barsha Heights) 등의 실거주 및 상업 지역이 있어 생활권 연계성도 우수합니다. 다만 메트로 등 대중교통 인프라는 아직 제한적이어서 향후 개선이 필요합니다.

> **투자자가 기억해야 할 포인트**
> - JVC는 낮은 진입가+높은 수익률의 대표 지역으로, 임대 운용형 포트폴리오에 적합합니다.
> - 인프라 확충과 함께 실거주 및 임대 수요가 꾸준히 증가 중인 실속형 투자처입니다.

알 바르샤

지역 소개: 알 바르샤는 셰이크 자이드 로드 인근, 몰 오브 더 에미리트(Mall of the Emirates) 주변에 위치한 대표적인 중상급 도심 주거지입니다. 알 바르샤 1, 2, 3으로 나뉘며, 아파트, 타운하우스, 독립형 빌라까지 다양한 주거 형태가 혼재되어 있습니다. 접근성과 생활 인프라가 뛰어나 실거주 수요가 탄탄하며, 동시에 임대 수익을 추구하는 투자자들의 수요도 꾸준히 이어지는 지역입니다.

주요 특징: 알 바르샤 1은 아파트 중심의 고밀도 지역으로, 단기 및 중장기 임대 수요가 활발한 것이 특징입니다. 알 바르샤 2와 3은

저밀도 빌라 중심 커뮤니티로, 가족 단위 실거주 수요가 강한 지역입니다. 아파트형은 평균 AED 1,100~1,800/sq ft, 빌라는 평균 AED 800~1,200/sq ft 수준에서 거래되고 있습니다. 특히 알 바르샤 1 지역은 단기 및 중장기 임대 수요가 활발하여 아파트 기준 연 임대 수익률이 6~8퍼센트 수준으로, 안정적인 현금 흐름을 추구하는 투자자에게 적합합니다.

주거 환경(학군 포함): 알 바르샤는 몰 오브 디 에미리트, 루루 슈퍼마켓, 알 바르샤 파크 등 생활 인프라가 매우 잘 갖춰진 지역으로, 중산층과 가족 단위 거주자에게 인기 있는 커뮤니티입니다.

교육 인프라 측면에서는 젬스 월드 아카데미(GEMS World Academy), 두바이 내셔널 스쿨(Dubai National School), 아메리칸 스쿨 오브 두바이(American School of Dubai) 등 유명 국제학교가 밀집해 있어 학군 선호도가 높은 지역으로 평가됩니다.

교통 및 커뮤니티 접근성: 샤라프 DG(Sharaf DG) 및 몰 오브 디 에미리트역이 있어 대중교통 접근성이 매우 우수하며, 셰이크 자이드 로드, 알 카일 로드 모두 인접해 차량 이동 역시 원활합니다. 또한 JVC, 테콤(TECOM), 두바이 힐스, 마리나 등 주요 비즈니스 공간 및 주거지와도 15분 내외로 연결됩니다. 도심 접근성과 편의성이 뛰어난 실거주형 지역으로 평가됩니다.

> **투자자가 기억해야 할 포인트**
> - 알 바르샤는 실거주 수요가 강한 도심형 지역으로, 임대 안정성과 생활 인프라 측면에서 우수한 투자처입니다.
> - 메트로 접근성과 학군, 상업 인프라가 결합되어 안정형 임대 전략에 적합한 지역입니다.

타운 스퀘어

지역 소개: 타운 스퀘어는 엔샤마(Nshama)가 개발한 중대형 마스터 커뮤니티로, 두바이 남부 알 쿠드라 로드(Al Qudra Road)를 따라 형성된 신흥 주거 지역입니다. 2015년부터 개발이 시작되어 현재 수천 세대 이상이 입주를 완료했으며, 젊은 가족과 중산층 실거주자 수요가 꾸준히 유입되고 있는 대표적인 실속형 커뮤니티입니다.

주요 특징: 합리적인 분양가와 다양한 주거 옵션(아파트, 타운하우스)으로 초기 진입 장벽이 낮은 것이 가장 큰 장점입니다. 2025년 기준으로 아파트는 AED 700~1,100/sq ft, 타운하우스는 AED 650~850/sq ft 수준에서 거래되고 있습니다. 연 임대 수익률은 평균 7~8퍼센트 수준이며, 일부 유닛은 9퍼센트 이상도 가능합니다.

주거 환경(학군 포함): 타운 스퀘어는 커뮤니티 센터, 대형 공원, 자전거 도로, 수영장, 스케이트 파크, 어린이 놀이터 등 가족 중심의 편의 시설이 잘 조성되어 있으며, 실거주자를 위한 환경이 뛰어납니다. 주변 학군으로는 페어그린 인터내셔널 스쿨(Fairgreen International School), 제벨 알리 스쿨(Jebel Ali School), 젬스 메트로폴 스쿨(GEMS Metropole School) 등이 10~15분 내외 거리에 있어 가족 단위 거주자에게 적합합니다.

교통 및 커뮤니티 접근성: 알 쿠드라 로드를 통해 두바이 힐스, 알 바르샤, 두바이 마리나까지 차량으로 20~30분 내외 소요되며, 셰이크 모하메드 빈 자이드 로드와도 연결됩니다. 다만 대중교통 인프라는 아직 제한적이며, 차량 이동 중심 구조입니다. 향후 인근 인프라 확장에 따라 접근성은 더욱 개선될 것으로 기대됩니다.

투자자가 기억해야 할 포인트
- 타운 스퀘어는 실거주 중심의 중산층 커뮤니티로, 초기 진입 가격 대비 높은 임대 수익률이 강점입니다.
- 향후 도시 외곽 확장에 따라 추가적인 자본 이득 가능성이 존재하는 중장기형 실속 투자처입니다.

두바이 사우스

지역 소개: 신흥 경제지구이자 오프플랜과 임대 수익의 교차점인 두바이 사우스(Dubai South)는 알 막툼 국제공항과 엑스포 시티를 중심으로 조성된 대규모 복합 개발지입니다. 산업, 물류, 주거, 상업이 융합된 신도시로, 향후 2040년까지 수십만 명의 고용과 인구 유입이 예상되는 전략적 입지로 주목받고 있습니다. 특히 저렴한 초기 진입가와 함께 향후 개발 기대감이 높은 중장기 투자처로 부상하고 있습니다.

주요 특징: 주거 단지는 대부분 중저가 아파트와 타운하우스로 구성되어 있으며, 오프플랜과 완공 단지가 혼재된 상태입니다. 2025년 기준으로 아파트는 AED 650~1,000/sq ft, 타운하우스는 AED 650~850/sq ft 수준에서 거래되고 있으며, 임대 수익률은 평균 8~9퍼센트 이상을 기록하는 고수익 지역입니다. 특히 근로자, 공항 종사자,

물류·산업계 수요를 중심으로 안정적인 수요 기반이 존재합니다.

주거 환경(학군 포함): 두바이 사우스는 현재 개발이 진행 중인 커뮤니티로, 더 펄스(The Pulse), 레지덴셜 디스트릭트(Residential District) 등 주요 단지를 중심으로 슈퍼마켓, 약국, 피트니스 센터, 어린이 놀이터 등 기본 인프라가 빠르게 확충되고 있습니다. 가족 단위 임차인을 겨냥한 저층 위주의 설계가 특징이며, 차분하고 안전한 주거 환경을 제공합니다.

교육 여건도 지속적으로 개선되고 있으며, 차량으로 10~15분 거리에 그린필드 인터내셔널 스쿨(Greenfield International School), 사우스 뷰 스쿨(South View School) 등 영국 커리큘럼 기반의 국제학교들이 있습니다.

교통 및 커뮤니티 접근성: 셰이크 모하메드 빈 자이드 로드, 에미리트 로드를 통해 두바이 마리나, 다운타운, JLT 등 주요 지역에서 차량으로 20~30분 내 이동이 가능합니다. 알 막툼 국제공항과 엑스포 시티와는 차량으로 10분 내외 거리이며, 향후 메트로 노선 확장과 엑스포 시티 연계 교통망이 본격화되면 접근성이 더욱 강화될 전망입니다.

투자자가 기억해야 할 포인트

- 두바이 사우스는 저렴한 초기 진입 비용과 향후 가치 상승 여지가 높은 대표적인 중장기 투자입니다.
- 공항·물류·산업 배후 수요와 오프플랜 중심의 공급 구조를 고려한 전략적 투자가 요구됩니다.

미르디프

지역 소개: 미르디프(Mirdif)는 두바이 내륙 북동부에 위치한 성숙한 중급 주거지로, 현지 거주민과 외국인 중산층 가족이 다수 거주하는 대표적인 실거주 중심 커뮤니티입니다. 도심에서는 다소 떨어져 있지만, 조용한 주거 환경과 안정적인 인프라, 합리적인 가격 덕분에 실거주 수요와 임대 수요가 모두 꾸준히 안정적으로 유지되고 있습니다.

주요 특징: 미르디프는 빌라, 타운하우스, 저층 아파트가 혼합된 구조로 형성되어 있으며, 고층 건물이 거의 없어 쾌적하고 여유로운 주거 분위기를 제공합니다. 2025년 기준으로 아파트 매매가는 AED 850~1,300/sq ft 수준이며, 미르디프 튤립(Mirdif Tulip), 업타운 미르디프(Uptown Mirdif), 미르디프 힐스(Mirdif Hills)와 같은 주거 단지가 주요 거래 대상입니다. 연 임대 수익률은 6~7.5퍼센트 수준으로 실속 있는 수익형 투자처로 평가받고 있습니다.

주거 환경(학군 포함): 미르디프는 가족 친화적인 환경이 가장 큰 장점입니다. 지역 내 공원, 미르디프 시티 센터(Mirdif City Centre), 헬스 클럽, 슈퍼마켓 등 생활 인프라가 잘 갖춰져 있으며, 대체로 조용하고 안전한 커뮤니티 분위기를 유지하고 있습니다.

교육 환경 또한 우수하여, 미르디프 프라이빗 스쿨(Mirdif Private School), 업타운 인터내셔널 스쿨(Uptown International School), 젬스 로열 두바이 스쿨(GEMS Royal Dubai School) 등 명문 국제학교들이 인근에 있어 자녀 교육을 고려하는 가족들에게 적합한 지역입니다.

교통 및 커뮤니티 접근성: 알 카와니지 로드(Al Khawaneej Road), 알 와

르카 로드(Al Warqa Road), 에미리트 로드와 인접해 있어 차량 중심 이동이 매우 편리한 지역입니다. 메트로 노선이 직접 연결되지는 않지만, 인근에 위치한 라시디야 메트로역(Rashidiya Metro Station)까지 차량으로 약 10분 내외로 이동할 수 있어 대중교통 접근성도 양호한 편입니다. 두바이 국제공항(Dubai International Airport, DXB)과 가까워서 공항 종사자나 여행이 잦은 임차 수요자에게 매력적인 입지를 갖추고 있습니다.

> **투자자가 기억해야 할 포인트**
> - 미르디프는 가족 단위 실거주 중심의 커뮤니티로, 중장기 임대 수익과 자산 보존이 모두 가능한 지역입니다.
> - 국제학교, 쇼핑몰, 공원 등 주거 인프라가 잘 갖춰져 있어 실수요 기반이 탄탄하며, 공항과의 접근성도 우수합니다.

두바이 실리콘 오아시스

지역 소개: 두바이 실리콘 오아시스는 두바이 동부에 위치한 자유경제구역이자, 기술·스타트업 산업을 기반으로 조성된 자족형 복합 커뮤니티입니다. 합리적인 매입 가격과 풍부한 임대 수요를 바탕으로 젊은 전문직, 직장인, 신혼부부, 중산층 가족의 선호도가 높아 안정적인 수익형 투자처로 자리매김한 지역입니다.

주요 특징: 고층 및 중저층 아파트를 중심으로 형성되어 있으며, 2025년 기준 아파트 평균 매매가는 약 AED 850~1,200/sq ft 수준입니다. 대표 프로젝트로는 실리콘 게이트(Silicon Gates), 팰리스 타워(Palace Towers), 액시스 레지던스(Axis Residences) 등이 있으며, 연 수익

률은 평균 7~8퍼센트로 가격 대비 수익성이 우수합니다.

프리존의 법적 혜택과 함께 테크 기업 종사자 중심의 고정 임차 수요가 꾸준히 유지되는 점도 강점입니다.

주거 환경(학군 포함): 두바이 실리콘 오아시스는 실거주 수요를 겨냥한 인프라가 잘 갖춰진 커뮤니티입니다. 지역 내에 실리콘 센트럴 몰(Silicon Central Mall), 피트니스 클럽, 약국, 병원 등 생활 인프라가 밀집해 있으며, 조용하고 안전한 커뮤니티 분위기를 제공합니다.

교육 인프라도 뛰어나며, 젬스 웰링턴 아카데미, 인디언 인터내셔널 스쿨(The Indian International School), 베누스 인터내셔널 스쿨(Vernus International School) 등 다양한 커리큘럼을 제공하는 국제학교가 5~10분 거리에 있어 자녀 교육을 고려한 가족 단위 실거주자에게도 적합합니다.

교통 및 커뮤니티 접근성: 에미리트 로드, 셰이크 모하메드 빈 자이드 로드에 인접해 있어 차량 이동 중심의 생활권을 형성하고 있으며, 다운타운, 미르디프, 인터내셔널 시티 등 주요 지역까지 15~25분 내외 이동이 가능합니다.

직접적인 메트로 노선은 없지만 향후 교통 인프라가 확장될 가능성이 있으며, 현재도 자가용 중심 거주자에게는 접근성이 충분히 우수한 지역입니다.

> **투자자가 기억해야 할 포인트**
> - 두바이 실리콘 오아시스는 기술 자유구역의 안정적인 수요와 저렴한 진입가를 갖춘 고수익형 임대 투자처입니다.
> - 중장기 실거주 수요가 풍부해, 수익성과 안정성을 동시에 추구하는 투자자에게 적합합니다.

인터내셔널 시티

지역 소개: 인터내셔널 시티는 초저가 고수익의 대표 투자지이자 다양한 글로벌 커뮤니티가 공존하는 다국적 주거 허브입니다. 두바이 동부에 위치한 대규모 저가 주거지로, 각국의 건축 테마에 따라 구역이 나뉜 독특한 설계와 높은 임대 수요로 잘 알려져 있습니다. 주로 중저소득층 근로자와 소규모 자영업자, 외국인 거주자가 밀집해 있으며, 다양한 국적의 거주민이 공존하는 국제적인 분위기를 갖추고 있습니다.

주요 특징: 두바이에서 가장 낮은 매입 가격으로 진입할 수 있는 지역 중 하나입니다. 2025년 기준 평균 매매가는 스튜디오 약 AED 500~700/sq ft, 1베드룸 약 AED 450~650/sq ft 수준입니다. 프랑스, 차이나 페르시아, 클러스터 등 인기 구역은 거래 및 임대 모두 활발하며, 평균 연 수익률은 8~9퍼센트, 일부 유닛은 10퍼센트 이상을 기록해 두바이 내 대표적인 초저가 고수익 투자처로 평가받고 있습니다.

주거 환경(학군 포함): 인터내셔널 시티는 경제적인 생활환경과 다양한 상업 시설이 강점이며, 드래곤 마트(Dragon Mart)를 중심으로 한 소매 상권이 활성화되어 있습니다. 커뮤니티 내에 여러 편의 시설이 있으나, 고급 커뮤니티에 비해 환경이나 보안 수준은 다소 낮을 수 있습니다. 학군 면에서는 젬스 모던 아카데미(GEMS Modern Academy), 인터내셔널 스쿨 오브 크리에이티브 사이언스(International School of Creative Science) 등 주변 지역에 국제학교들이 있어 실수요를 보완합니다.

교통 및 커뮤니티 접근성: 에미리트 로드, 라스 알 코르 로드(Ras Al Khor Road)와 인접해 있으며, 메트로역과는 다소 거리가 있지만 차량 이동 중심의 인프라는 양호한 편입니다. 두바이 국제공항, 두바이 실리콘 오아시스, 메이단 등과 가까워서 근로자 및 중소 비즈니스 종사자들의 거주지로 선호됩니다.

> **투자자가 기억해야 할 포인트**
> - 인터내셔널 시티는 낮은 매입 가격과 높은 임대 수익률이 강점인 대표적인 저가 고수익 투자 지역입니다.
> - 다양한 국적의 수요 기반, 저렴한 생활비, 상권 밀집 구조 덕분에 공실률이 낮고 자산 유동성이 뛰어납니다.

바르샤 하이츠

지역 소개: 바르샤 하이츠(Barsha Height, 전 테콤(Tecom))는 접근성과 수익성이 균형을 이루는 중산층 전문직 중심의 실속형 투자지입니다. 셰이크 자이드 로드와 인접한 전략적 입지에 위치한 상업·주거 복합 지역입니다. 미디어 시티, 인터넷 시티, 지식 파크(Knowledge Park) 등 주요 비즈니스 허브와 가까워 교육·비즈니스 복합 수요가 형성되어 전문직 및 외국인 근로자의 임대 수요가 매우 높으며, 두바이 중심에서 실속 있는 중급 아파트에 투자하고자 하는 투자자들에게 꾸준한 인

기를 끌고 있습니다.

주요 특징: 2025년 기준 아파트 매매가는 AED 900~1,400/sq ft 수준이며, 일부 호텔형 레지던스는 브랜드 프리미엄이 추가됩니다. 평균 임대 수익률은 7~8퍼센트 수준입니다. 건물 노후도는 다소 다양하나 꾸준한 리노베이션이 이루어지고 있으며, 숙련직 외국인 임차인을 타깃으로 한 안정적인 임대 수익이 가능합니다.

주거 환경(학군 포함): 바르샤 하이츠는 중층 이상의 아파트가 밀집된 실속형 도심 주거 지역으로, 커뮤니티 내에 편의점, 식당, 카페, 약국, 병원 등 생활 인프라가 잘 갖춰져 있습니다.

차량으로 10분 이내 거리에 젬스 두바이 아메리칸 아카데미(GEMS Dubai American Academy), 두바이 내셔널 스쿨(Dubai National School) 등 국제학교가 다수 있어 가족 단위 실거주 수요도 일부 존재합니다.

교통 및 커뮤니티 접근성: 두바이 인터넷 시티역이 도보 5분 거리에 있어 대중교통 접근성이 매우 우수합니다. 셰이크 자이드 로드와 헤사 스트리트(Hessa Street)를 통해 두바이 마리나, 비즈니스 베이, 알 바르샤 등 주요 지역과 15분 이내로 연결될 수 있으며, 직장 인근 주거지로 최적의 입지를 갖추고 있습니다.

투자자가 기억해야 할 포인트
- 바르샤 하이츠는 뛰어난 교통 접근성과 직장 밀집 지역 인근 입지를 기반으로 안정적 임대 수익을 창출할 수 있는 실속 투자지입니다.
- 중간 가격대의 도심형 아파트로, 전문직 종사자의 단기 거주 수요에 집중한 운용형 전략이 유효합니다.

개발 잠재력·중장기 성장형

개발 잠재력·중장기 성장형의 특징은 다음과 같은 키워드로 요약할 수 있습니다: 개발 초기 단계, 중장기 가치 상승 기대, 대규모 프로젝트 중심.

- 두바이 크릭 하버(Dubai Creek Harbour): 신흥 프라임 지역, 대규모 워터프런트 개발
- 틸랄 알 가프(Tilal Al Ghaf): 가족 중심, 친환경 신규 개발
- 두바이 아일랜드(Dubai Islands): 다목적 섬 개발, 초기 단계
- 디 에이커스(The Acres): 저밀도 럭셔리 빌라, 신흥 지역
- 팜 제벨 알리(Palm Jebel Ali): 팜 주메이라 확장, 대규모 잠재력
- 엑스포 시티(Expo City): 글로벌 행사 후속 개발, 성장 가속
- 더 밸리(The Valley): 합리적 가격, 가족 중심 신규 커뮤니티
- 다막 라군(Damac Lagoons): 휴양지 테마, 중급 주거
- 다막 힐스(Damac Hills): 성숙한 신흥 지역, 골프 및 가족 중심
- 가프 우즈(Ghaf Woods): 친환경 럭셔리, 초기 개발
- 나드 알 셰바 가든(Nad Al Sheba Gardens): 저밀도 주거, 신규 프로젝트
- 두바이 마리타임 시티(Dubai Maritime City): 물류 및 주거 복합, 초기 단계
- 라시드 요트 & 마리나(Rashid Yachts & Marina): 럭셔리 요트 중심 워터프런트

두바이 크릭 하버

지역 소개: 두바이 크릭 하버는 두바이 크릭과 라스 알 코르 자연보호구역 인근에 조성 중인 대규모 워터프런트 도시 개발 프로젝트로, 에마르와 두바이 홀딩이 공동으로 개발하고 있습니다. 두바이의 역사적 기원지인 '크릭'과 미래형 스마트시티 비전이 결합된 상징적인 지역으로, 다운타운 두바이의 확장 축이자 '포스트 부르즈 할리파' 시대의 중심지로 주목받고 있습니다.

주요 특징: '두바이 2040 도시 마스터플랜'에 기반한 친환경 스마트시티 개발로, 총 9개 구역(크릭 아일랜드(Creek Island), 더 라군(The Lagoons), 더 생추어리(The Sanctuary) 등)으로 구성됩니다. 2025년 기준 오프플랜 아파트 가격은 AED 1,600~2,800/sq ft이며, 두바이 크릭 타워 조망 유닛에는 15~20퍼센트 프리미엄이 붙습니다. 완공 시 약 10만 명을 수용하는 대규모 복합 커뮤니티로 성장할 예정이며, 자본 이득 중심의 중장기 투자처로 각광받고 있습니다.

주거 환경(학군 포함): 현재 고급 아파트 위주로 개발이 진행 중이며, 보안 커뮤니티, 공원, 수로, 레스토랑, 리테일 공간 등 도시형 생활 인프라가 빠르게 구축되고 있습니다. 학군 측면에서도 차량으로 15분 내외 거리에 데이라 인터내셔널 스쿨(Deira International School), 유니버설 아메리칸 스쿨(Universal American School), 스위스 인터내셔널 사이언티픽 스쿨(Swiss International Scientific School) 등 주요 국제학교들이 있으며, 향후 커뮤니티 내 자체 교육기관도 신설될 예정입니다.

교통 및 커뮤니티 접근성: 알 카일 로드와 라스 알 코르 로드(Ras Al

Khor Road)를 통해 다운타운, DIFC, 공항까지 15분 내외로 이동할 수 있으며, 도심 접근성과 수변 조망을 동시에 누릴 수 있는 입지입니다. 메트로 연장, 수상 셔틀, 자율주행 시스템 등 미래형 교통 인프라도 단계적으로 도입될 예정입니다.

> **투자자가 기억해야 할 포인트**
> - 두바이 크릭 하버는 다운타운의 확장판이자 미래형 스마트시티로서 중장기 자본 이득에 유리한 지역입니다.
> - 친환경 계획과 도시적 인프라가 결합된 전략적 입지로, 초기 진입 투자자에게 큰 성장 잠재력을 제공합니다.

틸랄 알 가프

지역 소개: 가족 중심의 커뮤니티 신도시인 틸랄 알 가프는 마지드 알 푸타임(Majid Al Futtaim) 그룹이 개발 중인 대규모 마스터 커뮤니티로, 두바이 중심부와 알 바르샤, 스포츠 시티 사이에 위치한 전략적 입지를 자랑합니다. 2025~2030년을 목표로 단계별 개발이 진행 중이며, 지속 가능한 디자인과 자연 친화적인 구조를 통해 '두바이형 교외 라이프스타일'의 대표 사례로 꼽히고 있습니다.

주요 특징: 인공 라군, 보행자 전용 거리, 자전거 도로, 공원 등 도시 속 자연을 테마로 한 설계가 돋보이며, 주요 커뮤니티는 엘란(Elan), 하모니(Harmony), 세레니티(Serenity) 등으로 구성되어 있습니다. 2025년 기준 분양가는 AED 1,200~1,800/sq ft 수준이며, 일부 고급 유닛은 AED 4,000/sq ft 이상에 거래됩니다. 자본 이득 기대감이 높아서 오프플랜 투자 시 연간 8~10퍼센트 수준의 수익률이 기대되는 신흥 프

리미엄 지역입니다.

주거 환경(학군 포함): 타운하우스 및 고급 빌라 중심의 구성으로 중상류층 가족의 실거주 수요에 최적화되어 있습니다. 커뮤니티 내에 로열 그래머 스쿨 길드포드 두바이(Royal Grammar School Guildford Dubai)가 개교할 예정이며, 인근에는 젬스 메트로폴 스쿨, 두바이 브리티시 스쿨, 노드 앵글리아 인터내셔널 스쿨 등 유명 국제학교들이 있어 자녀 교육을 고려한 가족 거주자에게 높은 선호도를 얻고 있습니다. 요가센터, 라군 뷰 공원, 피트니스 공간, 커뮤니티 클럽 등도 입주민 전용으로 제공됩니다.

교통 및 커뮤니티 접근성: 셰이크 자이드 빈 함단 스트리트(Sheikh Zayed Bin Hamdan Street), 헤사 스트리트(Hessa Street) 등을 통해 두바이 마리나, 알 바르샤, 두바이 사우스까지 20~25분 내외로 접근할 수 있으며, 향후 메트로 연장 및 버스 노선 확충이 예정돼 있어 교통 편의성도 개선될 전망입니다.

투자자가 기억해야 할 포인트
- 틸랄 알 가프는 친환경 콘셉트와 가족 중심의 설계로 실거주와 중장기 가치 상승 수요 모두에 적합한 지역입니다.
- 개발 초기 단계인 현재는 오프플랜 중심의 진입 전략이 효과적이며, 라군에 인접한 유닛의 희소성과 브랜드 개발사의 신뢰도에 주목해야 합니다.

두바이 아일랜드

지역 소개: 두바이 아일랜드는 이전의 데이라 아일랜드(Deira Islands) 프로젝트를 리브랜딩한 대규모 수변 도시 개발 사업으로, 나킬이 주도

하고 있는 해양 복합 커뮤니티입니다. 총 5개의 인공섬으로 구성되어 있으며, 리조트, 고급 주거지, 상업 시설, 해양 인프라 등이 함께 조성됩니다. 두바이 동부 해안선을 따라 도심에서 바다로 확장되는 미래형 해양 도시로 주목받고 있습니다.

주요 특징: 총면적 17제곱킬로미터 규모로, 총 80여 개의 리조트, 20킬로미터 이상의 해변선, 2개의 크루즈 터미널, 2개의 챔피언십 골프 코스, 마리나 및 주거 단지가 조성될 예정입니다. 2025년 기준으로 오프플랜 아파트 및 타운하우스는 AED 1,100~1,800/sq ft 수준에서 거래되고 있으며, 해변 접근성이 좋은 바다 조망 유닛은 약 15~20퍼센트 프리미엄이 반영됩니다. 현재는 초기 개발 단계로, 프리미엄 자산보다는 중장기 가치 상승을 목표로 한 오프플랜 중심 투자 전략이 유효합니다.

주거 환경(학군 포함): 프로젝트 완공 후에는 고급 아파트, 워터프런트 빌라, 타운하우스 등 다양한 주거 유형이 조성될 예정이며, 섬 내부에 국제학교 및 사설 교육기관을 유치하는 것도 계획되어 있습니다. 현재 차량으로 15~20분 거리 내에 데이라 인터내셔널 스쿨(Deira International School), 윈체스터 스쿨(The Winchester School), 더 시티 스쿨(The City School) 등이 있어 단기 거주자도 학군 접근이 가능합니다.

교통 및 커뮤니티 접근성: 인피니티 브리지(Infinity Bridge) 및 알 할리즈 로드(Al Khaleej Road)를 통해 두바이 국제공항, 데이라, 다운타운까지 15~25분 내외로 접근할 수 있으며, 향후 크루즈 터미널과 연계된 해상 교통, 자율주행 셔틀, 친환경 스마트 교통 시스템이 구축될 예정입니다. 이로써 육상·해상 복합 교통망을 갖춘 미래형 커뮤니티로 발전할 가능성이 큽니다.

> **투자자가 기억해야 할 포인트**
> - 두바이 아일랜드는 동부 해안선의 전략적 확장 거점으로, 장기적으로 리조트·주거·상업 시설이 결합된 신해양 복합 도시로 발전할 가능성이 높습니다.
> - 현재는 초기 단계 오프플랜 투자가 유리하며, 해안 접근성과 리조트 연계 유닛 중심의 선별 전략이 필요합니다.

디 에이커스

지역 소개: 자연 속 저밀도 럭셔리, 미래형 빌라 커뮤니티의 시작점인 디 에이커스(The Acres)는 에마르가 2024년부터 새롭게 개발하기 시작한 신흥 고급 빌라 커뮤니티입니다. 두바이 중심부와 메이단, 두바이 힐스 에스테이트 사이에 위치한 전략적 입지를 자랑합니다. 도시의 확장 흐름과 함께 에마르의 장기 개발 비전하에 조성되는 이 커뮤니티는 '자연과 조화된 도시형 정원 주거지'를 목표로 설계되었습니다.

주요 특징: 디 에이커스는 주거 밀도를 낮춘 저층 빌라 중심 단지로, 녹지 조망, 전용 정원, 산책로, 테마형 공원 등이 고루 조성될 예정입니다. 3~5베드룸 빌라 위주로 구성되며, 수변 커뮤니티와 연계된 개발계획이 강점입니다. 2025년 기준 오프플랜 빌라 분양가는 AED 1,450~2,000/sq ft 수준이며, 초기 단지 내 유닛은 500만AED대부터 시작합니다.

주거 환경(학군 포함): 디 에이커스는 가족 중심 라이프스타일을 지향하며, 고급 빌라 단지 내 커뮤니티 센터, 수영장, 클럽하우스, 조경 시설, 어린이 놀이터 등이 함께 조성될 예정입니다. 커뮤니티 인근에 젬스 인터내셔널 스쿨, 킹스 스쿨 알 바르샤, 렙턴 알 바르샤(Repton Al Barsha) 등 영국 및 IB 커리큘럼을 제공하는 국제학교들이 있어 학군 접근성도 우수합니다. 조용한 주거환경을 선호하는 중상류층 가족에게 실거주·투자 겸용으로 적합한 커뮤니티입니다.

교통 및 커뮤니티 접근성: 셰이크 모하메드 빈 자이드 로드와 헤사 스트리트를 통해 알 바르샤, 두바이 힐스, 메이단, 다운타운 두바이까지 차량으로 15~20분 내외로 연결됩니다. 추후 도로망 확장과 커뮤니티 내 교통 인프라 건설이 본격화되면 접근성과 생활 편의성이 더욱 개선될 전망입니다.

투자자가 기억해야 할 포인트
- 디 에이커스는 에마르의 전략적 확장 지역으로, 저밀도고급 빌라 중심 커뮤니티로 성장할 가능성이 높습니다.
- 초기 진입 시점의 오프플랜 매입은 향후 자본 이득 및 브랜드 프리미엄 수익을 동시에 노릴 수 있는 유효한 전략입니다.

팜 제벨 알리

지역 소개: 팜 주메이라를 잇는 거대 프로젝트인 팜 제벨 알리는 나킬이 2000년대 초부터 계획한 인공섬 개발 프로젝트로, 팜 주메이라의 2배 규모를 자랑하는 대형 마스터플랜 해양 도시입니다. 2023년 공식 재개발이 발표되며 글로벌 고급 부동산 시장에서 큰 주목을 받고 있으며, 2040 도시 마스터플랜과 연계되어 두바이 남부 해안 확장의 중심축으로 재조명되고 있습니다.

주요 특징: 팜 제벨 알리는 7개의 섬으로 구성되어 있으며, 총

110킬로미터에 달하는 해안선을 따라 럭셔리 빌라, 해변 아파트, 리조트, 상업 지구, 공공 해변 등이 들어설 예정입니다. 에마르, 알다르, 나킬 등 주요 개발사들이 참여한 프리미엄 프로젝트들이 연이어 론칭 중이며, 초기 분양가는 AED 1,800~3,000/sq ft 수준에서 시작해 빠르게 상승세를 보이고 있습니다. 좋은 바다 조망, 워터프런트 커뮤니티, 스마트홈 설계 등으로 중장기 자본 이득을 노리는 투자자들에게 이상적인 기회로 평가됩니다.

주거 환경(학군 포함): 현재 거주자 유입보다는 프리미엄 분양 중심의 초기 개발 단계에 있으며, 향후 고급 커뮤니티 중심의 레지던스와 교육 인프라가 함께 조성될 예정입니다. 인근에 제벨 알리 스쿨(Jebel Ali School), 더 윈체스터 스쿨(The Winchester School), 그린필드 인터내셔널 스쿨 등이 있으며, 리조트형 커뮤니티 내에 사립 국제학교가 설립될 계획입니다.

교통 및 커뮤니티 접근성: 셰이크 자이드 로드와 알 야라프 로드(Al Yalayis Road)를 통해 두바이 마리나, 알 막툼 국제공항, 두바이 사우스까지 20~30분 내외로 이동 가능하며, 해양 교통 및 프라이빗 요트 마리나가 함께 조성될 예정입니다. 장기적으로는 엑스포 시티 및 두바이 크릭 하버와도 교통 연계성이 강화될 전망입니다.

> **투자자가 기억해야 할 포인트**
> • 팜 제벨 알리는 두바이 해안 확장의 최전선으로, 중장기 자본 이득과 자산 포트폴리오 다변화에 적합한 지역입니다.
> • 초기 오프플랜 투자에 따른 입지 프리미엄, 브랜드 효과, 한정 공급 요소를 고려한 장기 전략이 요구됩니다.

엑스포 시티

지역 소개: 엑스포 시티는 2020 두바이 엑스포 개최지를 기반으로 조성된 지속 가능한 스마트 도시로, 알 막툼 국제공항과 두바이 사우스 인접지에 위치한 전략적 개발지입니다. UAE 비전 2031과 두바이 2040 도시 마스터플랜의 핵심 축으로 지정되며 두바이의 미래 도시 전략을 선도하는 중심지로 부상하고 있습니다.

주요 특징: 엑스포 시티는 탄소중립, 스마트 인프라, 자율주행 교통 시스템이 결합된 차세대 도시로, 주거·비즈니스·교육·리서치 기능이 융합된 복합 커뮤니티로 조성되고 있습니다. 2025년 기준 엑스포 센트럴(Expo Central), 엑스포 밸리(Expo Valley) 등 주거 단지의 오프플랜 아파트 분양가는 AED 1,400~2,200/sq ft, 타운하우스는 150만AED 대부터 시작되며, 지속 가능성과 글로벌 라이프스타일을 추구하는 외국인 투자 수요가 꾸준히 증가하는 추세입니다.

주거 환경(학군 포함): 엑스포 시티는 태양광발전, 그린 지붕, 자율주행 셔틀 등이 도입된 친환경 스마트 커뮤니티로, 커뮤니티 정원, 예술 공간, 워케이션 기반 아파트 등 차별화된 주거 설계가 특징입니다. 인근에 젬스 에듀케이션, 그린필드 인터내셔널 스쿨, 아버 스쿨(The

Arbor School) 등 명문 국제학교가 있으며, 향후 엑스포 시티 내부에도 학교가 설립될 예정이어서 가족 단위 실거주 수요에도 적합한 환경을 갖추고 있습니다.

교통 및 커뮤니티 접근성: 엑스포 2020역(Expo 2020 station)을 통해 다운타운, 비즈니스 베이, 마리나와 연결되며, 셰이크 모하메드 빈 자이드 로드와 에미리트 로드를 통한 차량 접근도 용이합니다. 알 막툼 국제공항까지 차량으로 15분 내외로 접근할 수 있으며, 국제 물류 및 항공 중심지와의 뛰어난 연결성을 자랑합니다.

투자자가 기억해야 할 포인트
- 엑스포 시티는 두바이의 미래 도시 전략을 상징하는 대표 지구로, 지속 가능성과 스마트 인프라 기반 투자를 원하는 투자자에게 적합합니다.
- 초기 진입 프리미엄, 국제공항 인접성, 메트로 접근성을 바탕으로 중장기 자산의 성장 가능성이 매우 높습니다.

더 밸리

지역 소개: 더 밸리는 에마르가 중산층 및 젊은 가족을 위해 개발 중인 대규모 마스터 커뮤니티로, 두바이-알 아인 도로(Dubai-Al Ain Road)를 따라 전략적으로 조성되고 있습니다. 두바이 2040 도시 마스터플랜의 일환으로 설계된 이 지역은 가격 대비 가치가 뛰어난 중장기 주거지와 투자처로 평가받고 있으며, 실거주 수요와 자본 이득을 동시에 고려할 수 있는 신흥 개발지입니다.

주요 특징: 더 밸리는 타운하우스와 빌라 중심의 커뮤니티로, 에덴(Eden), 나라(Nara), 엘로라(Elora), 리바나(Rivana) 등 다양한 서브커뮤

니티가 조성 중입니다. 3~5베드룸 위주의 중저층 단독형 주거가 주를 이루며, 커뮤니티 공원, 수영장, 상업 시설, 교육 인프라가 함께 계획되어 있습니다.

2025년 기준 분양가는 AED 1,150~1,600/sq ft, 유닛당 가격은 140만~350만AED 선에서 형성되며, 에마르 브랜드에 대한 신뢰와 장기 개발 비전이 초기 투자자들의 수요를 견인하고 있습니다.

주거 환경(학군 포함): 더 밸리는 가족 단위 실거주 수요를 중점적으로 고려해 설계된 커뮤니티로, 단지 내에는 어린이 놀이터, 산책로, 커뮤니티 클럽하우스, 리테일 존 등이 조성될 예정입니다. 인근에 젬스 퍼스트포인트 스쿨(GEMS FirstPoint School), 아퀼라 스쿨(The Aquila School) 등 영국식 커리큘럼 기반의 국제학교가 있으며, 향후 지역 내 사립 교육기관도 설립될 계획입니다. 조용하고 쾌적한 교외형 생활환경을 선호하는 가족층이 특히 높은 선호도를 보이고 있습니다.

교통 및 커뮤니티 접근성: 두바이-알 아인 로드와 셰이크 모하메드 빈 자이드 로드를 통해 다운타운, 두바이 힐스, 비즈니스 베이까지 차량으로 25~30분 내외로 접근 가능하며, 향후 도로망이 확장되고 대중교통 노선이 확대되면 접근성이 더욱 개선될 예정입니다. 조용하면서도 커뮤니티 기반 생활이 가능한 입지의 장점이 부각되고 있습니다.

> **투자자가 기억해야 할 포인트**
> - 더 밸리는 에마르 브랜드, 장기 마스터플랜, 합리적인 진입가를 바탕으로 안정적 성장이 가능한 가족 중심 신도시입니다.
> - 실거주와 투자 수요가 동시에 유입되는 구조로, 오프플랜 투자를 통해 자본 이득과 임대 수익을 함께 노릴 수 있습니다.

다막 라군

지역 소개: 다막 라군은 다막이 개발 중인 대규모 워터프런트 커뮤니티로, 스페인, 이탈리아, 모로코, 프랑스 등 지중해 도시 감성에서 영감을 받은 테마별 클러스터로 구성되어 있습니다. 다막 힐스 맞은편에 위치하며, 주거와 휴양, 여가 기능이 통합된 '리조트형 커뮤니티'를 지향하는 두바이 내 대표적인 중장기 성장형 개발지입니다.

주요 특징: 전체 단지는 3~6베드룸 중심의 빌라 및 타운하우스로 구성되며, 각 커뮤니티는 라군, 폭포, 인공 해변, 수상 액티비티 공간 등을 중심으로 설계되어 있습니다. 2025년 기준 오프플랜 분양가는 AED 1,100~1,600/sq ft, 유닛당 가격은 130만~280만AED 선에서 형성되어 있으며, 라군 조망 및 테마형 수로 인접 유닛은 10~15퍼센트 프리미엄이 반영됩니다. 중장기 자본 이득을 겨냥한 전략적 투자처로, 초기 진입이 더욱 유리하다는 점이 강조됩니다.

주거 환경(학군 포함): 3~6베드룸 빌라 및 타운하우스로 구성되며, 각 커뮤니티는 테마별 조경과 수로를 중심으로 설계되어 있습니다. 단지 내에는 가족용 라군 풀, 아웃도어 영화관, 농장형 체험 공간 등 레저 인프라가 마련되며, 어린 자녀를 둔 실거주자에게 높은 인기를 얻고 있습니다. 인근에 사파 커뮤니티 스쿨(Safa Community School), 제벨 알리 스쿨, 페어그린 인터내셔널 스쿨 등 다양한 국제학교가 있으며, IB·영국 커리큘럼 기반의 교육 환경이 조성돼 있습니다.

교통 및 커뮤니티 접근성: 셰이크 모하메드 빈 자이드 로드 및 헤사 스트리트를 통해 두바이 마리나, 비즈니스 베이까지 차량으로 약 25~30분 소요되며, 다막 힐스 및 모터 시티와의 연계성도 높습니다. 향후 도로가 확장되고 커뮤니티 내 상업 시설이 완공되면 자급자족형 생활권이 구축될 예정입니다.

투자자가 기억해야 할 포인트
- 다막 라군은 합리적 가격, 휴양형 라이프스타일, 장기 성장성이라는 세 요소가 결합된 중장기 전략 투자처입니다.
- 수로 중심의 커뮤니티 구조와 가족 친화 인프라로 인해 실거주자와 임대 수요가 동시에 증가하는 흐름에 주목할 필요가 있습니다.

다막 힐스

지역 소개: 다막 힐스는 다막에서 조성한 대규모 골프 커뮤니티로, 트럼프 인터내셔널 골프 클럽(Trump International Golf Club)을 중심으로 단독 빌라, 타운하우스, 아파트가 조화롭게 구성되어 있습니다. 휴양형 생활과 가족 중심 인프라를 동시에 갖춘 대표적인 성숙 커뮤니티로, 실거주 수요와 투자 수요가 균형을 이루는 프리미엄 지역입니다.

주요 특징: 다양한 유형의 주거 옵션이 있으며, 골프장 조망 유닛과 수변 인접 주거는 프리미엄이 적용됩니다. 2025년 기준 평균 매매가

는 AED 1,000~1,800/sq ft 수준이며, 유닛별로 120만~450만AED까지 다양합니다. 커뮤니티는 이미 완공되어 입주율이 높고, 중산층 이상의 안정적인 수요층이 형성되어 있습니다.

주거 환경(학군 포함): 다막 힐스는 리테일 센터, 헬스클럽, 테니스 코트, 수영장, 스케이트 파크, 산책로, 수변 공간 등 다양한 커뮤니티 시설이 완비되어 있으며, 더 파크(The Park), 골프 프롬나드(Golf Promenade), 그린 존(Green Zone) 등 풍부한 녹지 공간이 가족 단위 실거주에 적합한 환경을 제공합니다. 교육 인프라도 우수하여, 커뮤니티 내부에 제벨 알리 스쿨이 있고, 인근에 페어그린 인터내셔널 스쿨, 랜치스 프라이머리 스쿨(Ranches Primary School), 젬스 메트로폴 스쿨 등이 분포해 자녀 교육 여건이 뛰어납니다.

교통 및 커뮤니티 접근성: 셰이크 모하메드 빈 자이드 로드를 통해 두바이 중심부까지 차량으로 25~30분 내외로 접근할 수 있으며, 모터 시티, 스튜디오 시티, 스포츠 시티 등 인접 커뮤니티와도 연결성이 뛰어납니다. 대중교통보다는 자가용 중심의 커뮤니티로 설계되어 있으며, 커뮤니티 내 셔틀버스도 운행되고 있습니다.

투자자가 기억해야 할 포인트
- 다막 힐스는 이미 완공된 골프 커뮤니티로, 실거주와 안정적 임대 수익을 모두 기대할 수 있는 성숙 지역입니다.
- 골프장 조망, 커뮤니티 브랜드, 교육 인프라가 결합된 중산층 프리미엄 시장으로서, 장기 보유에 유리합니다.

가프 우즈

지역 소개: 가프 우즈는 마지드 알 푸타임(Majid Al Futtaim)이 개발 중인 두바이 최초의 '포레스트 리빙(Forest Living)' 콘셉트 커뮤니티로, 도심 내 자연과 함께하는 삶을 지향하는 친환경 복합 주거지입니다. 수십만 그루의 나무와 생태 환경을 바탕으로 조성되며, 지속 가능한 도시 개발을 대표하는 신흥 고급 커뮤니티로 주목받고 있습니다.

주요 특징: 총 7개의 주거 구역으로 나뉘며, 저밀도 저층 설계가 특징입니다. 아파트, 타운하우스, 빌라로 구성되며, 모든 주거 유닛이 자연 조망 또는 숲과 연결된 산책로, 공원과 바로 연계되도록 설계되었습니다. 2025년 기준 분양가는 AED 1,200~1,700/sq ft 수준이며, 130만~350만AED 범위의 유닛이 주력 상품입니다. 몰 오브 에미리트, 시티 센터와의 연계 개발도 예정돼 있어 상업적 시너지 효과가 기대됩니다.

주거 환경(학군 포함): 숲, 생태 연못, 웰니스 센터, 자전거 트랙 등 자연 기반 인프라가 풍부하며, 건강과 치유 중심의 주거 환경을 제공합니다. 특히 숲속에서의 일상이라는 독특한 콘셉트는 웰빙을 중시하는 실거주자에게 큰 장점으로 작용합니다. 교육 인프라도 개발계획에 포함되어 있으며, 인근에 젬스 퍼스트포인트 스쿨, 아퀼라 스쿨 등 국제학교가 있어 가족 단위 실거주 수요에도 적합한 환경을 갖추고 있습니다.

교통 및 커뮤니티 접근성: 셰이크 모하메드 빈 자이드 로드, 알 아인 로드와 가까워 다운타운 및 두바이 사우스까지 차량으로 20~30분 내외로 접근할 수 있습니다. 향후 커뮤니티 내 버스 노선과 스마트 대중교통 인프라가 확장될 예정이며, 자급자족형 도시 모델이 도입됩니다.

> **투자자가 기억해야 할 포인트**
> - 가프 우즈는 ESG, 자연, 웰빙 중심의 차세대 고급 커뮤니티로, 실거주자와 장기 투자자 모두에게 매력적인 신규 개발 지역입니다.
> - 숲 조망, 커뮤니티 구성, 지속 가능성 중심의 설계가 중장기 가치 상승의 핵심 동인으로 작용합니다.

나드 알 세바 가든

지역 소개: 나드 알 세바 가든은 두바이의 전통적인 고급 저택 지역인 나드 알 세바(Nad Al Sheba) 내에 조성 중인 신규 고급 주거 커뮤니티입니다. 메라스가 개발을 맡고 있으며, 도심에서 가까우면서도 조용하고 저밀도인 환경을 원하는 중상류층 실거주자들에게 최적화된 라이프스타일을 제공합니다.

주요 특징: 단독 빌라와 타운하우스 중심의 커뮤니티로 구성되어 있으며, 전체적으로 유럽풍 주택 디자인과 가족 중심의 라이프스타일에 초점이 맞춰져 있습니다. 2025년 기준 분양가는 AED 1,300~1,800sq ft 수준이며, 주택당 300만~700만AED의 가격대가 형성돼 있습니다. 낮은 건폐율과 넓은 개인 정원, 지역 내 공원과 광장이 조화를 이루며 '도심 속 정원형 생활'이라는 콘셉트를 실현하고 있습니다.

주거 환경(학군 포함): 전용 커뮤니티 센터, 피트니스 공간, 산책로,

스포츠 클럽 등 다양한 편의 시설이 마련되어 있으며, 자가용 이동을 전제로 한 고급 커뮤니티로 설계되었습니다. 차량으로 10~15분 내에 킹스 스쿨 나드 알 셰바(King's School Nad Al Sheba), 렙턴 스쿨, 노스 런던 칼리지엇 스쿨 등 주요 국제학교가 있어 학군 경쟁력도 높습니다. 교육·환경·보안 요소를 중시하는 가족 단위 투자자에게 강한 매력이 있습니다.

교통 및 커뮤니티 접근성: 알 아인 도로 및 셰이크 모하메드 빈 자이드 로드와 가까워 다운타운 두바이, 비즈니스 베이, DIFC까지 차량으로 약 15~20분 내외에 접근 가능합니다. 메이단 및 MBR 시티와도 가까워 향후 도시 개발의 확장 축으로서 가치를 발휘할 것입니다.

투자자가 기억해야 할 포인트
- 나드 알 셰바 가든은 도심 인접성과 조용한 커뮤니티 환경이 결합된 저밀도 프리미엄 주거지입니다.
- 가족 중심 실거주 수요, 국제학교 학군, 개발사의 브랜드 신뢰도를 바탕으로 중장기 자산 보존형 투자에 적합합니다.

두바이 마리타임 시티

지역 소개: 두바이 마리타임 시티는 포트 라시드(Port Rashid)와 DIFC 사이에 위치한 인공 반도형 개발지로, 해양 산업과 주거·상업 기능이 결합된 특화 복합 지구입니다. 두바이의 해양 경제 전략과 도시 확장 계획의 핵심 축으로 조성되며, 고급 해안 주거지로서의 입지 가치도 점차 부각되고 있습니다.

주요 특징: 두바이 마리타임 시티는 요트 정박장, 해양 클러스터, 호

텔 및 고급 아파트가 결합된 마스터플랜 도시로, 2025년 기준 분양가는 AED 1,500~2,800sq ft 수준입니다. 해안 조망 유닛은 최대 20퍼센트 프리미엄이 형성되며, 특히 에마르가 개발하는 시게이트 타워(Seagate Tower), 오션 포인트(Ocean Point) 등 프로젝트가 브랜드 가치와 함께 투자 매력도를 끌어올리고 있습니다. 셰이크 라시드 로드를 통해 다운타운과도 직결되어 도심 접근성까지 갖춘 것이 강점입니다.

주거 환경 및 학군: 주로 오프플랜 중심의 고급 아파트 프로젝트로 구성되며, 대부분 바다 조망을 중심으로 설계되어 있습니다. 호텔식 어메니티와 레지던스 관리 시스템이 적용된 유닛이 많아 세컨드 하우스 수요층과 중장기 투자자 모두에게 적합한 환경을 제공합니다. 차량으로 15분 내에 젬스 윈체스터 스쿨, 젬스 웰링턴 스쿨 등 주요 국제학교들이 있어 가족 단위 실거주 수요에도 대응할 수 있습니다.

교통 및 커뮤니티 접근성: 셰이크 라시드 로드 및 해안 고속도로를 통해 다운타운, DIFC, 포트 라시드까지 15분 이내로 이동 가능하며, 도심과 해양 인프라를 동시에 누릴 수 있는 입지입니다. 향후 요트 마리나 기반 수상 교통과 스마트 커뮤니티 연계 인프라가 도입될 예정이어서 접근성과 생활 편의성이 더욱 강화될 전망입니다.

투자자가 기억해야 할 포인트
- 두바이 마리타임 시티는 해양 산업과 프리미엄 주거가 결합된 복합 개발 지역으로, 도심 인접성과 워터프론트 입지를 동시에 갖춘 희소 자산입니다.
- 오프플랜 단계의 초기 진입이 유리하며, 장기 보유 시 자본이득과 임대 수익 모두를 기대할 수 있는 전략적 지역입니다.

라시드 요트 & 마리나

지역 소개: 라시드 요트 & 마리나는 두바이의 역사적 대표 무역항인 포트 라시드를 리노베이션하여 조성 중인 초고급 해양 복합 커뮤니티입니다. 에마르가 주도하는 이 프로젝트 지역은 고급 아파트, 요트 정박장, 수변 리테일, 부티크 호텔, 해양 문화 공간 등 다양한 요소가 어우러진 해양 중심 라이프스타일 도시로, 두바이 마리타임 개발 전략의 정점에 해당합니다.

주요 특징: 총 430개 이상의 요트 정박 공간과 1.8킬로미터에 달하는 워터프런트 산책로, 해양 테마 공원, 부티크 리조트, 고급 레스토랑 등 고급 여가 인프라가 조성될 예정입니다. 2025년 기준으로 에마르의 대표 프로젝트인 시스케이프(Seascape), 시게이트(Seagate), 오션 코브(Ocean Cove) 등의 분양가는 AED 1,500~2,800/sq ft 수준이며, 바다 조망 유닛은 전매 프리미엄이 빠르게 형성되고 있습니다. 브랜드 신뢰도와 에마르의 시공·운영 역량이 안정적인 중장기 가치 상승을 견인하고 있습니다.

주거 환경(학군 포함): 신축 고급 아파트 단지들은 대부분 발코니 바다 조망, 수영장, 피트니스, 컨시어지 서비스 등을 기본 제공하며, 마리나 라이프스타일을 지향하는 실수요자 및 세컨드 하우스 수요에 적합합니다.

차량으로 10~15분 거리에 뉴 아카데미 스쿨(New Academy School), 젬스 윈체스터 스쿨, 앰버서더 스쿨(Ambassador School) 등이 있으며, 영국·미국 커리큘럼 기반의 국제학교 선택지도 풍부합니다.

교통 및 커뮤니티 접근성: 셰이크 라시드 로드를 따라 다운타운 두바이, DIFC, 두바이 크릭 하버 등 주요 도심과 15분 내에 연결되며, 출퇴근 및 비즈니스 이동이 용이한 입지입니다. 향후 요트 기반 해상 교통망과 크루즈 터미널, 워터택시 인프라가 도입될 예정이어서 해양 중심 도시의 정체성이 더욱 강화될 전망입니다.

> **투자자가 기억해야 할 포인트**
> - 라시드 요트 & 마리나는 에마르가 개발하는 워터프런트 마스터 커뮤니티로, 고급 요트 라이프와 해양 중심 자산의 상징성까지 겸비한 지역입니다.
> - 초기 오프플랜 진입을 통해 중장기 프리미엄을 확보하는 전략이 유효하며, 관광·레저·거주 수요가 복합된 해양 복합 자산으로 성장 가능성이 큽니다.

복합 커뮤니티 및 생활 편의 중심

복합 커뮤니티 및 생활 편의 중심의 특징은 다음과 같은 키워드로 요약할 수 있습니다: 실거주 또는 가족 단위 임차 수요, 학군 및 커뮤니티 시설에 대한 강점.

- 모하메드 빈 라시드 시티(Mohammed Bin Rashid City, MBR City): 대규모 가족 중심 복합 개발
- 스프링스/메도스/레이크스(The Springs, Meadows, Lakes): 통합된 가족 중심 빌라 커뮤니티
- 더 그린스/뷰스(The Greens/Views): 통합된 중급 가족 아파트 커뮤니티
- 아라비안 랜치스(Arabian Ranches): 성숙한 가족 커뮤니티, 학군 강점

- 알 수푸(Al Sufouh): 해변 인근, 고급 가족 주거
- 알 자다프(Al Jaddaf): 신흥 복합 커뮤니티, 워터프런트
- 두바이 스포츠 시티(Dubai Sports City): 스포츠 테마, 가족 및 젊은 층 수요
- 두바이 모터 시티(Dubai Motor City): 모터 스포츠와 가족 커뮤니티의 조화

모하메드 빈 라시드 시티

지역 소개: 도심과 자연을 잇는 모하메드 빈 라시드 시티는 두바이 중심부에 위치한 대규모 마스터 커뮤니티로, 다운타운 두바이와 메이단 사이에 약 1,100헥타르 규모로 조성되고 있습니다. 에마르, 소바 등 주요 개발사가 각기 다른 특성을 갖춘 커뮤니티를 개발 중이며, 자연 친화 인프라와 가족 중심 설계를 기반으로 실거주와 투자 수요가 균형을 이루는 미래형 대표 신도시로 주목받고 있습니다.

주요 특징: 크리스탈 라군, 대형 공원, 수로, 경마장 등 자연 요소를 중심으로 고급 타운하우스와 빌라가 조성되어 있으며, 고층 아파트 단지도 단계적으로 개발 중입니다.

2025년 기준으로 아파트 매매가는 AED 1,800~2,800sq ft, 빌라는 800만~3,000만AED 수준에서 거래되고 있으며, 디스트릭트 원(District One), 소바 하틀랜드(Sobha Hartland), 더 생추어리(The Sanctuary) 등이 실수요자와 투자자 모두에게 높은 인기를 얻고 있습니다.

주거 환경(학군 포함): 가족 단위 실거주에 최적화된 커뮤니티로, 자전거도로, 산책로, 라군 수영장, 피트니스 시설, 쇼핑센터 등 다양한

생활 인프라가 갖춰져 있습니다. 국제학교 밀집 지역으로도 유명하며, 노스 런던 칼리지엇 스쿨, 하틀랜드 인터내셔널 스쿨, 미래 인터내셔널 스쿨(International School of the Future) 등 세계적 수준의 교육기관들이 있어 교육 중심 커뮤니티로서의 매력도 큽니다.

교통 및 커뮤니티 접근성: 알 카일 로드, 메이단 스트리트, 셰이크 모하메드 빈 자이드 로드 등 주요 도로망과 연결되어 있어 다운타운 두바이, DIFC, 비즈니스 베이까지 차량으로 10~15분 내에 접근 가능합니다. 향후 메트로 확장 및 도심 도로 정비에 따라 교통 접근성이 더욱 개선될 예정입니다.

투자자가 기억해야 할 포인트
- MBR 시티는 교육, 자연, 커뮤니티 인프라가 집약된 대표 가족 중심 신도시로, 실거주 및 중장기 자산 가치 상승에 유리한 지역입니다.
- 디스트릭트 원, 소바 하틀랜드, 더 생추어리 등 주요 구역별 특성을 구분해 전략적으로 접근하는 것이 중요합니다.

스프링스/메도스/레이크스

지역 소개: 스프링스, 메도스, 레이크스는 에마르가 개발한 대표적인 저밀도 빌라 커뮤니티로, 두바이 마리나와 JLT 인근에 위치한 가족 중심 실거주 지역입니다. 세 커뮤니티는 인접한 단지들이 유기적으로 연결되어 있으며, 인공 호수와 조경을 중심으로 자연 친화적 설계가 돋보입니다. 중상류층 외국인 거주자가 다수를 차지하며, 장기 임차 수요와 안정된 실거주 기반을 갖춘 지역입니다.

주요 특징: 2~5베드룸의 중대형 타운하우스 및 단독 빌라 위주로

구성되어 있으며, 대부분 전용 정원과 테라스, 주차 공간을 보유하고 있습니다. 커뮤니티 중심에 위치한 호수와 공원, 클럽하우스, 커뮤니티 마켓 등이 일상 속 삶의 질을 높여주는 요소입니다.

2025년 기준으로 빌라 매매가는 280만~900만AED 수준이며, AED 1,300~2,200/sq ft의 시세가 형성되어 있습니다. 특히 커뮤니티 내 리노베이션 유닛 또는 호수 조망 유닛은 프리미엄이 적용됩니다.

주거 환경(학군 포함): 안전하고 조용한 환경으로 가족 단위 실거주자에게 최적화된 구조입니다. 단지 내 수영장, 테니스 코트, 플레이그라운드, 조깅 트랙, 피트니스 클럽 등 생활 인프라가 잘 조성되어 있으며, 주변에 중소형 쇼핑센터와 슈퍼마켓이 있어 편리한 생활이 가능합니다.

학군 역시 뛰어나며, 차량으로 10분 내에 두바이 브리시티 스쿨(Dubai British School), 에미리트 인터내셔널 스쿨 메도스, 리젠트 인터내셔널 스쿨 등이 있어 영국 및 IB 커리큘럼 기반의 교육을 제공받을 수 있습니다.

교통 및 커뮤니티 접근성: 셰이크 자이드 로드와 알 카일 로드에 인접해 차량 이동이 매우 편리하며, 두바이 마리나, JLT, 미디어시티 등 주요 지역까지 10~15분 내외로 접근할 수 있습니다. 커뮤니티 인근에 두바이 인터넷시티, DMCC 등 메트로역이 있으며, 자체 셔틀도 운행되고 있어 교통 접근성도 우수한 편입니다.

> **투자자가 기억해야 할 포인트**
> - 스프링스/메도스/레이크스는 실거주 선호도가 높은 지역으로, 안정적인 임대 수익과 장기 자산 보존을 모두 고려할 수 있는 커뮤니티입니다.
> - 호수 조망, 리노베이션 여부, 학군 접근성 등 유닛별 요소에 따라 시세 및 수익률 차이가 크므로 선별 투자가 중요합니다.

더 그린스/더 뷰스

지역 소개: 더 그린스와 더 뷰스는 에마르가 개발한 대표적인 실속형 중급 아파트 커뮤니티로, 두바이 인터넷 시티 및 미디어 시티 인근에 위치해 있습니다. 두 지역은 인접한 입지에서 하나의 커뮤니티처럼 연결되어 있으며, 도심 접근성이 뛰어난 동시에 공원과 수로, 조경 인프라가 어우러진 조용하고 친근한 실거주 중심 지역입니다. 젊은 직장인과 외국인 가족의 수요가 꾸준하며, 도보 중심 생활이 가능한 '작은 도시형' 커뮤니티로 평가받고 있습니다.

주요 특징: 더 그린스는 합리적 가격의 중소형 아파트(1~3베드룸) 위주로 구성되어 있으며, 더 뷰스는 수로 조망과 골프장 조망을 갖춘 고급형 아파트 단지로 구성되어 있습니다.

2025년 기준 더 그린스의 평균 매매가는 AED 1,100~1,600/sq ft, 더 뷰스는 AED 1,400~2,200/sq ft 수준에서 형성되어 있으며, 에미리트 골프 클럽 조망 유닛은 10~20퍼센트 프리미엄이 붙습니다. 두 지역 모두 안정적인 실거주 기반과 중간 수준의 임대 수익률을 보장합니다.

주거 환경(학군 포함): 두 지역 모두 보행자 중심의 설계로, 공원, 조킹 트랙, 커뮤니티 센터, 수영장, 피트니스 센터 등 다양한 생활 인프라가 도보로 이동할 수 있는 거리에 있습니다. 특히 조용하고 친근한 커뮤니티 분위기 덕분에 자녀를 둔 외국인 가족들의 실거주지로 인기가 높습니다.

차량으로 10분 내에 리젠트 인터내셔널 스쿨, 두바이 인터내셔널 아카데미, 젬스 웰링턴 아카데미 등이 있으며, 대부분이 영국 및 IB 커리큘럼을 운영하는 국제학교입니다.

교통 및 커뮤니티 접근성: 셰이크 자이드 로드와 알 카일 로드에 모두 인접하며, 인터넷 시티 및 미디어 시티, 지식 빌리지와 도보 또는 차량으로 5분 내 접근이 가능합니다. 인터넷 시티역과도 가까워 대중교통을 이용한 출퇴근도 편리합니다.

> **투자자가 기억해야 할 포인트**
> - 더 그린스/더 뷰스는 실거주와 안정 임대 수익을 동시에 기대할 수 있는 중급 커뮤니티로, 학군과 직장 밀집 지역 인접성이 큰 장점입니다.
> - 커뮤니티 조망, 단지 관리, 접근성에 따라 유닛별 투자 가치가 달라지므로 실입주 수요에 맞춘 선별적 접근이 필요합니다.

아라비안 랜치스

지역 소개: 고급 주거 환경과 학군에 강점을 갖춘 아라비안 랜치스는 두바이 외곽의 조용한 환경 속에 자리한 대규모 고급 주거 커뮤니티로, 번화한 도심에서 벗어난 편안한 생활을 제공하는 지역입니다. 에마르가 개발한 이 지역은 빌라 단지와 타운하우스, 다양한 생활 편의 시설들이 결합된 성숙한 가족 중심의 커뮤니티로, 고급스러움과

편리한 인프라를 동시에 갖춘 곳입니다.

주요 특징: 아라비안 랜치스는 1, 2, 3베드룸부터 4, 5베드룸까지 다양한 크기의 빌라와 타운하우스를 제공하며, 고급스러운 디자인과 고요한 환경이 특징입니다. 2025년 기준 매매가는 AED 1,100~1,800/sqft로, 유럽식 건축 스타일의 고급 빌라는 평범한 주거지보다 높은 가격대에 거래됩니다. 연간 임대 수익률은 6.5~7.5퍼센트로 안정적이며, 고급 주거지의 특성을 고려한 장기적인 투자에 적합한 지역입니다.

주거 환경(학군 포함): 주거지 주변에 광범위한 공원과 산책로, 스포츠 시설들이 마련되어 있어 가족 중심의 생활에 최적화되어 있습니다. 또한 아라비안 랜치스 내 주메이라 잉글리시 스피킹 스쿨(Jumeirah English Speaking School), 랜치스 프라이머리 스쿨(Ranches Primary School) 등의 명문 학교들이 차량으로 10분 이내에 있어 자녀 교육에 매우 우수한 조건을 갖추고 있습니다.

교통 및 커뮤니티 접근성: 셰이크 자이드 로드와 알 카일 로드로 쉽게 접근할 수 있어 두바이 도심과의 연결성도 좋습니다. 주변의 두바이 국제공항과 알 막툼 국제공항으로 이동하기도 편리하며, 쇼핑몰, 병원 등 다양한 생활 편의 시설이 인근에 있어 거주자의 생활 편의성도 높습니다.

> **투자자가 기억해야 할 포인트**
> - 아라비안 랜치스는 성숙한 커뮤니티로서 안정적인 주거 환경과 고급 주택을 제공하여 실거주 및 장기 투자에 적합한 지역입니다.
> - 주택 가격이 상대적으로 높지만, 뛰어난 학군과 편리한 교통망을 고려한 투자 가치가 높습니다.

알 수푸

지역 소개: 해변과 국제학교, 비즈니스 중심지가 공존하는 알 수푸는 팜 주메이라와 두바이 마리나 사이에 위치한 고급 주거지로, 주메이라 로드와 셰이크 자이드 로드에 인접한 전략적 입지를 자랑합니다. 이 지역은 두바이 지식 파크, 인터넷 시티, 미디어 시티 등과 맞닿아 있어 교육·기술·비즈니스 중심지이자 조용한 주거 환경을 동시에 갖춘 독특한 복합 커뮤니티입니다.

주요 특징: 알 수푸는 해변 인접 저밀도 주거지로, 고급 아파트와 빌라 단지가 주를 이루며, 일부 지역은 두바이 왕실과 외교관, 고소득 외국인이 거주하는 주거지로 운영되고 있습니다. 2025년 기준 아파트 평균 매매가는 AED 1,500~2,400/sq ft이며, 해변 조망과 교통 접근성을 갖춘 유닛은 10~15퍼센트 프리미엄이 적용됩니다. 빌라 매매가는 600만~2,000만AED 수준입니다.

주거 환경(학군 포함): 알 수푸는 조용하고 녹지가 풍부한 주거 환경 속에 프라이빗한 거주가 가능하며, 커뮤니티 내에는 공원, 피트니스, 해변 산책로, 클럽하우스 등이 잘 조성되어 있습니다.

특히 교육 환경이 우수한데, 두바이 칼리지, 젬스 웰링턴 인터내셔널 스쿨, 아메리칸 스쿨 오브 두바이, 인터내셔널 스쿨 오브 크리에이티브 사이언스 등 주요 국제학교가 인근에 밀집해 있어 자녀 교육을 중시하는 가족 단위 거주자의 선호도가 높습니다.

교통 및 커뮤니티 접근성: 셰이크 자이드 로드와 주메이라 로드를 통해 두바이 마리나, 다운타운, DIFC 등 주요 지역과 10~20분 내외로 연결되며, 두바이 트램과 알 수푸역도 인근에 위치해 대중교통 접근성도 우수합니다. 비즈니스 중심지와 주거지가 공존해서 자가용 출퇴근이 편리한 지역입니다.

투자자가 기억해야 할 포인트
- 알 수푸는 해안과 주요 국제학교, 비즈니스 지구가 밀집한 실거주 중심의 고급 커뮤니티로, 교육 및 생활환경의 균형이 강점입니다.
- 저밀도 개발과 프라이버시 중심의 설계로 가족 단위 실거주 및 장기 임대 투자에 적합한 지역입니다.

알 자다프

지역 소개: 알 자다프는 두바이 크릭 인근에 위치한 신흥 워터프런트 지역으로, 과거 선박 건조 산업의 중심지였으나 현재는 주거, 상업, 관광이 어우러진 복합 커뮤니티로 탈바꿈하고 있습니다. 두바이 헬스케어 시티, 크릭사이드 파크, 두바이 프레임 등 주요 명소와 인접해 있으며, 도심 접근성과 여유로운 문화 환경을 모두 갖춘 신흥 주거지로 주목받고 있습니다.

주요 특징: 알 자다프는 중·고층 아파트 위주의 복합 개발 지역으로, 호텔형 레지던스와 일반 주거용 아파트가 혼합되어 있습니다. 특

히 크릭 전망을 확보한 유닛은 제한적 공급으로 프리미엄이 형성되어 있으며, 다양한 개발사가 참여한 신규 프로젝트가 속속 완공되고 있습니다. 2025년 기준 아파트 매매가는 AED 1,000~1,800/sq ft 수준이며, 워터프런트 및 두바이 프레임 조망 유닛은 약 15퍼센트의 프리미엄이 적용됩니다. 임대 수익률은 평균 6.5~8퍼센트 수준으로 임대 수익형 투자처로도 주목받고 있습니다.

주거 환경(학군 포함): 알 자다프는 두바이 도심과의 접근성이 뛰어나면서도 조용한 주거 환경을 제공하는 지역입니다. 커뮤니티 내 수영장, 피트니스 센터, 소매 시설, 클리닉 등 일상생활에 필요한 인프라가 점차 확대되고 있으며, 특히 호텔식 관리 시스템을 갖춘 주거단지가 늘어나고 있어 고급 실거주 수요도 증가하고 있습니다.

교육 측면에서는 차량으로 10~15분 거리 내에 스위스 인터내셔널 사이언티픽 스쿨(Swiss International Scientific School), 젬스 윈체스터 스쿨, 두바이 잉글리시 스피킹 스쿨 등 국제학교들이 있어 자녀 교육 환경도 양호한 편입니다.

교통 및 커뮤니티 접근성: 알 자다프 메트로역(그린라인)과 알 와슬 스트리트, 셰이크 라시드 로드를 통해 두바이 전역으로 빠르게 이동할 수 있습니다. 두바이 헬스케어 시티 및 라스 알 코르 지역과 직접 연결되며, 두바이 프레임, 크릭사이드 파크 등 주요 명소가 인근에 있어 문화와 여가 생활도 풍부하게 누릴 수 있는 장점이 있습니다.

> **투자자가 기억해야 할 포인트**
> - 알 자다프는 크릭 조망과 메트로 접근성을 갖춘 신흥 워터프런트 지역으로, 실거주와 임대 수익을 겸비한 투자처입니다.
> - 호텔형 레지던스와 일반 주거의 조화 속에서, 중장기 가치 상승과 라이프스타일 만족도를 모두 추구할 수 있는 지역입니다.

두바이 스포츠 시티

지역 소개: 두바이 스포츠 시티는 스포츠 테마 기반으로 개발된 실속형 복합 주거 지역으로, 크리켓 경기장, 축구 아카데미, 피트니스 센터 등 스포츠 전문 인프라가 밀집해 있는 특수 개발 구역입니다. 비교적 합리적인 가격과 안정된 커뮤니티 환경 덕분에 젊은 실수요자, 가족 단위 거주자, 운동 종사자 등 다양한 계층의 수요가 유입되고 있습니다.

주요 특징: 빅토리 하이츠(Victory Heights) 빌라 단지와 커널 레지던스(Canal Residence), 엘리트 스포츠 레지던스(Elite Sports Residence) 등 다양한 중급 아파트 및 타운하우스가 조화롭게 구성되어 있으며, 일부 유닛은 골프장 혹은 운하 조망권을 갖추고 있어 추가 프리미엄이 형성되기도 합니다.

2025년 기준 아파트 매매가는 AED 800~1,300/sq ft, 빌라는 180만~450만AED 수준에서 거래되고 있으며, 평균 임대 수익률은 7~10퍼센트대로 안정적입니다. 커뮤니티 단위 관리와 운동 중심의 지역 특성이 실거주자와 투자자 모두에게 긍정적인 반응을 이끌어내고 있습니다.

주거 환경(학군 포함): 두바이 스포츠 시티는 아파트와 타운하우스가 자연스럽게 어우러져 있으며, 산책로, 자전거 도로, 야외 체육 시설 등 건강한 생활을 위한 환경이 조성되어 있습니다.

교육 측면에서도 젬스 유나이티드 스쿨, 빅토리 하이츠 프라이머리 스쿨(Victory Heights Primary School), 로열 그래머 스쿨 길드포드 두바이 등이 인근에 있어 자녀 교육을 중시하는 가족 거주자의 만족도도 높은 편입니다.

교통 및 커뮤니티 접근성: 셰이크 모하메드 빈 자이드 로드와 인접해 있으며, 두바이 마리나, JVC, 알 바르샤, 두바이 사우스 등 주요 지역과 15~25분 내외로 연결됩니다. 대중교통보다는 자가용 중심의 커뮤니티로, 향후 인근 트램 및 버스 노선 확장도 기대되는 지역입니다.

투자자가 기억해야 할 포인트
- 두바이 스포츠 시티는 가격 대비 임대 수익률이 높고, 스포츠 인프라와 교육 환경이 결합된 가족형 실속 투자 지역입니다.
- 커뮤니티 단위가 안정적이며, 중저가 포트폴리오 다변화를 고려하는 투자자에게 매력적인 선택지가 될 수 있습니다.

두바이 모터 시티

지역 소개: 두바이 모터 시티는 자동차 레이싱 서킷에서 영감을 받아 조성된 독특한 복합 테마 커뮤니티로, 실거주자 중심의 조용하고 정돈된 환경을 제공합니다. 중저층 아파트, 타운하우스, 상업 지구, 스포츠 및 교육 인프라가 잘 어우러져 있어 중산층 가족과 장기 거주 수요자들에게 꾸준한 인기를 끌고 있는 지역입니다.

주요 특징: 업타운 모터 시티(Uptown Motor City)의 중급 아파트 단지와 그린 커뮤니티 모터 시티(Green Community Motor City)의 타운하우스·빌라 단지가 주요 구성 요소입니다. 단지 내 도로와 조경, 커뮤니티 인프라가 잘 갖춰져 있으며, 노이즈가 적고 주거 밀도가 낮아 쾌적한 생활환경을 제공합니다. 2025년 기준 아파트 매매가는 AED 900~1,400/sq ft, 타운하우스와 빌라는 200만~480만AED 수준에서 거래되고 있으며, 평균 임대 수익률은 6.5~8.5퍼센트로 안정적인 현금흐름을 기대할 수 있습니다. 특히 리노베이션 유닛이나 코너 유닛의 경우 추가 프리미엄이 적용되며 거래 수요도 활발합니다.

주거 환경(학군 포함): 두바이 모터 시티는 자전거 도로, 어린이 놀이터, 수영장, 피트니스 센터, 반려동물 친화 구역 등 다양한 생활 인프라를 갖추고 있으며, 쇼핑몰, 레스토랑, 병원도 인근에 있어 실거주 만족도가 높은 커뮤니티입니다.

교육 측면에서는 브래드포드 프라이빗 스쿨, 젬스 메트로폴 스쿨, 킹스 스쿨 알 바르샤 등 국제학교가 차량으로 10~15분 거리 내에 있어 자녀 교육 수요에도 적합한 입지로 평가받습니다.

교통 및 커뮤니티 접근성: 셰이크 모하메드 빈 자이드 로드와 하일 로드에 인접해 있어 두바이 마리나, JVC, 알 바르샤, 비즈니스 베이 등 주요 지역과 15~25분 내로 연결됩니다. 현재는 자가용 중심의 커뮤니티지만, 향후 대중교통 확장과 함께 접근성이 더욱 강화될 예정입니다.

투자자가 기억해야 할 포인트
- 두바이 모터 시티는 쾌적한 생활환경과 안정된 커뮤니티 인프라가 조화를 이루는 실거주 중심 지역으로, 중장기 보유 전략에 유리한 투자처입니다.
- 교육, 커뮤니티, 교통 접근성 등 실수요 기반 요소를 갖추고 있어, 실거주 및 임대 수익을 함께 고려하는 전략적 투자자에게 적합합니다.

상업 및 특수 자산형

상업 및 특수 자산형의 특징은 다음과 같은 키워드로 요약할 수 있습니다: 오피스, 교육, 헬스케어, 산업 단지 투자. 상업 및 틈새 자산.

- 두바이 인베스트먼트 파크(Dubai Investment Park, DIP): 산업 및 물류 중심
- 두바이 사이언스 파크(Dubai Science Park): 과학 및 연구개발 중심
- 두바이 스튜디오 시티(Dubai Studio City): 미디어 및 엔터테인먼트 허브
- 두바이 디자인 디스트릭트(Dubai Design District, d3): 창의 산업 및 상업
- 두바이 헬스케어 시티(Dubai Healthcare City): 의료 및 웰니스 중심
- 두바이 지식 파크(Dubai Knowledge Park): 교육 및 전문 서비스

두바이 인베스트먼트 파크

지역 소개: 두바이 인베스트먼트 파크는 두바이 남서부에 위치한 대규모 복합 개발지로, 산업·물류·상업·주거 기능이 통합된 전략적 다기능 특수 경제구역입니다. 제벨 알리 프리존, 알 막툼 국제공항, 두바이 사우스와 인접해 있으며, 제조·유통 기업은 물론 중저가 주거지

및 상업 시설을 찾는 법인 및 개인 투자자에게도 인기가 높은 지역입니다.

주요 특징: 2,300헥타르 규모에 달하는 계획도시로, 산업지(DIP 1), 상업 및 주거지(DIP 2), 물류 단지로 구분됩니다. 이 지역은 물류창고, 중소 제조공장, 쇼룸, 상업지, 아파트, 빌라 등 다양한 형태의 부동산이 공존하는 점이 특징이며, 외국인 투자도 자유롭습니다.

2025년 기준으로 산업용 창고 임대가는 평균 AED 30~40/sq ft 수준이며, 중소형 아파트는 AED 800~1,100/sq/ft, 상업용 부동산은 용도에 따라 AED 600~1,400/sq ft 수준에서 거래됩니다.

주거 및 커뮤니티 환경: 노동자 기숙사부터 중급 아파트, 빌라까지 다양한 주거 형태가 혼재된 지역입니다. 그린 커뮤니티(Green Community)와 같은 중산층 빌라 단지에는 커뮤니티 클럽, 공원, 상가가 조성되어 있으며, 산업 종사자 및 기업 근로자들을 위한 실용적인 주거 시설도 충분히 마련돼 있습니다.

교육 측면에서는 브라이트 라이더스 스쿨(Bright Riders School), 니브라스 인터내셔널 스쿨(Nibras International School) 등 국제학교가 위치해 있어 가족 동반 근로자의 실거주 여건도 나쁘지 않은 편입니다.

교통 및 접근성: 셰이크 모하메드 빈 자이드 로드, 에미리트 로드, E311 도로를 통해 두바이 주요 지역 및 아부다비와의 연결성이 우수하며, 알 막툼 국제공항과 제벨 알리 항구까지는 차량으로 15~20분 내에 접근할 수 있습니다. DIP 내에는 공장 단지와 주거지를 잇는 전용 도로망이 발달해 있어 물류 운송과 일상생활이 효율적으로 이뤄집니다.

> **투자자가 기억해야 할 포인트**
> - DIP는 산업·물류·상업·주거 기능이 융합된 전략적 복합지로, 법인 수요에 기반한 안정적 수익형 자산입니다.
> - 인근의 JAFZA, 알 막툼 국제공항과 연계한 장기 성장 가능성이 높으며, 틈새 산업·상업 자산 포트폴리오 구성에 적합한 지역입니다.

두바이 사이언스 파크

지역 소개: 차세대 비즈니스 허브인 두바이 사이언스 파크는 과학, 생명공학, 제약, 환경 기술 등 첨단 산업의 연구개발(R&D) 및 상업화를 지원하기 위해 조성된 특수 경제구역입니다. 테콤 그룹(TECOM Group)이 주도한 이 지역은 두바이의 혁신 생태계 확대 전략의 일환으로, 지속 가능한 미래 산업 유치를 목표로 설계된 전문 특화 지구입니다.

주요 특징: 500여 개 이상의 헬스케어 및 과학 기업들이 입주한 두바이의 대표적인 기술 기반 상업지로, 고급 오피스 빌딩, 연구시설, 실험실 공간, 코워킹 스페이스 등이 혼합된 복합 업무 단지로 구성되어 있습니다. 2025년 기준 Grade A 오피스 임대가는 AED 90~140/sq ft 수준이며, 실험실 전용 빌딩은 추가 비용이 포함되어 평균 AED 150~180/sq ft에 이릅니다. 이 외에도 상업 시설, 편의 시설, 일부 중급 주거 시설이 함께 개발돼 있어 근무 및 생활의 융합이 가능하도록 설계되어 있습니다.

주거 및 커뮤니티 환경: 알 바르샤 사우스에 인접해 있고 주변에는 아파트, 빌라, 커뮤니티 몰 등 다양한 주거 및 생활 인프라가 조성되어 있습니다. 직장과 주거지 간 거리가 가까워 외국인 근로자나 스타트업 직원들의 수요가 꾸준합니다.

교통 및 접근성: 셰이크 모하메드 빈 자이드 로드와 인접하고, 알 카일 로드를 통해 알 바르샤, 두바이 힐스, 마리나, 다운타운 등 주요 지역으로 15~20분 내에 진입할 수 있습니다. 대중교통보다는 자가용 중심이지만, 인근 버스 노선과 두바이 메트로 확장 노선 계획에 따라 향후 접근성이 더욱 개선될 전망입니다.

> **투자자가 기억해야 할 포인트**
> - 두바이 사이언스 파크는 생명과학, 의료, 기술 기반 산업을 위한 특수 오피스·연구 공간 수요가 꾸준한 전문 산업지입니다.
> - 일반 상업지 대비 높은 수익률과 미래 확장성 덕분에 기술/헬스케어 포트폴리오 투자에 유리한 지역입니다.

두바이 스튜디오 시티

지역 소개: 두바이 스튜디오 시티는 영화, 방송, 음악, 디지털 콘텐츠 제작을 위한 전문 특화 단지로, 두바이를 중동·북아프리카 지역의 미디어 허브로 자리매김시키기 위해 조성된 창의 산업 중심지입니다. 테콤 그룹이 기획한 이 구역은 생산 인프라부터 후반 작업까지 콘텐츠 제작의 전 과정을 지원하는 시설을 갖추고 있습니다.

주요 특징: 지역 내에 초대형 사운드 스테이지, 방송국, 제작사 사무실, 스튜디오 임대 공간, 방송 장비 저장시설 등이 완비돼 있으며, 할리우드와 볼리우드 등 글로벌 콘텐츠 기업들의 중동·북아프리카 거점으로 활용되고 있습니다. 2025년 기준 스튜디오 및 미디어 전용 오

피스의 임대가는 AED 90~130/sq ft 수준이며, 전용 제작 공간의 경우 최대 AED 150/sq ft에 달합니다. 콘텐츠 기반 스타트업부터 대형 방송사까지 다양한 기업이 입주하고 있어 산업군별 B2B 수요가 풍부한 점도 장점입니다.

주거 및 커뮤니티 환경: 주변에 비즈니스 베이, 알 바르샤, 모터 시티, 아라비안 랜치스 등의 중급 주거 지역이 인접해 있어 콘텐츠 종사자 및 크리에이티브 전문가들이 실거주 또는 통근하기에 매우 편리한 위치입니다. 근처에 젬스 메트로폴 스쿨, 빅토리 하이츠 프라이머리 스쿨 등 중상급 국제학교가 있어 가족 단위 거주 수요도 흡수할 수 있는 생활환경이 조성돼 있습니다.

교통 및 접근성: 셰이크 모하메드 빈 자이드 로드와 가까우며, 도심 지역(DIFC, 다운타운 두바이 등)과 두바이 사우스, JVC, 알 바르샤 사우스 등 주요 지역까지 차량으로 15~20분 내외로 연결됩니다. 대중교통망은 제한적이지만, 자가용 또는 통근 셔틀 기반의 이동은 원활하게 이뤄지고 있습니다.

투자자가 기억해야 할 포인트
- 두바이 스튜디오 시티는 콘텐츠 및 미디어 산업 전용 자산 수요가 높은 창의 산업 중심 지역입니다.
- 창작 기반 스타트업 및 글로벌 방송사 유치로 수익성과 확장성이 높으며, 산업 전문성에 기반한 틈새 자산 포트폴리오에 적합합니다.

두바이 디자인 디스트릭트

지역 소개: 두바이 디자인 디스트릭트는 패션, 인테리어, 제품 디자인, 그래픽 아트, 광고, 디지털 콘텐츠 등 창조 산업 전반을 아우르는 복합 특화 지구로, 두바이의 문화 산업 전략과 긴밀히 연계된 핵심 개발 프로젝트입니다. 다운타운 두바이와 인접한 이 도심형 자유구역은 창작과 상업이 유기적으로 결합된 혁신 공간으로 조성되었습니다.

주요 특징: 고급 오피스 빌딩, 쇼룸, 디자인 스튜디오, 팝업 매장, 패션 하우스, 갤러리 등이 혼합된 복합 공간으로, 테콤 그룹의 관리하에 글로벌 브랜드와 스타 디자이너들이 입주하고 있습니다. 2025년 기준 Grade A 오피스의 임대가는 AED 140~190/sq ft이며, 패션 브랜드 전용 쇼룸은 그 이상 가격에 거래되며 높은 수익성과 브랜드 연계를 자랑합니다. 매년 두바이 디자인 위크(Dubai Design Week), 패션 포워드(Fashion Forward) 등 국제 행사들이 개최되어 창의 산업의 글로벌 연결성을 높이는 플랫폼으로 기능하고 있습니다.

주거 및 커뮤니티 환경: 주거지보다 상업 기능이 중심이지만, 인근에 다운타운 두바이, MBR 시티, 하틀랜드, 비즈니스 베이 등 중상급 주거지역이 밀집해 있습니다. 예술·디자인 업계 종사자들이 쉽게 통근할 수 있으며, 지역 내에 고급 레스토랑, 디자이너 편집숍, 갤러리, 공동 창작 공간 등 다양한 라이프스타일 시설이 조성돼 있어 커뮤니티 자체가 하나의 문화 공간으로 기능합니다.

교통 및 접근성: 셰이크 자이드 로드와 알 카일 로드를 통한 차량 접근이 용이하며, 다운타운 두바이, DIFC, 메이단 등과 10분 내외로

연결됩니다. 대중교통은 버스 노선 중심이나, 인접 메트로 노선 확장과 함께 접근성이 더욱 향상될 예정입니다.

> **투자자가 기억해야 할 포인트**
> - 두바이 디자인 디스트릭트는 패션·디자인·크리에이티브 산업의 집결지로, 브랜드 가치를 반영한 상업 자산으로서 회소성과 수익성이 뛰어납니다.
> - 도심 인접성과 고급 인프라, 글로벌 창의 네트워크로 인해 장기 포트폴리오에 유리한 비주거 자산입니다.

두바이 헬스케어 시티

지역 소개: 두바이 헬스케어 시티는 의료, 웰니스, 바이오헬스 산업을 위해 두바이 정부가 주도하여 조성한 특화 자유구역으로, 중동 최초이자 최대 규모의 통합 헬스케어 단지입니다. 의료 기관, 병원, 연구소, 의과대학, 바이오 기업이 집중되어 있으며, 보건 복지 산업의 글로벌 거점으로 자리 잡고 있습니다.

주요 특징: 2개 구역(DHCC Phase 1, Phase 2)으로 구성되어 있으며, Phase 1은 병원과 클리닉 중심의 의료 운영 구역, Phase 2는 웰니스·리조트·레지던스 복합 개발 구역입니다. 2025년 기준 병원·의료 시설 전용 오피스 임대가는 AED 110~160/sq ft 수준이며, 웰니스 클리닉, 의료 스파, 실버케어 전문 센터 등도 고가에 임대 거래가 이뤄지고 있습니다.

세계적 수준의 병원인 모하메드 빈 라시드 대학병원(Mohammed Bin Rashid University Hospital), 아메리칸 아카데미 피부 미용 병원(American

Academy of Cosmetic Surgery Hospital), 메디클리닉(Mediclinic) 등이 있어 고소득 환자와 의료 관광 수요가 안정적으로 유입되고 있습니다.

주거 및 커뮤니티 환경: 의료 종사자 및 환자 중심의 단기 거주 수요가 존재하며, 인근에는 MBR 시티, 다운타운 두바이, 알 자다프 등 중상급 거주지역이 밀접해 있습니다. 커뮤니티 내에는 의료 및 웰니스 중심 리테일, 카페, 레지던스 호텔 등이 조성되어 있으며, 외국인 의료 전문가와 단기 거주 환자를 위한 맞춤형 생활 인프라가 구축돼 있습니다.

교통 및 접근성: 셰이크 라시드 로드, 알 카일 로드와 연결돼 있으며, 헬스케어 시티역을 통해 도심과 공항을 빠르게 연결할 수 있습니다. 두바이 국제공항에서 차량으로 10분 이내, 다운타운과 DIFC까지 5~10분 내외로 접근할 수 있는 뛰어난 입지를 갖추었습니다.

투자자가 기억해야 할 포인트
- 두바이 헬스케어 시티는 의료·바이오·웰니스 산업에 특화된 중동 최대의 헬스케어 특구로, 글로벌 의료 수요와 함께 안정적 투자 수익을 기대할 수 있습니다.
- 실질적 임대 수요, 규제 특화 환경, 인접 인프라의 완성도까지 갖춘 전략적 비주거 자산 투자처입니다.

두바이 지식 파크

지역 소개: 두바이 지식 파크는 교육, 인재 개발, HR 컨설팅, 트레이닝 분야 기업들을 위한 전문 자유구역으로, 테콤 그룹 산하에서 운영되는 지식 기반 산업 허브입니다. 아카데믹 기관, 글로벌 교육 기업, HR 전문 기관 등이 집중적으로 입주해 있으며, UAE의 교육 및 직무

교육 인프라 확충 전략에 기반한 핵심 프로젝트입니다.

주요 특징: 울릉공 대학교(University of Wollongong), 미들섹스 대학교(Middlesex University), 무르도크 대학교(Murdoch University) 등 글로벌 교육기관의 두바이 캠퍼스가 있으며, 이외에도 카플란(Kaplan), 피어슨(Pearson), 이튼 인스티튜트(Eton Institute) 등 교육·시험·HR 관련 글로벌 브랜드들이 입주해 있습니다.

2025년 기준 오피스 임대가는 AED 110~160/sq ft 수준이며, 교육 관련 스타트업 및 리서치 기업의 유입도 활발합니다. 교육 및 HR B2B 기업의 입점 수요가 지속되며, 공공 기관 및 다국적 법인과의 협업 모델도 증가하고 있습니다.

주거 및 커뮤니티 환경: 지식 파크 자체에는 주거 시설이 없지만, 인근에 두바이 마리나, 알 수푸, 팜 주메이라 등 중상급 이상 주거지역이 밀집해 있어 교육 관계자, 교직원, 학생들의 거주지로 기능합니다. 지역 내에는 카페, 북카페, 교육 관련 서점, 도서관형 코워킹 스페이스 등 교육 중심 커뮤니티 문화가 형성되어 있으며, 연중 다양한 포럼과 학술 행사가 개최됩니다.

교통 및 접근성: 셰이크 자이드 로드 인근에 위치하며, 두바이 메트로 레드라인(지식 빌리지역)과 도보로 연결되어 교통 접근성이 뛰어납니다. 미디어 시티, 인터넷 시티, 두바이 마리나, 팜 주메이라와 인접해 있어 비즈니스와 생활 편의가 동시에 확보되는 입지입니다.

> **투자자가 기억해야 할 포인트**
> - 두바이 지식 파크는 교육·HR·리서치 중심의 전문화된 상업 지구로, 장기 임대 수요가 안정적인 비주거 자산입니다.
> - 글로벌 교육기관 및 전문 서비스 기업과의 협업을 통한 전략적 임대 운용이 가능한 틈새형 투자처입니다.

두바이 인더스트리얼 시티

지역 소개: 두바이 인더스트리얼 시티는 두바이 남부에 위치한 대규모 산업 특화 자유구역으로, 제조, 물류, 식품, 에너지, 건축 자재, 금속 가공 등 다양한 산업군의 기업들이 입주한 산업 클러스터입니다. 두바이 사우스와 알 막툼 국제공항, 제벨 알리 항만과 연계되어 있어 UAE 제조·수출 전략의 중심지로 빠르게 성장하고 있습니다.

주요 특징: 약 550만 제곱미터 규모로, 플러그 앤드 플레이(Plug & Play)형 창고 및 공장, 커스터마이즈가 가능한 산업용 부지, 전용 물류 단지를 제공합니다. 2025년 기준 산업용 창고 임대가는 AED 25~45/sq ft 수준이며, 식품 제조 클러스터, 3D 프린팅, 태양광 부품 등 고부가 산업군의 수요가 증가하고 있습니다. UAE 정부의 제조업 육성 정책인 10개년 산업 발전 전략(Operation 300bn)과도 연계되어 향후 성장성이 매우 높은 산업 특화 구역입니다.

주거 및 커뮤니티 환경: 주거 기능보다는 산업 운영 중심 지역으로, 인근에 두바이 사우스, 제벨 알리 빌리지, 두바이 인베스트먼트 파크(DIP) 등의 중저가 실수요 기반 주거지가 위치합니다. 산업 종사자와 기술직 인력을 위한 직원 숙소 및 커뮤니티 서비스 인프라가 일부 구비되어 있으며, 커피숍, 식당, 물류 지원 센터 등이 기능적으로 배치되어 있습니다.

교통 및 접근성: 셰이크 모하메드 빈 자이드 로드와 에미리트 로드에 인접해 있으며, 제벨 알리 항구, 알 막툼 국제공항과 직통으로 연결됩니다. 두바이 항공·물류 연계 허브와 이어져 항만·공항·지상 물류를 통합한 접근성이 강점이며, 향후 에티하드 철도가 연계되어 육상 물류 수송망도 보강될 예정입니다.

투자자가 기억해야 할 포인트
- 두바이 인더스트리얼 시티는 제조·물류 중심의 산업 클러스터로, UAE 산업 다변화 전략과 연계된 장기 성장형 상업 자산입니다.
- 운송 인프라, 특화 존 계획, 정부 인센티브를 바탕으로 한 산업용 부동산 투자처로서 가치가 뛰어난 지역입니다.

제벨 알리 프리존

지역 소개: 제벨 알리 프리존은 두바이 남서부에 위치한 UAE 최대의 자유무역지대로, 1985년 설립 이래 9,500개 이상의 글로벌 기업이 입주한 중동 물류·제조·수출입의 핵심 전략 허브입니다. DP 월드가 운영하며, 제벨 알리 항구 및 알 막툼 국제공항과 직접 연결되는 입지는 세계적인 트라이 모달(Tri-Modal, 해상·항공·도로) 물류 인프라의 상징으로 평가받습니다.

주요 특징: 약 57제곱킬로미터 규모로 조성되어 있으며, 산업용 부지, 창고, 사무실, 쇼룸, 이커머스 허브, 콜드체인 물류 등 다양한 유형의 자산이 제공됩니다. 2025년 기준 창고 임대가는 AED 30~50/sq ft

수준이며, 특히 아시아, 유럽, 아프리카를 연결하는 중계무역 기업의 입주가 활발합니다. 100퍼센트 외국인 소유, 법인세 및 소득세 면제, 자유로운 자본 송금 등 유리한 비즈니스 환경으로 글로벌 기업들의 걸프 협력 회의 국가·중동·북아프리카 거점지로 자리 잡았습니다.

주거 및 커뮤니티 환경: 제벨 알리 프리존 자체는 비주거 상업·산업 단지이나, 인근에 DIP, 제벨 알리 빌리지, 두바이 사우스 등의 중저가 주거 커뮤니티가 위치해 산업 종사자, 주재원, 기술직 인력의 주거 수요를 충족시킵니다. 상업지역 내에는 간이 숙소, 레스토랑, 뱅킹 센터, 비즈니스 호텔 등이 함께 운영되고 있어 기능적 생활환경이 마련되어 있습니다.

교통 및 접근성: 제벨 알리 항구와 직결되며, 알 막툼 국제공항까지 약 15분, 두바이 국제금융센터까지 차량으로 약 30분 거리에 위치해 있습니다. 셰이크 자이드 로드와 에미리트 로드에 인접하며, 항만, 공항, 도로가 일체화된 복합 물류 인프라는 중동·아프리카·남아시아 시장을 타깃으로 한 기업들에 전략적 이점을 제공합니다.

투자자가 기억해야 할 포인트
- 제벨 알리 프리존은 무역, 물류, 제조를 통합한 중동 최대의 자유무역지구로, 안정적인 장기 수요와 글로벌 투자 매력도가 매우 높은 지역입니다.
- 세제 혜택과 입지 인프라가 결합하여 산업용 자산 및 물류센터 투자에 최적화된 전략 지역입니다.

투자자의 스토리

그는 왜 두바이의 그 집을 샀는가:

물과 자연, 그리고 판교의 감성이 느껴지는 주메이라 아일랜드

그는 전문 부동산 투자자는 아니었다. 하지만 매달 두바이를 오가며 이 도시의 변화를 지켜본 시간이 어느덧 수년. 그동안 그는 두바이가 보여주는 '속도'를 누구보다 가까이에서 목격했다. 새로운 도로가 뚫리고, 빌딩이 올라가고, 시스템이 달라지는 도시. 매달 바뀌는 이곳의 리듬 속에서 그는 문득, 외부에서 꾸준히 드나드는 자신 같은 이들이 오히려 더 명확하게 흐름과 격차를 읽을 수 있겠다고 생각하게 됐다.

그래서 그의 첫 두바이 부동산 구매는 결코 즉흥적인 선택이 아니었다. 거액의 자금을 한꺼번에 쏟아붓지도 않았고, 누군가의 추천을 무작정 따르지도 않았다. 대신 그는 나름의 기준을 세웠고, 그 기준은 3가지였다.

첫 번째는 중동 사람들이 선호하는 요소, 바로 물과 자연이었다. 팜 주메이라나 두바이 마리나는 분명 매력적이었지만, 예산이라는 현실적인 벽이 존재했다. 그 대신 그는 수변 뷰와 자연환경을 갖추었으면서도 보다 합리적인 대안들에 눈을 돌렸다.

두 번째는 공간의 '분위기'였다. 그가 한국에서 선호하던 판교의 감성—비즈니스와 일상이 조화를 이루는 지역—을 닮은 곳을 찾고자 했다. 두바이에서는 비즈니스 베이와 DMCC 같은 지역이 그와 비슷

한 느낌을 주었다. 지나치게 상업적이지도, 너무 외곽도 아닌 중간 지점. 그에게는 그런 '균형'이 중요했다.

세 번째 기준은 '접근성'이었다. 셰이크 자이드 로드와의 거리, 한국식으로 말하자면 경부고속도로 톨게이트와의 거리만큼 중요했다. 이 핵심 도로망과 얼마나 가깝냐는 단순한 교통 문제가 아니었다. 급격히 확장 중인 두바이에서 중심축과의 연결성은 주거의 편의성은 물론 부동산 가치의 지속성을 가르는 핵심 요소라고 그는 판단했다.

이러한 기준을 기반으로 그는 결국 주메이라 아일랜드를 선택했다. 탁 트인 수변 조망, 판교 같은 분위기의 DMCC 인접성, 그리고 두바이 마리나까지 차량으로 10~20분이면 닿는 거리. 모든 조건이 완벽하지는 않았지만, 전체적으로 균형 잡힌 선택이었다.

여기에 그는 한 가지를 더 강조했다. 두바이에서 부동산을 산다는 건 단 한 번의 출장이나 견학으로 결정할 수 있는 일이 아니라고. 한국에서 임장을 다닐 때처럼 적어도 10번 이상은 직접 현장을 방문해야 한다는 것이 그의 철칙이었다. 두바이는 어제 없던 건물이 오늘 생기는 도시다. 동일한 건물이라도 앞에 무엇이 들어서느냐에 따라 조망과 가치가 완전히 달라질 수 있다는 사실을 그는 현장에서 체득했다. 사진이나 모델하우스로는 느낄 수 없는 공기, 분위기, 흐름, 이 모든 것은 결국 발로 뛰어야 보인다.

그는 지금도 여전히 공사 중인 두바이를 바라보며 생각한다. 이 도시가 어디까지 확장될지는 아무도 모른다. 어쩌면 그 불확실성 자체가, 이 도시가 지닌 가장 큰 매력일지도 모른다고.

그는 왜 SLS 두바이의 스튜디오를 선택했는가:
브랜드, 뷰, 그리고 숫자가 말해준 투자 확신

그는 두바이에서의 첫 부동산 투자를 오래 고민해왔다. 어디에, 무엇을, 언제 들어가야 가장 효율적인 선택일까. 매달 비즈니스 출장으로 두바이를 오가며 이 도시의 리듬을 몸으로 체감해온 그는 어느 순간부터 단순한 출장지가 아닌 '투자지'로 두바이를 보기 시작했다.

그러던 중 눈에 들어온 곳이 바로 SLS 두바이 호텔 & 레지던스(SLS Dubai Hotel & Residences)였다. 비즈니스 베이의 중심에 있는 이 고급 레지던스는 단순한 숙소 이상의 상징성과 브랜드 파워를 갖춘 건물이었다. 특히 부르즈 할리파와 두바이 크릭을 동시에 조망할 수 있는 유닛은 공급이 한정돼 있었고, 그 희소성은 숫자로도 증명되고 있었다.

그가 매입한 유닛은 스튜디오형, 655sq ft(약 18.4평) 규모였다. 풀 퍼니시드에 고급 인테리어가 적용된 이 유닛은 단기 임대와 장기 거주 수요를 동시에 겨냥할 수 있었고, 실제로도 연 임대료가 11만 9,900AED, 즉 월 약 9,991AED(약 370만 원)에 달했다. 이는 스튜디오 평균 임대료인 10만 4,000AED보다도 높은 수준으로, 전망과 상태에 따라 프리미엄이 붙는다는 사실을 보여주는 수치였다.

그는 실제 매입가 147만 5,202AED(약 5억 4,000만 원)를 기준으로 연간 수익률을 계산해봤다. 총수익률(gross yield)은 약 7.05퍼센트, 관리비와 비용을 반영한 순수익률(net yield)은 6.61퍼센트에 달했다.

이 정도 수치는 단순히 '브랜드 부동산'이라는 이름값을 넘어 수익률 면에서도 합리적인 선택이었음을 입증해주는 근거였다. 게다가 2021년 당시 분양가 95만AED에 진입한 초기 투자자들은 현재 138만AED 이상의 시세로 약 12~15퍼센트의 자산 가치 상승을 경험하고 있었고, 연 10퍼센트 내외의 수익률을 실현하고 있는 상황이었다. 그는 다소 높은 가격에 진입했지만, 수익률 7퍼센트 전후라는 안정성에 만족했다.

무엇보다 그가 중요하게 본 요소는 '브랜드 레지던스'의 지속 가능성이었다.

SLS는 단순한 주거 공간이 아니었다. 루프탑 인피니티 풀, 피트니스 센터, 스파, 그리고 호텔식 운영 시스템은 높은 유지비에도 불구하고 지속적인 임대 수요를 만들어내는 핵심 요소였다. 단기 체류자와 출장객, 장기 거주 외국인 투자자들이 이 건물을 찾는 이유이기도 했다.

그는 종종 말했다. "이 도시는 속도전이고, 구조적인 수요가 계속 들어오는 곳이죠. 수익률은 숫자가 말해줍니다. 하지만 진짜 투자는 그 숫자가 몇 년 뒤에도 유지될 수 있느냐, 거기서 갈립니다."

그에게 SLS의 스튜디오는 단순한 부동산이 아니었다. 브랜드 가치, 입지, 운영 시스템, 그리고 숫자가 모두 일정 수준 이상에서 조화를 이룬, 보기 드문 자산이자 경험이었다.

그는 왜 5242 타워를 선택했는가:

바다 전망 뒤에 숨은 자산 성장의 로직

그가 두바이 마리나의 5242 타워에 처음 발을 디뎠을 때 느낀 것은 단순한 충동이나 일시적 감탄이 아니었다. 바다와 마리나, 그리고 블루워터스 아일랜드까지 내려다보이는 유리창 너머의 풍경은 분명 아름다웠지만, 그는 그 장면 뒤에 숨은 '숫자'를 먼저 들여다봤다.

2020년 그는 에마르가 개발한 5242 타워 1의 1베드룸 유닛(703sqft)을 190만AED에 매입했다. 당시만 해도 코로나 이후 회복세에 들어서던 시기였고, 고급 주거지에 대한 외국인의 관심이 다시 높아지고 있던 터였다. 하지만 무엇보다 그의 투자 결정은 '위치'와 '브랜드', 그리고 '장기 자산 가치'에 대한 신뢰에서 비롯됐다.

4년이 흐른 지금 이 유닛의 현재 시장 시세는 240만AED, 무려 50만AED(약 1억 8,500만 원)의 투자 차익을 실현할 수 있는 상태다. 연평균 복리 자산 성장률로 환산하면 약 6.58퍼센트. 고정금리보다 높은 수치이고, 무엇보다 안정적이다.

게다가 이 유닛은 단지 보유만 해도 의미가 있는 자산이다. 현재 두바이 마리나 내 유사 1베드룸 유닛의 연 임대료는 14만AED, 그가 처음 산 190만AED의 구매가 기준으로 연 7.1퍼센트의 수익률을 확보할 수 있다. 현재 시세인 240만AED 기준으로도 5.6퍼센트의 수익률을 기대할 수 있는 구조다.

그는 늘 말한다. "두바이는 단기 시세 차익만 보고 들어가는 시장이 아닙니다. 구조적으로 외국인 실수요가 누적되는 도시에선, 수익률보다 중요한 건 보유 가치예요."

5242 타워는 그런 의미에서 '보유할수록 존재감이 드러나는 자산'이었다.

에마르라는 브랜드, 두바이 마리나라는 입지, 아인 두바이와 바다를 마주한 전면 뷰, 그리고 호텔식 부대 시설인 인피니티 풀, 피트니스, 프라이빗 해변 접근, 24시간 보안 등.

그는 여전히 이 유닛을 보유 중이다. 수익 실현을 서두르지 않는다. 이 자산은 아직 갈 길이 남아 있다고 보기 때문이다. 글로벌 투자가 다시 두바이로 몰리고 있고, 고급 수요는 줄지 않고 있으며, 무엇보다 "이만한 위치에 다시 이런 유닛이 나올 가능성은 희박하다"라고 그는 말한다.

단순한 바다 전망이 아니라 프라임 입지와 브랜드 품질, 그리고 실질 수익률까지 검증된 자산. 그의 눈에는 그 모든 것이 수치로 말하고 있었고, 지금도 여전히 그 판단은 유효하다.

그는 왜 두바이 하버의 비치프런트 중 그랑 블루를 선택했는가:
실거주와 수익률 사이, 가장 전략적인 균형점에서의 결정

그에게 이번 선택은 단순한 투자 판단이 아니었다. 가족과 함께 살 집을 찾으면서도, 그 공간이 잠시라도 '투자 자산'으로서 역할을 하길 바랐다. 실거주와 수익을 모두 고려한 이중적 기준. 그리고 그 기준에 부합하는 후보지는 세 곳이었다.

두바이 마리나보다는 덜 번잡하고 조용한 곳을 찾다 보니 두바이 하버가 적합해 보였다. 두바이 하버는 팜 주메이라와 블루워터스 근처의 프라임 해안가로, 비치프런트 럭셔리 부동산에 대한 수요가 지속적으로 높다. 입지의 희소성과 고급 커뮤니티 개발 속도를 고려할 때 중장기적으로 자산 가치 상승 여력이 충분하다고 판단했다.

에마르 비치프런트의 그랑 블루(Grand Bleu), 어드레스 레지던스 더 베이(Address Residence-The bay), 더 브리스틀(The Bristol). 세 곳 모두 바다를 마주하고 있었고, 모두 프리미엄 레지던스였다. 그가 최종적으로 내린 결정은 명확했다. 그는 그랑 블루의 3베드룸 유닛을 870만 AED에 매수했다.

2025년 5월 그랑 블루 3베드룸이 1,070만AED에 매도된 거래 사례를 참고할 때, 단기간에 시세 차익을 올릴 수도 있고, 연간 임대료가 약 50만AED에 달하는 점에 비춰 임대 수익까지 얻을 수 있기 때문이었다.

옆 건물인 어드레스 레지던스는 단기 임대 중심이거나 호텔 스타일의 고급스러운 라이프스타일을 선호하는 이들에게 적합해 보인다. 다만 어드레스는 호텔 서비스로 인해 임대 운영이 간편하지만, 초기 비용이 그랑 블루보다 높고 관리비가 높아서 실거주할 때 들어가는 유지 비용이 높다. 같은 투자 금액대에 비해선 그랑 블루에 비해 조망권이 좋지 않았다. 마리나 뷰를 바라보거나 일부 팜 주메이라 뷰를 조망할 수 있다. 그랑 블루는 팜 주메이라뿐만 아니라 아인 두바이까지 시야가 확 트인 전망을 확보하고 있었다.

더 브리스틀의 경우는 에마르가 개발하고 있는 오프플랜 프로젝트로 입주 시점이 2029년이어서, 2026~2027년에 입주하기 희망하는 투자자에겐 너무 먼 시간이 남아 있었기에 그는 그랑 블루로 최종 결정하였다.

그는 왜 메이단의 아지지 리비에라를 선택했는가: 소형 유닛 투자, 수익률과 미래 가치 사이에서의 전략적 결정

이번 사례의 투자자는 비교적 작은 규모의 예산으로도 안정적인 현금 흐름과 자산 가치를 모두 확보할 수 있는 스튜디오 유닛에 주목했다. 실거주 혹은 단기 임대를 염두에 두되, 단순한 수익률뿐 아니라 향후 시세 차익까지 고려할 수 있는 물건을 찾고자 했다.

그가 집중적으로 분석한 곳은 세 지역이었다. 메이단의 아지지 리비에라, 주메이라 빌리지 서클(JVC), 그리고 모터 시티. 각 지역은 모두 두바이 외곽에서 중산층 외국인의 실수요가 활발한 커뮤니티로, 스튜디오 유닛에 대한 수요가 분명한 곳들이었다. 하지만 세부적으로는 입지, 수익률, 성장 가능성에서 뚜렷한 차이를 보였다.

먼저 검토한 곳은 아지지 리비에라였다. 메이단 경마장과 다운타운 두바이 사이에 위치한 이 지역은 크릭 하버와 함께 도심 인접 신흥 주거지로 성장하고 있다. 특히 아지지는 프랑스 리비에라 콘셉트의 디자인, 합리적인 분양가를 앞세워 주목받는 프로젝트였다. 품질이 최상급은 아니지만, 그가 검토한 스튜디오는 약 75만AED에 매입 가능했고, 완공 후 단기 임대 운영 시 연간 6만~6만 5,000AED 수준의 수익이 기대되었다. 순수익률 기준으로 약 7.5~8퍼센트에 달한다. 커뮤니티 내 상업 시설이나 편의 인프라가 완전히 자리 잡지 않았지만 향후 몇 년 안에 완성될 커뮤니티의 잠재력은 커 보였다.

두 번째 지역은 JVC였다. JVC는 두바이 내에서 가장 활발한 중저가 임대 시장을 형성하고 있으며, 스튜디오와 1베드 유닛의 회전율이 빠른 곳이다. JVC는 두바이를 전체적으로 들여다보면 한가운데 위치하고 있어 팜 주메이라, 마리나, 비즈니스 베이, 엑스포 시티 등 한 곳에 치우치지 않고 이동이 편한 장점이 있다. JVC는 커뮤니티가 이미 잘 형성되어 있어 내부에서 모든 생활이 가능한 지역이기도 하다. 서클몰과 호텔을 중심으로 상권이 형성되어 있고 JVC 내에 사는 이들 간의 커뮤니티도 잘 갖춰져 있다.

그는 58만AED 수준의 스튜디오 유닛을 살펴보았고, 임대 시세는 연간 4만 8,000~5만 2,000AED 수준이었다. 실제 순수익률은 약 7~7.5퍼센트로, 세 지역 중 가장 즉각적인 수익 확보가 가능한 구조였다. 다만 건물 간 품질 편차가 크고, 일부 지역은 노후화된 인프라나 혼잡한 교통 문제로 인해 거주 만족도가 떨어지는 곳도 있었다. 신축 건물들이 계속 지어지고 있는 점도 JVC의 커뮤니티가 커지고 있다는 걸 보여준다.

세 번째로 검토한 지역은 모터 시티였다. 상대적으로 외곽에 위치하지만, 잘 정비된 도로망과 여유로운 커뮤니티 구성으로 실거주자들에게 높은 만족도를 제공하는 지역이었다. 62만~68만AED 사이의 스튜디오 유닛을 살펴보았고, 연간 5만AED 전후의 임대 수익이 가능했다. 수익률은 약 6.5~7퍼센트로 JVC보다는 다소 낮았지만, 공실률이 낮고 장기 임대 수요가 꾸준한 안정적 투자처였다. 모터 시티는 여전히 외곽이라는 인식이 강했고, 인근 신규 개발이 제한적이어서 시세 상승의 속도가 더딜 가능성이 있었다.

세 지역을 비교한 그는 아지지 리비에라의 스튜디오 유닛을 75만 AED에 매수하기로 최종 결정했다. JVC의 수익률, 모터 시티의 안정성도 충분히 고려했지만, 그는 자산 가치의 중장기 성장성을 더 높게 평가했다.

아지지는 단기적으로 일부 블록이 공사 중이지만 향후 완성될 마스터 커뮤니티에 대한 기대감이 충분했고, 브랜드 프리미엄과 입지 희소성이 결합된 미래 가치는 분명했다.

그는 이렇게 결론지었다.

"JVC는 지금 당장 수익을 주지만, 아지지는 시간이 흐를수록 자산이 성장하는 곳이다. 나는 단기 수익이 아니라 다음 기회를 준비하는 스튜디오를 원했다."

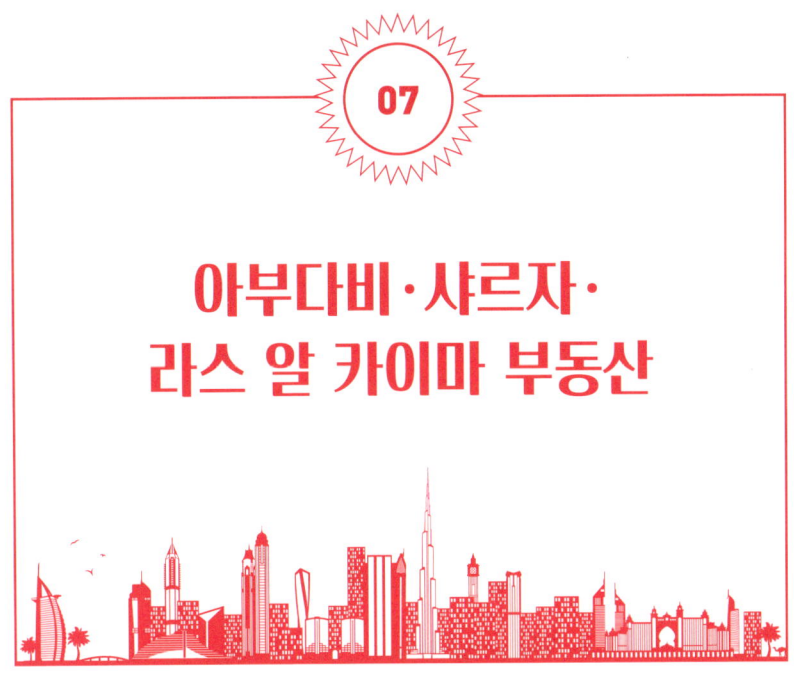

아부다비·샤르자·
라스 알 카이마 부동산

　UAE는 7개의 토후국으로 이루어진 연방국가이며, 두바이 외 다른 토후국도 독자적인 경제 전략과 도시 정체성을 바탕으로 중요한 역할을 하고 있습니다. 특히 아부다비, 샤르자, 라스 알 카이마는 각기 다른 정치적·문화적·경제적 성격을 지니며, 최근에는 부동산과 산업 개발 측면에서도 투자자들의 관심을 끌고 있는 지역들입니다. 이들 토후국에 대한 기본적인 이해는 두바이에 집중된 시야에서 벗어나 UAE 전역을 아우르는 시각을 갖는 데 중요한 출발점이 됩니다.

　아부다비는 UAE의 수도이자 전체 국토의 약 87퍼센트를 차지하는 최대 토후국으로, 풍부한 석유·가스 자원을 기반으로 연방 재정의 약 80퍼센트 이상을 부담하며 UAE의 정치, 외교, 국방의 핵심 기능이 집중된 중심지입니다. 최근에는 석유 의존도를 줄이기 위해 인공지능(AI), 청정에너지, 항공우주 산업 등으로 산업구조를 다변화하고 있으며, 사디야트섬(Saadiyat Island), 야스섬(Yas Island) 등 고급 복합 개발 프로젝트를 통해 관광·문화 분야의 고급화를 적극 추진하고 있습니다. 두바이보다 보수적이지만 계획적인 행정 시스템과 기반 시설의 안정성은 장기 투자 관점에서 매우 높은 신뢰를 형성하고 있습니다.

샤르자는 UAE 내에서 전통과 이슬람 문화를 가장 강하게 보존하고 있는 토후국으로, 문화와 교육의 중심지로 자리매김해왔습니다. 여러 국립박물관과 예술 기관, 대학들이 밀집해 있으며, 보수적인 사회 규범을 유지하면서도 실속 있는 생활환경과 두바이 인근이라는 지리적 장점을 바탕으로 성장 중입니다.

라스 알 카이마는 UAE 북부에 위치한 토후국으로, 산악 지형과 해안선을 동시에 품은 독특한 자연환경을 보유하고 있습니다. 비교적 자율적인 경제정책을 추진하며, 관광 산업과 제조업, 물류 기반 인프라를 중심으로 개발을 가속화하고 있습니다. 최근에는 대규모 리조트 프로젝트와 산업 특구 지정 등을 통해 중장기 성장 가능성이 주목받고 있습니다. 특히 2023년 발표된 미국 윈 그룹의 대규모 카지노 리조트 프로젝트는 이곳을 국제적인 휴양지로 도약시키는 분기점이 될 것으로 평가받고 있으며, 투자자 전용 프리존, 산업 클러스터, 리조트 특구 지정 등을 통해 중장기 성장 잠재력을 확대하고 있습니다.

이처럼 각 토후국은 저마다의 특성과 발전 방향을 갖고 있으며, 두바이와는 또 다른 기회와 리스크를 안고 있는 독립적인 시장으로 바라볼 필요가 있습니다.

아부다비: 정치·행정 수도를 넘어
명실상부한 글로벌 투자 허브

2024년 아부다비 부동산 시장은 강력한 경제성장을 기반으로 안정적인 상승세를 이어가고 있습니다. 아부다비 통계청에 따르면 2024년 아부다비의 실질 GDP는 전년 대비 3.8퍼센트 성장하며 1조 2,000억AED라는 사상 최고치를 기록했습니다. 특히 주목할 점은 비석유 부문이 6.2퍼센트의 성장률을 보이며 전체 GDP의 54.7퍼센트를 차지했다는 점입니다. 이는 아부다비가 석유 의존도를 줄이고 경제 다각화 전략을 본격적으로 실행하고 있다는 방증입니다.

이러한 구조적 변화는 단순한 수치 이상의 의미를 지니며, 고부가가치 산업과 해외 자본, 글로벌 인재가 몰리는 투자 환경으로의 전환을 가속화하고 있습니다. 실제로 2024년 한 해 동안 신규 경제 라이선스 2만 6,000건 이상 발급, 외국인 직접 투자(FDI)는 전년 대비 363퍼센트 증가하는 성과를 거두었습니다

아부다비는 대규모 교통 인프라 투자에도 속도를 내고 있습니다. 두바이와 아부다비를 잇는 고속도로의 업그레이드, 메트로 및 경전철 프로젝트는 도심 접근성과 교외 지역 확장성을 동시에 개선하고 있습니다. 더불어 자이드 국제공항(Zayed International Airport) 확장과 신규 터미널 운영은 연간 4,500만 명 이상의 승객 수용을 목표로 하며, 국제 관광과 비즈니스 수요 확대에 따른 상업용 부동산 수요 증가를 견인하고 있습니다.

아부다비는 두바이보다 빠르게 지속 가능성과 탄소중립 도시 구현에 초점을 맞추고 있습니다. 대표적인 사례는 마스다르 시티(Masdar City)로, LEED 인증을 획득한 친환경 건물 비중이 해마다 증가하고 있으며, 지속 가능한 개발을 기반으로 한 주거·상업 자산에 대한 수요도 동반 상승하고 있습니다.

관광 분야에서도 '관광 전략 2030'을 중심으로 글로벌 관광객 유치에 박차를 가하고 있습니다. 주요 랜드마크 개발, 문화 인프라 확장과 함께 숙박·리테일·레저 복합 자산에 대한 투자 기회가 확대되고 있습니다.

프롭테크 기반의 디지털 부동산 시장 전환도 활발히 진행 중입니다. 블록체인 기반 거래 시스템, AI 기반 가치 평가 모델 등은 거래 투명성과 예측 가능성을 높이며 투자자 신뢰도를 끌어올리고 있습니다. 특히 아부다비 정부는 외국인 투자자에게 부동산 소유권 확대, 장기 거주 비자 발급, 자유 지대 내 세제 혜택 등을 적극적으로 제공하며 글로벌 부동산 투자 허브로의 도약을 준비하고 있습니다.

2024년 기준으로 외국인 투자자가 주목하는 아부다비 핵심 지역은 다음과 같습니다.

- 알 라하 비치(Al Raha Beach): 해변 접근성과 프리미엄 커뮤니티 중심 주거지
- 알 리프(Al Reef): 가격 접근성과 임대 수익률이 조화를 이루는 중상급 커뮤니티

- 알 가디르(Al Ghadeer): 두바이–아부다비 경계 지역의 전략적 입지
- 야스 아일랜드(Yas Island): 관광, 리조트, 리테일 복합 개발 중심지

이들 지역은 수요의 탄탄함, 인프라 연결성, 고급 주거지 조성 여부 등에 따라 중장기 가치 상승 여력이 크다고 평가받고 있습니다.

다만 일부 중저가 주거 단지는 공급 증가에 따른 공실 리스크가 존재하며, 향후 몇 년간 가격 조정 가능성을 염두에 두고 개발사 신뢰도 및 커뮤니티 완성도에 따라 선별 투자할 필요가 있습니다.

아부다비 주요 지역

- 사디야트 아일랜드: 예술과 고급 주거가 만나는 문화의 중심

사디야트 아일랜드(Saadiyat Island)는 아부다비의 문화 지구로, 세계적 미술관과 고급 부동산이 공존하는 상징적인 지역입니다. 루브르 아부다비와 함께 구겐하임 아부다비, 자이드 국립박물관 등의 랜드마크가 집중되어 있어 글로벌 관광객과 문화 애호가들의 이목을 끌고 있으며, 이에 따른 고소득층의 수요도 지속적으로 유입되고 있습니다. 특히 2025년 개장을 앞둔 구겐하임 아부다비는 약 4만 2,000제곱미터 규모의 현대미술관으로, 이 지역을 예술과 투자가 만나는 복합 허브로 성장시키고 있습니다. 평균 임대 수익률은 6~8퍼센트 수준으로 안정적이며, 단기 임대 시장도 활발하게 성장 중입니다.

- 알 림 아일랜드: 라이프스타일과 수익성이 결합된 도시형 주거지

알 림 아일랜드(Al Reem Island)는 아부다비 중심부 인근에 위치한 고밀도 주거지로, 젊은 전문가와 가족 단위 거주 수요가 꾸준히 유입되는 지역입니다. 특히 스노 아부다비와 림 몰(Reem Mall)과 같은 대형 엔터테인먼트 및 상업 시설 개발로 인해 주거뿐 아니라 여가와 소비 중심지로도 자리매김하고 있습니다. 실내 스노 파크 '스노 아부다비'는 가족 단위 관광 수요를 끌어들이며 단기 임대 수익률을 높이고 있고, 림 몰은 세계 최초 옴니채널 쇼핑몰로서 상업 수익성과 부동산 가치를 동시에 높이고 있습니다. 평균 임대 수익률은 7~8퍼센트대에 이르며, 향후 자산 가치 상승 여력이 높은 지역으로 평가됩니다.

- 야스 아일랜드: 관광과 레저, 고급 주거의 복합 워터프런트

야스 아일랜드(Yas Island)는 아부다비의 대표 관광지로, F1 서킷, 페라리 월드, 야스 워터월드 등 대형 테마파크와 연계된 복합 개발이 활발히 진행 중입니다. 이 중심에 있는 야스 베이(Yas Bay)는 약 120억 달러 규모의 워터프런트 프로젝트로, 고급 주거와 상업·레저 시설이 집약되어 있습니다. 2024년 기준으로 약 80퍼센트가 완공되었으며, 2025년에 리조트 및 호텔 시설이 본격 가동될 예정입니다. 관광 중심지로서의 입지 덕분에 단기 임대 수익률이 8~9퍼센트에 이르며, 럭셔리 빌라 수요도 지속적으로 증가하고 있습니다.

- 마스다르 시티: 기술과 친환경이 만나는 미래형 도시

마스다르 시티(Masdar City)는 아부다비의 지속 가능한 스마트 도시 전략을 대표하는 프로젝트로, 탄소중립을 지향하는 글로벌 친환경 도시입니다. 태양광발전, 스마트 그리드, 친환경 자재를 기반으로 2026년까지 약 90만 제곱미터 규모의 상업 및 주거 공간이 개발될 예정입니다. 현재 조성 중인 '더 링크(The Link)'와 '마스다르 시티 스퀘어'는 환경친화적인 오피스 공간과 공동 주거형 시설로 구성되어 있으며, ESG 기반의 부동산 투자자들에게 주목받고 있습니다. 평균 임대 수익률은 6~7퍼센트이며, 장기 투자에 유리한 구조를 갖춘 지역입니다.

아부다비 핵심 투자 지역 분석

알 림 아일랜드

도심과 바다를 잇는 알 림 아일랜드는 아부다비 도심에서 약 600미터 떨어진 해안가에 위치한 대규모 인공섬으로, 주거와 비즈니스, 쇼핑과 여가가 조화를 이루는 신흥 복합 개발지입니다. 약 280만 제곱미터 규모로 조성된 이 지역은 고층 아파트와 상업 지구가 함께 구성되어 있으며, 프리홀드 지역으로 지정되어 있어 글로벌 투자자들의 관심을 꾸준히 받고 있습니다.

2024년 말에는 대형 쇼핑몰인 림 몰이 정식 개장했고, 이 안에 위치한 스노 아부다비는 중동 최대 규모의 실내 스노 파크로, 가족 단위 방문객 수요를 크게 늘리고 있습니다. 이러한 상업 인프라 확충과

더불어 주거 단지 더 소스(The Source), 림 힐스(Reem Hills), 래디언트 스퀘어(Radiant Square) 등 다양한 오프플랜 프로젝트가 진행 중이며, 실거주자와 투자자 모두에게 유망한 옵션으로 평가받고 있습니다.

주거 환경: 도심에서 가까우면서도 바다를 조망할 수 있는 입지를 갖춘 주거지로, 고층 아파트와 펜트하우스, 타운하우스까지 다양한 주거 유형이 고르게 분포되어 있습니다. 대다수 단지는 오픈 플랜 구조와 대형 창문을 통해 채광과 개방감을 높였으며, 최근 공급된 신규 단지에는 스마트홈 시스템이 기본 적용되어 편의성과 에너지 효율을 동시에 만족시킵니다.

녹지 공간과 산책로, 피트니스 센터, 커뮤니티 수영장, 어린이 놀이터 등 가족 단위 거주자를 위한 커뮤니티 시설도 잘 갖춰져 있으며, 2024년 기준 평균 거주 점유율이 90퍼센트를 상회할 만큼 수요가 안정적인 지역입니다.

교통 및 커뮤니티 접근성: 차량으로 아부다비 도심과 5분 이내에 연결되는 뛰어난 접근성을 자랑합니다. 다리 하나만 건너면 갤러리아 몰(The Galleria Mall), 클리블랜드 클리닉(Cleveland Clinic), 부르즈 모하메드 빈 라시드 빌딩(Burj Mohammed Bin Rashid) 등 주요 상업 및 의료 시설을 이용할 수 있어 생활 인프라가 매우 풍부합니다.

교육 인프라도 뛰어난 편으로, 렙턴 스쿨 아부다비(Repton School Abu Dhabi), 소르본 대학교 아부다비(Sorbonne University Abu Dhabi) 등 수준 높은 국제학교와 대학이 인접해 있어, 자녀 교육을 고려하는 가족들에게도 유리한 선택지로 평가받고 있습니다.

투자 전략 요약과 실전 분석–투자자의 관점: 도심 인접성과 해안 조망을 동시에 누릴 수 있는 희소한 입지를 바탕으로 중급 아파트부터 고급 주거까지 다양한 투자 전략이 가능한 지역입니다. 신규 오프플랜 프로젝트는 초기 진입 비용이 비교적 낮고, 림 몰 개장 이후 상권 활성화에 따라 자산 가치가 상승할 여력도 충분합니다.

림 힐스, 더 소스, 래디언트 스퀘어와 같은 신규 단지는 고급 커뮤니티 설계와 브랜드 인지도를 바탕으로 장기 임대 수요가 안정적이며, 일부 유닛은 단기 임대 수익률도 기대할 수 있습니다. 다만 고급 아파트의 공급량 증가로 인한 경쟁 심화와 일부 오프플랜 프로젝트의 준공 지연 가능성은 투자 시 유의할 필요가 있습니다.

투자자가 기억해야 할 포인트
- 림 몰과 스노 아부다비 개장으로 생활·레저 수요가 늘어나며 부동산 가치 상승세가 본격화되었습니다.
- 도심과의 뛰어난 접근성, 풍부한 생활 인프라, 국제학교 입지까지 실거주·투자 수요를 모두 만족시키는 입지입니다.
- 프리홀드 가능 지역으로 외국인 투자자 유입이 활발하며, 오프플랜 분양 시 초기 진입 비용이 유리한 편입니다.

야스 아일랜드

야스 아일랜드는 아부다비 남서부, 알 라하(Al Raha) 지역 인근 해안가에 위치한 복합 라이프스타일 개발지로, 아부다비 국제공항에서 차량으로 약 10분 거리에 자리하고 있습니다. 이 지역은 페라리 월드(Ferrari World), 야스 마리나 서킷(Yas Marina Circuit), 워너 브라더스 월드(Warner Bros. World) 등 세계적인 테마파크와 고급 주거 단지가 결합된 엔터테인먼트 중심지로 성장했습니다. 알다르에서 주도한 야스 베이 프로젝트는 440억AED 규모의 복합 단지로, 고급 호텔과 빌라, 타운하우스를 포함하고 있으며, 연간 약 400만 명 이상의 관광객이 방문하는 핵심 지역으로 평가받고 있습니다.

주요 특징: 아부다비 내에서도 '관광과 정주가 결합된 대표 복합 지구'로, 고급 라이프스타일을 지향하는 실수요자와 단기 임대 투자자를 동시에 만족시키는 입지를 갖추고 있습니다. F1 그랑프리와 국제 콘서트, 글로벌 전시 등 대규모 행사를 유치하며 지역 인지도를 높여 왔고, 2025년에는 시월드(SeaWorld)와 노야 비바(Noya Viva) 등 신규 리조트가 완공될 예정입니다. 이로 인해 부동산 자산 가치가 꾸준히 상승하고 있으며, 평균 임대 수익률은 7~8퍼센트 수준을 유지하고 있습니다.

주요 요소: 야스 베이는 이 지역의 핵심 복합 개발지로, 고급 호텔과 주거 시설, 마리나, 해변 산책로가 조화를 이루는 라이프스타일 중심지로 조성되었습니다. 시월드, 에티하드 아레나(Etihad Arena), 피어 71(Pier 71) 등은 연중 관광객 유입을 촉진하며, 알다르의 노야(Noya) 시리즈(예: 노야 비바(Noya Viva), 노야 루마(Noya Luma))는 중상급 투자자에게 안정적인 오프플랜 옵션을 제공하고 있습니다. 이 외에도 크루즈 터미널, 쇼핑몰, 다목적 컨벤션 공간이 연계되어 관광, 상업, 정주의 기능이 유기적으로 결합된 구조를 갖추고 있습니다.

주거 환경: 야스 아일랜드 내 주거 단지는 주로 타운하우스와 빌라

위주로 구성되어 있으며, 대부분 해변 접근성과 대형 커뮤니티 시설을 갖추고 있습니다. 대표 프로젝트인 노야 비바, 야스 에이커스(Yas Acres) 등은 3~5베드룸 타운하우스와 빌라 형태로 제공되며, 가족 중심 설계와 넓은 거실, 프라이빗 정원, 커뮤니티 수영장, 피트니스 센터 등의 부대 시설이 완비되어 있습니다. 또한 도보로 접근할 수 있는 국제학교와 클리닉, 리테일 공간이 함께 들어서 있어 자녀 교육과 일상 편의성 면에서도 높은 만족도를 제공합니다.

교통 및 커뮤니티 접근성: 셰이크 할리파 빈 자이드 고속도로를 통해 도심 및 공항과의 접근성이 뛰어나며, 아부다비 국제공항까지는 차량으로 10분, 알 라하 비치까지는 7분 내외로 연결됩니다. 에티하드 철도 프로젝트가 완공되면 향후 두바이, 알 아인 등 타 도시와의 연결성도 대폭 향상될 예정입니다. 교육 인프라로는 사비스 인터내셔널 스쿨(Sabis International School), 웨스트 야스 아카데미(West Yas Academy) 등이 인근에 있으며, 의료 시설은 야스 클리닉(Yas Clinic)과 NMC 로열 메디컬 센터(NMC Royal Medical Centre) 등이 있습니다.

투자자의 관점: 야스 아일랜드는 고급 리조트와 관광 자산 중심의 단기 임대 시장과 가족 중심의 중장기 거주 수요가 공존하는 이중 구조를 갖춘 지역입니다. 호텔형 부동산은 연 7~8퍼센트의 수익률을 제공하며, 글로벌 이벤트와 연계된 에어비앤비 수요가 높아 단기 임대 전략이 유효합니다. 반면 노야 비바 등 타운하우스는 실거주와 장기 임대 모두를 아우를 수 있으며, 향후 시월드와 야스 베이 리조트의 완공 효과로 자산 가치의 추가 상승이 기대됩니다. 특히 관광 트래픽

과 국제학교 접근성을 고려할 때 가족 단위 중산층 투자자에게도 안정적인 선택지로 평가됩니다.

> **투자자가 기억해야 할 포인트**
> - 야스섬은 관광·이벤트와 연계된 단기 임대 수익과 자산 가치 상승이 동시에 가능한 복합형 투자처입니다.
> - 시월드, 에티하드 아레나, 노야 비바 등 신규 개발이 지역 인지도를 높이고 있으며, 중상급 투자자에게 유리한 조건을 갖추고 있습니다.

사디야트 아일랜드

사디야트 아일랜드는 아부다비 북동부, 도심에서 약 7킬로미터 떨어진 해안 지역에 위치한 고급 복합 개발지입니다. 약 27제곱킬로미터 규모의 이 섬은 예술, 문화, 휴양, 주거 기능이 모두 어우러진 세계적 수준의 마스터 커뮤니티로, 루브르 아부다비, 자이드 국립박물관, 올해 초 문을 연 팀랩 페노메나 아부다비(teamLab Phenomena), 그리고 2025년 개관 예정인 구겐하임 아부다비 등 주요 문화 랜드마크가 집약되어 있습니다. 약 8킬로미터에 이르는 백사장과 고급 리조트, 자연 보전 지구가 어우러지며, 도심에서 가까운 프리미엄 해변 주거지로 주목받고 있습니다.

주요 특징: 아부다비의 문화 관광 허브이자 고급 라이프스타일을 대표하는 상징적인 지역입니다. 루브르 아부다비는 2024년 기준 연간 120만 명 이상의 관람객을 유치하며 글로벌 문화 애호가와 고소득층 투자자를 끌어들이고 있습니다. 구겐하임 아부다비는 2025년 말 개장 예정이며, 개관 이후 관광 수요와 임대 수익의 추가 상승이 기대됩

니다. 주거 단지는 주로 해변과 인접한 럭셔리 빌라 및 아파트로 구성되어 있으며, 사디야트 라군과 같은 자연 친화형 오프플랜 프로젝트는 생태계 보존과 프라이버시를 동시에 충족시키고 있습니다.

주요 요소: 주거 유형은 고급 빌라, 타운하우스, 해변가 아파트로 구성되어 있으며, 대부분 바다 전망을 확보한 설계가 특징입니다. 각 단지는 모던 아라비안 스타일의 외관과 유럽식 고급 마감재가 적용되어 있으며, 개인 정원, 수영장, 스마트홈 시스템이 기본 옵션으로 제공됩니다. 사디야트 비치 빌라(Saadiyat Beach Villas), 누드라(Nudra), 맘샤 알 사디야트(Mamsha Al Saadiyat) 등이 대표적인 주거 단지이며, 2025년 기준으로 대부분 완공되어 높은 점유율을 기록하고 있습니다.

주거 환경: 자연과 예술, 고급 주거가 조화를 이루는 쾌적한 생활 환경을 갖추고 있습니다. 약 8킬로미터 길이의 백사장과 보존된 사구 생태계, 보행자 중심 커뮤니티 설계는 가족 단위 거주자와 웰니스 중심 생활을 지향하는 거주자에게 이상적인 환경을 제공합니다. 인근에는 크랜레이 아부다비(Cranleigh Abu Dhabi), 뉴욕 대학교 아부다비(New York University Abu Dhabi)와 같은 명문 국제학교가 위치하고 있으며, 의료 시설은 클리블랜드 클리닉 아부다비(Cleveland Clinic Abu Dhabi)까지 차로 15분 거리여서 접근이 용이합니다.

교통 및 커뮤니티 접근성: 아부다비 도심과 셰이크 할리파 브리지(Sheikh Khalifa Bridge)를 통해 차량으로 약 10~15분 이내에 연결되며, 아부다비 국제공항까지는 약 30분 정도 소요됩니다. 해안도로와 도시 내 고속도로망과도 연계되어 있어 차량 이동이 편리하며, 2026년까지 친환경 셔틀이 도입될 계획입니다. 갤러리아 몰, 사디야트 골프 클럽, 해변 산책로 등이 인근에 위치해 여가·문화·쇼핑 기능을 모두 갖춘 커뮤니티 인프라를 제공합니다.

투자자의 관점: 사디야트섬의 평균 임대 수익률은 6~7퍼센트로 안정적인 수준을 유지하고 있으며, 고급 문화 시설과 해변 리조트를 기반으로 단기 임대 수요 또한 꾸준히 증가하고 있습니다. 특히 2025년 구겐하임 아부다비 개장을 전후로 문화 관광객 유입과 숙박 수요가 늘어날 전망이며, 맘샤 알 사디야트 및 사디야트 라군 프로젝트는 오프플랜 단계에서부터 분양가 대비 자산 가치 상승률이 10퍼센트 이상을 기록한 사례도 있습니다. 다만 고가 부동산 중심 지역이므로 초기 투자 진입 장벽이 높고, 일부 프로젝트는 개발 지연 리스크를 내포하고 있어 분양 일정 확인이 중요합니다.

투자자가 기억해야 할 포인트
- 사디야트섬은 문화 인프라와 해변 생활이 결합된 아부다비의 대표 고급 주거지입니다.
- 루브르, 구겐하임, 자이드 박물관 등의 대형 프로젝트와 함께 장기 가치 상승이 기대됩니다.
- 초기 진입 가격이 높은 만큼 오프플랜 투자를 통한 자본 이득 전략이 효과적입니다.

마스다르 시티

마스다르 시티는 아부다비 남동부, 국제공항 인근에 위치한 약 600만 제곱미터 규모의 친환경 마스터 커뮤니티입니다. UAE가 추진하는 '탄소중립 경제 전환'의 대표 프로젝트로, 태양광발전, 지속 가능한 건축 자재, 스마트 교통 인프라 등이 집약된 글로벌 친환경 도시입니다. 2025년 현재 주거·상업 공간이 순차적으로 완공되며 본격적인 거주 및 투자 수요가 유입되고 있으며, 마스다르 시티 스퀘어(Masdar City Square)와 더 링크(The Link) 같은 핵심 오피스 복합 단지도 2026년 완공을 목표로 개발되고 있습니다.

주요 특징: 마스다르 시티는 아부다비 정부의 '비전 2030' 전략에 따라 설계된 중동 최초의 지속 가능한 도시로, 기후 변화 대응과 기술 기반 도시 모델을 동시에 추구합니다. 도심보다 낮은 온도를 유지하는 고층 회랑 구조와 풍력 시스템, 전기 셔틀버스 및 자율주행차 도입 등 스마트 기술이 도시 전반에 적용되어 있습니다. 글로벌 기술 기업과 환경 관련 스타트업의 본사 유치가 본격화되며, 환경을 중시하는 투자자들의 관심도 함께 높아지고 있습니다.

주요 요소: 주거 단지는 저층 친환경 건물로 구성되어 있으며, LEED 인증을 받은 아파트 단지와 타운하우스 중심의 커뮤니티가 형성되어 있습니다. 태양광 패널, 친환경 단열재, 스마트 조명과 공조 시스템 등이 표준화되어 있어 유지비가 일반 지역보다 10~15퍼센트 낮습니다. 대표 단지로는 오아시스 레지던스(Oasis Residences), 레오나르도 레지던스(Leonardo Residence), 더 게이트(The Gate) 등이 있으며, 더 링크 오피스 복합 단지는 약 9만 제곱미터의 규모로 글로벌 기술 기업 입주가 예정되어 있습니다.

주거 환경: 마스다르 시티는 조용하고 친환경적인 생활을 선호하는 가족 및 전문가층에게 적합한 주거지입니다. 단지 내에는 보행자 중심의 설계가 적용되어 있으며, 자전거 도로, 스마트 가로등, 전기 셔틀

서비스 등으로 쾌적한 이동 환경을 제공합니다. 공원, 카페, 커뮤니티 센터가 밀도 있게 배치되어 있으며, 반려동물 친화적인 시설도 마련되어 있습니다. 인근에는 젬스 에듀케이션(GEMS Education), 라이언 인터내셔널 스쿨(Ryan International School) 등 국제학교가 있어 가족 거주지로도 충분한 요건을 갖추고 있습니다.

교통 및 커뮤니티 접근성: 마스다르 시티는 아부다비 국제공항에서 차로 약 10분 거리에 위치해 있으며, 도심까지는 약 30분 소요됩니다. 2026년까지 계획된 전기 자율주행 셔틀 서비스가 커뮤니티 내 이동 효율성을 높일 예정이며, 공항과 주요 비즈니스 지구를 연결하는 고속 도로망도 함께 확장되고 있습니다. 리테일 공간은 마이 시티 센터 마스다르(My City Centre Masdar) 등 중형 쇼핑몰이 중심이 되며, 카페, 피트니스 센터, 스마트 클리닉 등이 입점해 있습니다.

투자자의 관점: 마스다르 시티는 평균 임대 수익률이 5.5~6.5퍼센트 수준으로 안정적인 흐름을 보이고 있으며, 특히 기술 기업 및 글로벌 기후 컨퍼런스 유치로 상업 공간에 대한 수요가 점차 늘고 있습니다. 오아시스 레지던스의 1베드룸 아파트는 연간 6만~7만 5,000AED의 임대 수익을 기록하고 있으며, 상업용 오피스 공간은 연간 임대 수익률 7퍼센트 이상을 기대할 수 있는 단기 계약이 활발합니다. 다만 기술 기업 및 친환경 트렌드에 민감한 특성상 수요가 제한적일 수 있으므로 투자 전 타깃 수요층의 안정성을 점검할 필요가 있습니다.

> **투자자가 기억해야 할 포인트**
> - 마스다르 시티는 UAE 정부의 지속 가능성 전략에 기반한 친환경 스마트 도시로, 중장기 성장 가능성이 높습니다.
> - 평균 수익률은 5.5~6.5퍼센트로 안정적이며, 전기 셔틀, 태양광 인프라 등 기술 기반 커뮤니티 특성이 강합니다.
> - 초기 진입 비용이 다소 높지만, 스마트시티 선호층과 기술 기반 기업 입주 수요에 기반한 장기 투자에 적합한 지역입니다.

알 마리야 아일랜드

아부다비의 비즈니스 허브 알 마리야 아일랜드는 아부다비 도심 북동부에 위치한 약 1.43제곱킬로미터(143만 제곱미터) 규모의 인공섬으로, UAE의 대표 금융 자유구역인 아부다비 글로벌 마켓(Abu Dhabi Global Market, ADGM)이 입지한 핵심 상업 지역입니다. 금융기관, 글로벌 컨설팅 기업, 다국적 오피스가 집결해 있으며 고급 레지던스, 쇼핑몰, 국제 병원 등 최상위 인프라가 조화를 이루는 이곳은 단순한 업무 지구를 넘어 아부다비 고급 라이프스타일의 중심으로 자리 잡고 있습니다. 2025년 ADGM의 대규모 확장이 예정되어 있어 장기적 가치 상승이 기대되는 핵심 투자지로 꼽힙니다.

주요 특징: 알 마리야섬은 단일 비즈니스 지구로서 보기 드문 복합성과 안정성을 갖춘 지역입니다. 글로벌 은행, 로펌, 자산 운용사들이 입주한 금융 자유구역 ADGM은 무제한 외국인 소유와 0퍼센트 법인세 혜택을 제공하며, 아부다비 정부의 전략적 육성 대상이기도 합니다. 갤러리아 몰, 클리블랜드 클리닉 아부다비, 로즈우드 호텔(Rosewood Hotel) 등 최상급 상업 및 의료 인프라가 집약되어 있으며,

도심과의 접근성이 뛰어나 글로벌 전문직과 고소득 거주자들이 선호하는 지역입니다.

주요 요소: 상업용 오피스 타워와 리테일 공간이 대부분을 차지하고 있으며, 고급 아파트는 제한적으로 공급되고 있어 희소성이 높은 편입니다. 대표 빌딩으로는 알 실라 타워(Al Sila Tower), 소와 스퀘어(Sowwah Square), 알 마캄 타워(Al Maqam Tower) 등이 있으며, 더 갤러리아 몰과 연계된 복합 용도 개발도 활발히 진행 중입니다. 2025년부터는 ADGM 확장 프로젝트가 본격화되며, 추가적인 글로벌 기업 유치와 오피스 수요 확대가 예상됩니다.

주거 환경: 본래 상업 중심지로 개발되었지만 고급 아파트 수요도 함께 증가하고 있습니다. 한정된 레지던스 공급으로 인해 임대료 프리미엄이 형성되어 있으며, 고소득 전문직 종사자들이 선호하는 단기 및 장기 거주지로 자리 잡았습니다. 대표적인 주거 단지는 로즈우드 레지던스(Rosewood Residences), 포 시즌스 프라이빗 레지던스(Four Seasons Private Residences) 등이 있으며, 대부분 호텔식 서비스와 연계되어 있습니다. 커뮤니티 내에는 피트니스 클럽, 스파, 고급 식당 등이 자리해 편리한 일상과 고급스러운 라이프스타일을 동시에 누릴 수 있습니다.

교통 및 커뮤니티 접근성: 도심과 직접 연결되는 위치에 있어, 알 자히야(Al Zahiyah) 및 코니쉐(Corniche) 지역과 차량으로 5~10분 내 접근이 가능합니다. 아부다비 코니쉐까지는 차로 약 12분, 루브르 아부다비가 있는 사디야트섬까지는 15분 거리이며, 국제공항은 약 30분 내 이동이 가능합니다. 2026년까지 계획된 아부다비 메트로 1단계(Abu Dhabi Metro Phase 1)가 시행되면 이 지역도 향후 역세권 효과를 누릴 수 있을 것으로 보입니다. 클리블랜드 클리닉 아부다비, 갤러리아 몰, ADGM 내 식음료 및 문화시설은 단지 내의 모든 생활 인프라를 충족시켜줍니다.

투자자의 관점: 평균 임대 수익률이 5~6.5퍼센트 수준으로 안정적인 편이며, 특히 글로벌 금리 하락 국면과 맞물려 2025년 이후 상업용 부동산 거래가 점차 회복세를 보일 것으로 전망됩니다. ADGM의 확장은 오피스 수요를 견인할 뿐 아니라 고급 레지던스의 가치 상승도 기대하게 만듭니다. 예를 들어 알 실라 타워의 프라임 오피스는 연간 임대 수익률 6.5퍼센트를 기록 중이며, 로즈우드 레지던스의 2베드룸 유닛은 연간 평균 25만~30만AED입니다. 다만 초기 투자 비용이 높고 글로벌 경제 변동에 민감한 지역인 만큼 단기 수익보다는 중장기 가치 상승에 초점을 둔 접근이 유효합니다.

투자자가 기억해야 할 포인트

- 알 마리야섬은 아부다비의 금융 허브이자, 글로벌 기업이 밀집한 고급 상업·레지던스 복합 지역입니다.
- 평균 임대 수익률은 5~6.5퍼센트로 안정적이며, 2025년 ADGM 확장을 통한 장기 수요 증가와 자산 가치 상승이 기대됩니다.
- 초기 진입 장벽은 다소 높지만, 비즈니스 중심지로서의 입지와 프리미엄 브랜드 레지던스의 희소성은 장기 투자에 강점을 제공합니다.

알 라하 비치

알 라하 비치는 아부다비 동부, 시내 중심과 국제공항 사이에 위치한 약 5.5제곱킬로미터 규모의 해안 주거지입니다. 아부다비 대표 개발사 알다르가 주도한 이 프로젝트는 바다와 조화를 이루는 워터프런트 중심 설계로 가족 중심의 고급 주거를 지향합니다. LEED 인증 건축물, 공원, 국제학교, 쇼핑센터 등 다양한 인프라가 완비되어 있으며, 2025년 현재 아부다비에서 가장 안정적인 생활형 프리미엄 주거 중 하나로 평가받고 있습니다.

주요 특징: 알 라하 비치는 약 8킬로미터 해안선을 따라 조성된 고급 워터프런트 커뮤니티로, 빌라, 타운하우스, 중대형 아파트가 고르게 분포해 있습니다. 알다르가 직접 개발한 이 지역은 알 자이나(Al Zeina), 알 반다르(Al Bandar), 알 무니라(Al Muneera) 같은 대표 단지들을 중심으로 고급스러운 주거 밀집지를 형성하고 있으며, LEED 인증 건물 확대로 지속 가능한 설계가 돋보입니다. 수영장, 피트니스 센터, 프라이빗 비치, 수변 산책로 등 커뮤니티 라이프를 완성하는 요소들이 풍부해 가족 단위 거주자들의 만족도가 높은 지역입니다.

주요 요소: 주거 유형은 1~4베드룸 아파트, 3~5베드룸 타운하우스, 4~6베드룸 빌라로 구성되어 있으며, 대부분 바다 전망 또는 수변 공원 뷰를 확보하고 있습니다. 고급 마감재와 오픈 플랜 구조, 대형 발코니가 기본 적용되며, 일부 단지는 호텔식 서비스와 리테일 공간도 함께 갖추고 있습니다. 대표 단지인 알 자이나는 고급 아파트와 해변 접근성이 특징이며, 알 반다르는 요트 마리나와 레스토랑, 부티크 상

점이 함께 운영됩니다. 알 무니라는 빌라와 아파트, 쇼핑몰이 함께 조성된 복합 단지로, 커뮤니티 전체가 걸어서 이동할 수 있는 구조를 갖추고 있습니다.

주거 환경: 자연 조망과 프라이빗 환경을 동시에 갖춘 주거지로, 조용하면서도 세련된 분위기를 제공합니다. 녹지율이 높고, 단지 내 조깅 트랙과 어린이 놀이터, 카약 전용 수로 등 가족 중심 활동 공간이 잘 갖춰져 있습니다. 젬스 아메리칸 아카데미, 라하 인터내셔널 스쿨(Raha International School) 같은 국제학교가 가까이 위치해 학군 환경도 우수합니다. 의료 인프라는 NMC 로열 병원과 메디클리닉 에어포트 로드 병원(Mediclinic Airport Road Hospital)이 차량으로 10~15분 내에 위치해 있어 실거주자에게 매우 적합한 입지입니다.

교통 및 커뮤니티 접근성: 아부다비-두바이 고속도로에 인접해 있어 아부다비 시내는 물론 두바이 방향으로도 접근하기 용이합니다. 아부다비 국제공항까지는 차량으로 10~12분, 시내 중심(코니쉐)은 20~25분 거리에 있으며, 인근 야스섬 및 야스 몰까지는 15분 내 이동이 가능합니다. 2025년 기준으로 알 라하 비치는 공항과 시내 사이를 연결하는 핵심 입지로 평가받으며, 교통 인프라 확장과 함께 지속적인 부동산 수요가 유입되고 있습니다.

투자자의 관점: 알 라하 비치는 고급 빌라와 타운하우스를 중심으로 한 장기 임대 및 자산 보유 전략에 적합한 지역입니다. 2024년 기준 평균 임대 수익률은 6~7퍼센트 수준으로 안정적이며, 특히 수변 뷰 단지는 연간 가치 상승률이 56퍼센트를 기록하고 있습니다. 예를

들어 알 자이나의 2베드룸 아파트는 연간 13만~16만AED 수준의 임대료를 형성하고 있으며, 빌라 유닛은 23만AED 이상으로 거래되고 있습니다. 2025년 야스 베이와 연계된 개발이 본격화됨에 따라 수변 커뮤니티로서의 가치가 더욱 부각되고 있으며, 장기적으로도 가족 수요와 자산 가치 보존 측면에서 유리한 지역입니다.

> **투자자가 기억해야 할 포인트**
> - 알 라하 비치는 도심과 공항 사이의 핵심 입지에 위치한 프리미엄 해변 커뮤니티로, 가족 친화적 라이프스타일과 고급 주거 환경이 강점입니다.
> - 평균 임대 수익률 6~7퍼센트, 연간 자산 가치 상승률은 5~6퍼센트 수준으로, 안정적인 장기 투자처로 적합합니다.
> - 알 자이나, 알 무니라 등 주요 단지는 수변 조망, 국제학교, 쇼핑 시설 등 거주자의 라이프스타일을 완성하는 요소가 집약된 단지로, 실거주와 투자 수요 모두에 매력적입니다.

아부다비, 수도를 넘어 투자의 지평으로

2025년 아부다비는 단순한 정치·행정 수도를 넘어 명실상부한 글로벌 투자 허브로 탈바꿈하고 있습니다. 경제 다각화 전략과 도시 전역에 걸친 인프라 확장, 그리고 외국인 투자자 친화 정책은 부동산 시장 전반에 긍정적인 시그널을 보내고 있습니다.

실제로 2024년 아부다비의 실질 GDP는 전년 대비 3.8퍼센트 성장했으며, 특히 비석유 부문이 6.2퍼센트의 높은 성장률을 기록하며 전체 GDP의 절반 이상을 차지했습니다. 이는 아부다비가 더 이상 석유에 의존하지 않는 지속 가능한 경제 도시로 전환되고 있음을 명확히 보여주는 수치입니다. 여기에 프리홀드 정책 확대, 장기 거주 비자 제도, 디지털 부동산 거래 시스템까지 더해지며, 중동 지역에서 가장 신뢰할 수 있는 투자 환경을 제공하는 도시로 자리매김하고 있습니다.

무엇보다 아부다비의 부동산 시장은 단순한 자산 매입을 넘어 '전략적 투자 설계'가 가능하다는 점에서 돋보입니다.

고수익 단기 투자처를 찾는다면 야스섬의 관광 중심 단지의 중장기 임대 수익, 가치 상승을 노린다면 알 림섬이나 알 라하 비치의 중산층 타깃 주거지, 장기 보유 자산으로 안정성과 브랜드 가치를 동시에 확보하고자 한다면 사디야트섬의 고급 빌라나 마스다르 시티의 ESG 기반 개발 프로젝트가 유력한 선택지가 될 수 있습니다.

2025년 현재 아부다비의 평균 임대 수익률은 5~9퍼센트 수준이며, 자본 가치 상승은 연간 5~10퍼센트 수준으로 추정됩니다. 이는 중동은 물론 전 세계 주요 도시와 비교해도 매우 경쟁력 있는 수익성 지표입니다.

그러나 모든 시장이 그렇듯 리스크 또한 병존합니다. 일부 고급 지역의 공급 과잉, 글로벌 금리 및 원자재 가격의 불확실성, 그리고 관광 중심 지역의 수요 계절성은 투자 시 반드시 감안해야 할 변수입니다. 이에 따라 투자자는 단기, 중기, 장기의 명확한 목표와 지역별 특성을 반영한 다층적 포트폴리오 설계가 필요합니다.

아부다비는 지금 도시 전체가 하나의 성장 플랫폼이 되고 있습니다. 부동산은 그 플랫폼 위에서 가장 확실한 기회를 제공하는 자산이며, 그 기회는 지금 이 순간에도 조용히 움직이고 있습니다.

라스 알 카이마: 조용하지만 강력한 투자 기회가 흐르는 곳

라스 알 카이마(이하 RAK)는 UAE의 북부에 위치한 에미리트 중 하나로, 오랜 시간 동안 비교적 주목받지 못한 도시였습니다. 그러나 최근 RAK는 부동산 투자 시장에서 단순한 '대안'이 아닌 '신흥 주류'로 부상하고 있습니다. 인프라 개발, 고급 관광지 조성, 국제 브랜드 유치 등 다방면에서의 전략이 효과를 내기 시작했기 때문입니다. 두바이에서 차량으로 약 1시간 거리, RAK 국제공항을 통한 직항 노선 확보, 그리고 정부 주도의 비전 2030에 발맞춘 도시 재설계가 이 지역의 잠재력을 본격적으로 끌어올리고 있습니다.

변화의 중심에 선 알 마르잔 아일랜드와 카지노 리조트

RAK의 부동산 시장 변화는 인공섬인 알 마르잔 아일랜드를 중심으로 가속화되고 있습니다. 해안선을 따라 조성된 이 지역은 평균 임대 수익률 9퍼센트 이상이라는 수치를 기록하며 투자자들의 이목을 집중시키고 있습니다. 특히 중동 최초의 카지노 리조트로 주목받는 윈 알 마르잔 아일랜드(Wynn Al Marjan Island) 프로젝트는 2026년 개장을 목표로 약 39억 달러가 투입된 메가 프로젝트입니다. 숙박, 쇼핑, 엔터테인먼트, 고급 주거가 결합된 이 단지로 라스베이거스, 마카오, 싱가포르와 유사한 관광·부동산 상승 구조를 RAK에도 볼 수 있을 것으로 기대되고 있습니다.

더불어 니키 비치(Nikki Beach), 노부(Nobu), 월도프 아스토리아

(Waldorf Astoria), 애스턴 마틴(Aston Martin), 엘리 사브(Elie Saab) 등 글로벌 브랜드들의 레지던스 프로젝트가 대거 예정되어 있어 향후 몇 년간 약 1만 4,000세대가 신규 공급될 예정이며, 이 중 절반 이상이 브랜드 레지던스로 구성될 전망입니다.

경제 다변화와 친환경 개발이 이끄는 구조적 성장

RAK 정부는 관광 산업뿐 아니라 제조업, 에너지, 기술 기반 산업을 포함한 경제 다변화 정책을 적극 추진 중입니다. 친환경 도시 설계, 탄소중립 프로젝트, 녹색 건축 확대 등은 ESG를 중요시하는 글로벌 투자자들에게 긍정적인 시그널로 작용하고 있습니다. 특히 RAKEZ(Ras Al Khaimah Economic Zone)를 통해 해외 기업 유치와 고용 창출을 동시에 이루고 있으며, 이에 따라 주거 및 상업용 부동산 수요도 동반 상승하고 있습니다.

2030년까지 RAK의 인구는 65만 명을 넘어설 것으로 예상되며, 이는 도시 내 실수요 기반 확대와 장기 거주 시장의 성숙을 의미합니다. 고소득층, 외국인 전문가, 젊은 직장인을 중심으로 한 주거 수요가 증가하면서 고급 아파트, 브랜드 레지던스, 단기 임대 유닛 등의 시장이 본격적으로 커지고 있습니다.

공급 부족 속 상승 여력, 그리고 투자 수익률

현재 RAK의 부동산 시장은 구조적인 공급 부족과 급증하는 수요가 맞물린 성장 초입 단계입니다. 알 마르잔 아일랜드를 중심으로

한 워터프런트 유닛은 분양 전 완판이 이어지고 있으며, 2024년 기준 오프플랜 가격이 15~20퍼센트 상승한 바 있습니다. 해안가 중심 프로젝트의 경우 임대 수요와 실거주 수요가 동시에 몰리면서 가격과 수익률 모두 견고한 흐름을 보이고 있습니다.

내부 수익률(IRR)은 20~30퍼센트로, 이는 아부다비와 두바이의 평균 수치를 크게 웃도는 수준입니다. 임대 수익률도 8~9퍼센트 이상으로, 시세 차익과 운영 수익을 동시에 기대할 수 있는 매우 매력적인 구조입니다.

'조용한 강자'에서 '대체 불가능한 기회'로

RAK는 이제 더 이상 UAE 내 변방의 도시가 아닙니다. 다양한 글로벌 브랜드의 유입, 정부의 투자 유치 정책, ESG 기반 도시 설계, 인구 성장과 관광 산업 확장 등 모든 요소가 유기적으로 작동하면서 RAK는 강력한 중장기 성장 구간에 진입하고 있습니다.

투자자는 지금 이 도시에서 단기 수익, 중기 자산 성장, 장기 안정성이라는 3가지 목표를 모두 실현할 수 있는 기회를 마주하고 있습니다. 지금이 바로 RAK를 다시 봐야 할 시점입니다.

샤르자: 문화와 경제의 균형 속에 떠오르는 투자 중심지

샤르자는 단순히 두바이의 대체제가 아닙니다. 이 도시는 이제 독립적인 성장 동력을 가진 하나의 자산 시장으로 떠오르고 있습니다. 2024년 샤르자의 부동산 거래액은 40억AED를 돌파하며 전년 대비 48퍼센트 성장했고, 이는 2008년 금융위기 이후 최고의 실적입니다. 무엇보다 의미 있는 것은 이 성장이 '투기적 급등'이 아닌 실수요 기반의 안정적인 흐름에서 나왔다는 점입니다.

2025년 현재 샤르자의 평균 주택 가격은 두바이 대비 약 40퍼센트 낮지만, 평균 임대 수익률은 6~8퍼센트 수준으로 매우 경쟁력 있는 수치를 기록하고 있습니다. 인구 약 180만 명 중 160만 명 이상이 외국인이라는 점은, 이 도시가 다양한 국적의 중산층과 전문직 거주자들에게 실질적인 거주 및 투자 대안이 되고 있음을 보여줍니다. 정부 차원의 프리홀드 정책 확대, 인프라 개발, 글로벌 투자 유치 전략은 이러한 흐름을 더욱 가속화하고 있습니다.

샤르자 부동산 수요를 이끄는 5가지 핵심 요인

1) 실수요 기반의 가격 경쟁력과 수익률

샤르자는 두바이나 아부다비보다 초기 투자금이 낮고, 중산층·전문직 수요가 탄탄합니다. 상대적으로 낮은 진입 장벽에도 불구하고 임대 수익률은 평균 6~8퍼센트에 달하며, 자본 이득 가능성도 점차 확대되고 있습니다.

2) 광역 교통망과 인프라 확장

두바이 메트로 블루라인 연장과 샤르자 국제공항 확장 등은 샤르자의 접근성과 투자 가치를 높이고 있습니다. 특히 알 카시미아, 무와일레 등 교통망이 집중되는 지역에서 투자 수요가 빠르게 반응하고 있습니다.

3) 200만을 향한 인구 성장과 외국인 주도 수요

샤르자의 인구는 2030년까지 200만 명을 넘어설 것으로 예상되며, 이 중 88퍼센트 이상이 외국인입니다. 이러한 수요를 중심으로 알자다(Aljada), 마사르(Masaar), 틸랄 시티(Tilal City)와 같은 인기 커뮤니티의 임대료와 시세 모두가 상승세를 기록하고 있습니다.

4) 친환경 & 스마트 주거 단지 확대

에스티다마 펄 등급, 녹색 인증 건축물, 태양광과 절수 시스템을 적용한 개발 프로젝트가 증가하면서, 지속 가능성을 중시하는 투자자에게 새로운 선택지를 제공합니다. 신규 주택의 40퍼센트 이상이 스마트 기능을 탑재하고 있다는 점도 주목할 만합니다.

5) 복합 커뮤니티와 상업 산업 부동산의 확장성

샤르자는 단순 주거지가 아니라 주거-비즈니스-리테일이 결합된 복합 커뮤니티로의 진화를 지향하고 있습니다. 함리야 프리존(Hamriyah Free Zone), 산업 구역, 그리고 관광객 유입이 집중되는 해안가 개발 지역은 상업용 부동산 수요까지 흡수하고 있으며, 단기 임대 시장 또한 활기를 띠고 있습니다.

샤르자의 또 다른 변화는 고급 주택 수요 증가입니다. 알 히라 비치(Al Heerah Beach) 주변의 신축 빌라 단지, 워터프런트 레지던스, 고급 타운하우스는 점차 외국인 투자자와 고소득 거주자의 관심을 끌고 있습니다. 2024년 고급 주택 거래는 전년 대비 95퍼센트 이상 증가했으며, 이는 샤르자가 더 이상 '저가 대체지'가 아닌 새로운 고급 거주지로 인식되고 있음을 보여주는 흐름입니다.

샤르자 주요 개발 프로젝트

샤르자 지속 가능 도시(Sharjah Sustainable City)

샤르자 최초의 친환경 마스터 커뮤니티로, 태양광발전과 스마트홈 시스템이 적용된 빌라 단지가 조성되어 있습니다. 저탄소·저비용 생활이 가능해 지속 가능한 주거를 원하는 가족에게 적합합니다.

알자다(Aljada)

샤르자 도심 인근에 조성 중인 초대형 복합 신도시로, 주거, 상업, 오피스, 문화 공간이 통합된 '샤르자의 다운타운'으로 불립니다. 젊은 층과 중산층 수요가 많고, 향후 메트로 노선이 연장될 예정입니다.

틸랄 시티(Tilal City)

합리적인 가격의 빌라 및 타운하우스 중심 커뮤니티로, 샤르자 외곽에 있으나 도로망이 잘 정비되어 있습니다. 중장기 보유에 적합한 실속형 투자처입니다.

무와일레 상업 지역(Muwailih Commercial)

샤르자 대학교와 인접한 상업·주거 복합 지역으로, 오피스와 중소형 상가, 임대용 주거가 혼합되어 있습니다. 안정적인 상업 임대 수익을 기대할 수 있는 지역입니다.

알 칸(Al Khan)

샤르자의 대표적인 워터프런트 지역으로, 해변을 따라 고급 아파트와 관광 시설이 밀집해 있습니다. 두바이와 가까워 단기 임대 및 휴양 수요가 강한 고급 주거지입니다.

하얀(Hayyan)

자연과 조화를 이룬 중급 주거 단지로, 인공 호수와 공원이 조성되어 있습니다. 가족 단위 실거주자 수요가 많고, 쾌적한 생활환경을 중시하는 이들에게 적합합니다.

마사르(Masaar)

6킬로미터 자전거 도로와 5만 그루의 나무가 조성된 친환경 프리미엄 커뮤니티입니다. 고급 빌라와 타운하우스를 중심으로 젊은 전문가와 중산층 가족의 수요가 꾸준히 증가 중입니다.

알 자히아(Al Zahia)

샤르자 최초의 게이트 커뮤니티로, 고급 타운하우스와 빌라가 조성되어 있습니다. 프라이버시와 보안, 가족 친화 인프라가 강점이며, 고소득층의 실거주에 적합한 지역입니다.

알 투라야섬(Al Thuraya Island)

해안가에 조성 중인 프라이빗 워터프런트 단지로, 초기 오프플랜 개발 단계에 있습니다. 고급 아파트와 빌라 중심으로, 해변 조망과 프리미엄 라이프스타일을 선호하는 투자자에게 적합합니다.

샤르자는 UAE 내에서 가장 강한 실수요 기반, 높은 임대 수익률, 상대적으로 낮은 진입 장벽, 그리고 스마트·친환경 개발 전략이 결합된 투자 환경을 제공합니다. 장기적인 안정성과 꾸준한 수익을 바란다면, 샤르자를 UAE에서 가장 이상적인 중기·장기 투자처 중 하나로 주목할 필요가 있습니다.

PART 4

미래를 읽는 지도:
두바이 2040과 인프라

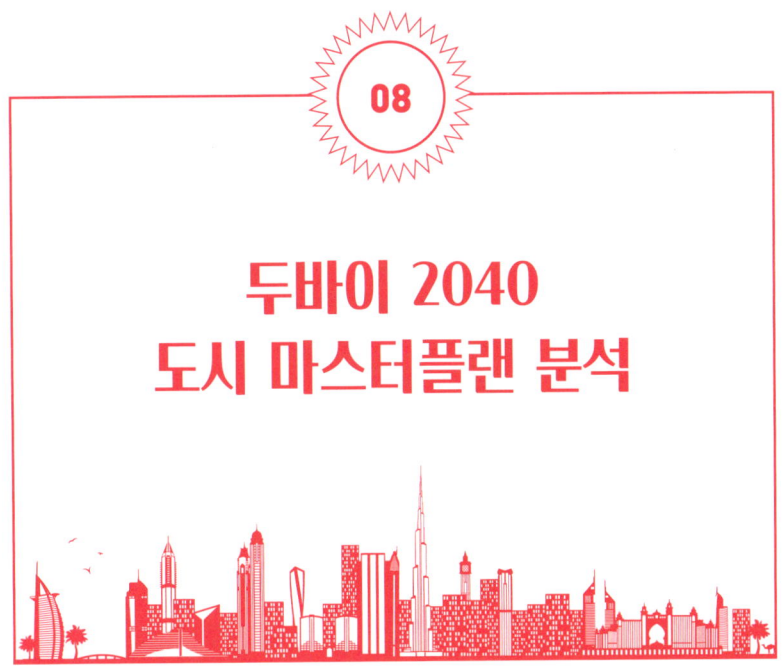

두바이 2040 도시 마스터플랜 분석

'미래 도시의 청사진을 읽는 법.'

도시는 단순히 건물이 늘어나는 공간이 아니라, 삶의 방식이 설계되는 무대입니다. 그리고 그 무대를 어떻게 구성할 것인지를 보여주는 것이 바로 도시 마스터플랜입니다.

두바이 2040 도시 마스터플랜은 단순한 개발 로드맵이 아닙니다. 이 계획은 향후 수십 년간 두바이라는 도시가 어디로, 어떻게 성장해 나갈지를 구체적으로 설계한 전략적 지도입니다. 단기적인 확장이나 수요 대응에 그치지 않고, 도시 전체의 구조, 인구 분포, 환경·교통·주거·문화 기능까지 총망라해 체계적인 공간 조화와 삶의 질 향상을 목표로 설정하고 있습니다.

이 장에서는 두바이 2040 도시 마스터플랜의 기본 구조와 접근

두바이 2040 도시 구조. ⓒ Dubai 2040: Structure Plan Executive Summary Report

방식을 시작으로, 핵심 정책 방향, 지역별 개발 우선순위, 그리고 투자자들이 주목해야 할 공간적 이니셔티브와 인프라 전략까지 단계별로 분석합니다.

 2040년의 두바이는 오늘 우리가 이해하는 두바이와는 전혀 다른 모습일 수 있습니다. 하지만 그 변화는 우연이 아니라 계획의 결과입니다.

인구 증가, 녹지 개발, 스마트시티 로드맵

 2021년 셰이크 모하메드 빈 라시드 알 막툼, 두바이 통치자는 UAE 건국 50주년을 맞아 '두바이 2040 도시 마스터플랜'을 발표했습니다. 이 계획은 단순한 도시 확장을 넘어 두바이를 지속 가능한 글로벌 도시로 탈바꿈시키기 위한 장기 전략이자, 투자자에게는 미래의 기회를 그려볼 수 있는 청사진입니다.

20년 동안 두바이를 어떻게 변화시킬지, 사람과 환경, 기술과 경제를 어떤 방식으로 통합할지를 제시한 이 플랜은 단순한 인프라 확장이 아닌 도시의 재설계를 목표로 합니다. 투자자로서 이 계획을 이해하는 것은, 단지 정보를 아는 것이 아니라 향후 20년을 준비하는 전략의 출발점입니다.

'도시는 곧 미래의 투자 지도입니다.' 두바이 정부가 제시한 '두바이 2040 도시 마스터플랜'은 단순한 도시계획을 넘어 미래 부동산 시장의 핵심 판도를 바꾸는 게임 체인저입니다.

2040년까지 두바이는 인구 780만 명을 수용할 수 있는 도시로 성장할 예정입니다. 이를 대비해 정부는 저밀도 고품질 주거지 개발, 대중교통 중심의 커뮤니티 설계, 그리고 기존 도심과 외곽의 균형 잡힌 재편을 추진하고 있습니다. 도시 구조는 5개 핵심 중심지(데이라, 다운타운, 두바이 마리나, 엑스포 시티, 주메이라)로 재편되며, 각각의 중심지는 비즈니스, 문화, 관광, 교육, 산업 등 특화된 기능을 갖추게 됩니다.

녹지와 여가 공간은 2배로 확장되고, 도심을 잇는 자전거 도로와 보행자 네트워크도 대폭 강화됩니다. 공공 해변 길이는 400퍼센트 증가하고, 도시 면적의 60퍼센트는 자연 보전 지역과 농촌 친환경 지구로 구성될 예정입니다. 이러한 변화는 삶의 질을 획기적으로 개선하며, 도시의 '거주 매력도'를 한 단계 끌어올릴 것입니다.

스마트시티 전략도 마스터플랜의 핵심 축입니다. AI 기반 교통 시스템, 스마트 에너지 관리, 디지털 행정 서비스 등이 도시 전반에 도입되며, 이는 부동산의 '스마트 프리미엄'을 형성하는 요인이 됩니다. 즉, 기술 인프라가 잘 갖춰진 지역일수록 투자 가치가 높아지는 구조로 진입하게 됩니다.

'두바이 2040 도시 마스터플랜'은 도시 인프라의 현대화와 자원 활용의 최적화를 핵심으로 하며, 도시의 지속 가능성과 글로벌 경쟁력 강화를 지향합니다. 다음은 이 계획의 주요 목표입니다.

두바이 2040 도시 마스터플랜의 핵심 목표

- 도시 공간 업그레이드 및 자원 효율성 향상: 기존 도심(데이라, 부르즈 두바이, 다운타운, 비즈니스 베이, 두바이 마리나 등) 정비, 엑스포 2020 센터 및 두바이 실리콘 오아시스를 신도시 거점으로 개발
- 활기차고 포용적인 커뮤니티 조성: 시민과 방문객 모두를 위한 생활 인프라 개선 및 커뮤니티 중심 개발
- 녹지 및 여가 공간 확대: 공원, 자연 공간을 2배 확대해 거주환경 개선 및 도시 열섬 완화
- 지속 가능한 교통 시스템 구축: 대중교통, 보행자 및 자전거 도로망 확장 →친환경 교통 활성화
- 경제성장 및 외국인 투자 유치: 글로벌 비즈니스 허브로서의 경쟁력 강화, 첨단 산업, 의료, 교육, 관광 등 신산업 중심의 투자 생태계 조성

- 환경의 지속 가능성 강화: 탄소 저감 정책 및 친환경 에너지 인프라 도입
- 문화유산 보호: 전통 지역 보존 및 통합적 역사 자원 관리
- 법률 및 행정 체계 정비: 지속 가능한 도시 개발을 위한 제도적 기반 마련

2040년까지의 기대 변화

- 녹지 및 여가 공간 2배 확대
- 자연보호구역 및 농촌 자연 지대가 도시 면적의 60퍼센트 차지
- 보행자 중심 교통 시스템 확장: 자전거 도로·도보 도로 확대
- 관광 부지 134퍼센트 증가, 상업 지역 면적 168제곱킬로미터로 확장
- 교육 및 의료 부지 25퍼센트 증가
- 공공 해변 길이 기존 대비 400퍼센트 증가

이 기회는 단지 도시가 바뀌는 것이 아닙니다. 투자자의 관점에서 생각한다면 시장의 질서가 다시 짜이고 있다는 뜻입니다. 앞으로의 부동산 투자는 트렌드를 따라가는 것이 아니라 미래 지도를 해석하는 일입니다. 두바이 2040 도시 마스터플랜은 그 해석의 기준점이 됩니다.

부동산 가치에 미치는 정책 변화 분석: 도시계획이 부동산 시장을 움직인다

두바이 2040 도시 마스터플랜은 부동산 시장의 방향성에도 직접적인 영향을 주고 있습니다. 가장 큰 변화는 '중심지 재편'과 '분산형 개발 전략'입니다. 기존에 프라임 지역으로 인식되던 다운타운과 마리나 중심에서 벗어나, 엑스포 시티(구 디스트릭트 2020), 두바이 실리콘 오아시스, 두바이 사우스 등의 신흥 거점으로 가치 축이 이동하고 있습니다.

이는 단순한 위치 변화가 아니라 교통망 확장, 산업 인프라 집적, 정부 정책 집중 투자 등 종합적 요소에 기반한 '전략적 가치 이동'입니다. 예를 들어 엑스포 시티는 스마트 물류, 의료, 교육, 기술 기반 산업을 유치하며 중장기 부동산 수요를 끌어올리고 있으며, 두바이 사우스는 알 막툼 국제공항 확장과 에티하드 철도 개발과 연계되어 '미래 도시'로 재조명받고 있습니다.

공공 해변 길이를 400퍼센트 증가시키고 녹지 면적을 2배로 확대하는 정책은 거주지 선택 기준을 '입지'에서 '삶의 질'로 전환시키고 있습니다. 이는 고소득층은 물론 중산층 외국인 실수요자 유입을 가속화하며 프리미엄 레지던스 수요를 높이고 있습니다.

교육 및 의료 부지 확대는 장기적 관점에서 가족 단위 외국인의 거주 수요를 증가시키며, 임대 수익률 안정화에 기여할 전망입니다. 두바이 정부는 2040년까지 교육·의료 인프라를 25퍼센트 이상 확대할 계획이며, 이는 단기 수익보다 중장기 보유 전략을 고려하는 투자자에게 매력적인 조건이 됩니다.

상업용 부동산도 긍정적으로 변화할 것으로 예상됩니다. 관광지 및 상업 지역 면적이 134퍼센트 이상 증가하고, 글로벌 기업 유치를 위한 Grade A 오피스 개발이 집중되면서 프리미엄 오피스 공간의 수요가 지속적으로 확대되고 있습니다.

지속 가능성과 ESG가 이끄는 투자 트렌드: 가치의 기준이 바뀌고 있다

'지속 가능성'은 이제 선택이 아닌 필수입니다. 두바이 정부는 2040 도시 마스터플랜을 통해 도시 전반에 ESG 요소를 전략적으로 통합하고 있으며, 이는 향후 부동산 시장의 가치를 좌우할 결정적 기준이 될 것입니다.

도시 내 신규 개발 프로젝트의 약 35퍼센트는 LEED 인증 또는 친환경 건축 기준을 충족하도록 설계되고 있으며, 에너지 절감형 주택과 스마트홈은 중산층 및 고소득층 모두에게 주요 선택 기준이 되고 있습니다. 태양광발전소와 친환경 수자원 관리 인프라 확장도 동반되면서 '지속 가능한 도시'라는 브랜드가 시장 신뢰도를 높이는 역할을 하고 있습니다.

투자자의 관점에서 ESG는 단순한 도덕적 요소를 넘어 실질적인

'가치 프리미엄'으로 작용하고 있습니다. 지속 가능성이 높은 지역은 장기 공실률이 낮고, 유지관리비가 절감되며, 글로벌 기관 투자자들이 선호하는 경향이 있기 때문입니다. 특히 유럽 및 북미계 기관 투자자들이 친환경·탄소 저감 요소가 강한 자산군에 더 많은 투자를 집행하고 있으며, 이는 두바이의 고급 자산 시장에서도 뚜렷한 트렌드로 나타나고 있습니다.

두바이 2040은 단순한 개발계획이 아니라, 도시 전체의 투자 철학을 바꾸는 패러다임 전환이라 할 수 있습니다. 부동산 시장은 이제 '단기 수익'이 아닌 '지속 가능한 가치'를 중심으로 재편되고 있으며, 이러한 흐름을 이해하는 투자자만이 장기적 우위를 점할 수 있습니다.

> **투자자가 기억해야 할 포인트**
> - 두바이 2040 도시 마스터플랜은 도시의 구조 자체를 바꾸는 변화입니다.
> - 미래 부동산 시장의 가치를 결정할 핵심 지표는 교통, 녹지, 스마트 인프라 등입니다.
> - 프라임 지역 중심 투자에서 '신흥 가치 지역' 중심으로의 전략 전환이 필요한 시점입니다.
> - ESG 요소를 반영한 지속 가능한 자산은 장기 투자자에게 안정성과 수익성을 동시에 제공합니다.

인프라와 교통, 교육이 만든 투자 지형

두바이 메트로 확장, 블루라인

두바이의 부동산 가치를 가장 먼저 예측할 수 있는 단서는 교통망에 있습니다. 도시 성장의 방향을 가장 명확하게 보여주는 것이 바로 메트로 노선이기 때문입니다. "메트로 역에서 도보로 몇 분 거리인가"라는 단순한 질문이 부동산 가격 상승과 임대 수익률의 핵심 변수로 작용하고 있습니다.

2009년 개통된 레드라인은 그 증거를 보여주었습니다. 레드라인 인근 주택의 가격은 2010년부터 2022년까지 평균 26.7퍼센트 상승했으며, 역에서 도보 10~15분 거리에 위치한 주택은 무려 43.8퍼센트까지 상승했습니다. 임대료 역시 평균 11.7퍼센트 증가하여 교통 접근성이 자산 가치에 미치는 영향을 수치로 입증했습니다.

이제 두바이는 또 한 번의 대규모 교통 인프라 확장에 나섰습니다. 2029년 완공을 목표로 하는 '블루라인(Blue Line)' 프로젝트는 두바이의 동서축을 관통하며 기존 노선을 보완하고, 신규 개발 지역을 연결하는 역할을 할 예정입니다. 블루라인은 두바이 크릭 하버, 페스티벌 시티, 글로벌 빌리지, 라시디야, 워르카, 미르디프, 실리콘 오아시스, 아카데믹 시티 등 핵심 거점들을 연결합니다.

총연장 길이 30킬로미터, 예상 수용 인구는 하루 20만 명, 장기적으로는 32만 명에 달하는 이 프로젝트는 단순한 교통망 확장이 아니라 도시의 경제·인구 흐름을 재편하는 촉매제가 될 것입니다.

블루라인 개통이 부동산 시장에 미치는 영향은 이미 분석을 통해 가시화되고 있습니다. 실리콘 오아시스, 인터내셔널 시티 같은 중산층 주거지는 평균 10~15퍼센트의 가치 상승이 예상되며, 두바이 크릭 하

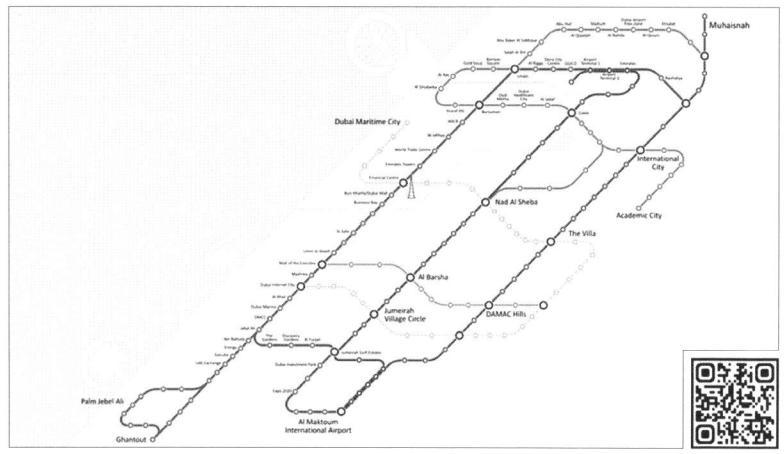

두바이 메트로 노선도. ⓒ Wikimedia Commons

버와 제벨 알리, 두바이 마리나 같은 프라임 지역은 20퍼센트 이상의 프리미엄이 형성될 가능성이 큽니다. 블루라인 개통 이후 교통 편의성이 개선되면 특히 샤르자나 푸자이라에서 두바이로 출퇴근하는 인구가 인근 지역으로 이주할 가능성이 커질 것입니다.

블루라인은 단순한 교통 인프라를 넘어, 두바이 도시 가치의 새로운 축을 형성하는 핵심 인프라가 될 것입니다. 지금 이 시점, 어디에 먼저 주목하고 움직이느냐에 따라 향후 10년의 투자 성과가 달라질 수 있습니다.

투자자가 기억해야 할 포인트
- 오프플랜 투자자는 블루라인 인근 신규 프로젝트를 우선 고려해야 합니다. 개통 시점까지 자산 가치 상승에 대한 기대치가 높습니다.
- 도보로 10~15분 내에 메트로에 접근할 수 있는 부동산은 장기적으로 임대 수요와 프리미엄이 상승할 여력이 큽니다.
- 실리콘 오아시스, 인터내셔널 시티는 중산층 대상 안정적 수익처로, 두바이 크릭 하버, 마리나, 제벨 알리는 프리미엄 임대 수익과 자산 가치 상승을 동시에 노릴 수 있는 선택적 시역입니다.

에티하드 철도 프로젝트: 도시 구조를 재편하는 교통 혁신

두바이의 부동산 시장은 단순한 지역 선호나 공급량만으로 설명되지 않습니다. 도시 간 연결성과 이동성, 다시 말해 '접근성'은 언제나 시장 판도를 바꿔온 주요 변수였습니다. 그리고 지금, 그 흐름의 한가운데에 에티하드 철도(Etihad Rail) 프로젝트가 있습니다.

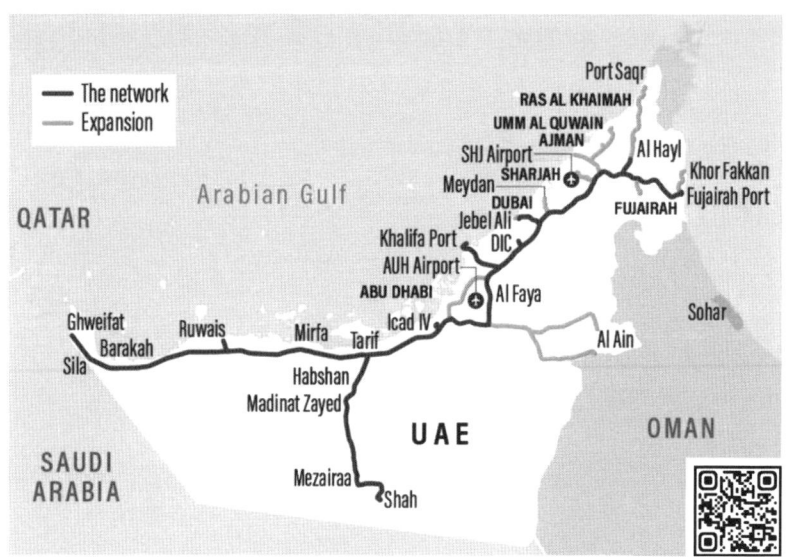

UAE의 기존 및 계획 철도 노선. ⓒ Etihad Rail

    총연장 약 1,200킬로미터에 이르는 이 UAE 연방 철도망은 아부다비, 두바이, 샤르자, 라스 알 카이마, 푸자이라를 하나로 연결하며, 단순한 교통 인프라를 넘어 국가적 도시 구조를 재편하고 있습니다. 계획이 완성되는 2030년에는 연간 6,000만 톤의 화물과 3,650만 명의 승객을 수송할 것으로 예상되며, 이는 두바이의 물류 경쟁력뿐 아니라 주거와 상업용 부동산의 흐름 전체를 새롭게 정의할 수 있는 수준의 변화입니다.

    이 철도는 특히 두바이의 외곽 거주지들―타운 스퀘어, 무돈, 아라벨라, 알 푸르잔, 그린 커뮤니티, 다막 힐스, 아라비안 랜치스 2, 림 등―을 직접 관통하게 됩니다. 지금까지는 중심지에서 다소 벗어난 입지로 평가되던 이 지역들이 향후 철도역 접근성과 함께 재평가될 가능성이 높아졌습니다.

단순히 노선이 생긴다는 의미를 넘어, 이 철도는 두바이의 공간 개념 자체를 바꾸고 있습니다. 예컨대 기존에는 생활비 절감을 위해 샤르자에 거주하며 두바이로 출퇴근하던 중산층 직장인들이, 앞으로는 푸자이라 같은 보다 저렴한 지역에서도 50분 만에 두바이 중심지까지 이동할 수 있게 됩니다. 푸자이라에서 아부다비까지도 단 100분. 이는 명백한 거주지 분산과 새로운 주거 수요 창출로 이어질 수 있는 흐름입니다.

부동산 투자자 입장에서는 이러한 변화가 곧 '기회'입니다. 교통망이 완성되기 전, 즉 가시적인 개발 이전 시점에 유망 지역을 선점하는 전략이 필요합니다. 특히 향후 역세권으로 변모할 지역의 오프플랜 프로젝트는 중장기 자본 이득과 안정적인 임대 수익이라는 2가지 수익 모델을 동시에 기대할 수 있습니다.

이 변화는 주거 시장에 국한되지 않습니다. 물류·상업용 부동산 부문에서도 에티하드 철도는 강력한 촉매 역할을 할 것으로 보입니다. 전국적 철도 연결망을 통해 대형 물류센터 수요가 늘어나고, 철도역 인근을 중심으로 상권과 숙박, 리테일 수요가 새롭게 형성될 가능성이 큽니다. 출장객, 관광객, 교통 이용자 유입이 모두 늘어나기 때문입니다.

> **투자자가 기억해야 할 포인트**
> - 에티하드 철도는 UAE 도시 간 물리적 거리뿐 아니라 부동산 시장 간격도 좁히는 구조적 변화를 가져옵니다.
> - 향후 역세권으로 부상할 지역에 대한 선제적 투자는 자산 가치의 재평가 구간에 올라탈 수 있는 기회입니다.
> - 특히 푸자이라, 알 푸르잔, 무돈, 아라벨라 등 외곽 지역의 임대 수요 확대와 개발 가치 상승을 주의 깊게 지켜볼 필요가 있습니다.

입지가 곧 학군이다: 교육이 만들어내는 부동산 가치의 기준선

두바이는 중동에서 가장 진보된 사립 교육 인프라를 갖춘 도시 중 하나입니다. 약 300개에 가까운 국제학교가 운영되고 있으며, 이 중 상당수가 미국, 영국, IB, 프랑스 등의 다양한 커리큘럼을 제공하고 있습니다. 이 같은 교육 생태계는 단순히 자녀를 둔 가정의 선택지를 넓히는 데 그치지 않고, 특정 지역의 부동산 가치를 실질적으로 끌어올리는 동력으로 작용하고 있습니다.

두바이에는 명확한 의미의 '학군제'는 존재하지 않지만, 주요 교육 시설이 집중된 지역은 자연스럽게 고급 학군으로 인식되고 있습니다. 실제로 두바이 인터내셔널 아카데미, 젬스 웰링턴, 두바이 칼리지, 렙턴 등 명문 국제학교 주변 지역은 높은 실거주 선호도와 임대 수요를 기록하며, 자산 가치 측면에서도 강세를 유지하고 있습니다.

대표적인 고급 학군 지역은 다음과 같습니다.

- 에미리트 힐스(Emirates Hills): 두바이의 베벌리 힐스로 불리는 이 지역은 두바이 인터내셔널 아카데미와 같은 IB 전 과정 국제학교와 인접해 있으며, 고소득 외국인 거주 비중이 높습니다.
- 알 바르샤(Al Barsha): 젬스 두바이 아메리칸 아카데미, 젬스 웰링턴 인터내셔널 스쿨 등 미국·영국 커리큘럼 기반의 대형 국제학교가 밀집해 있어 교육 목적의 이주 수요가 꾸준히 유입되고 있습니다.
- 알 바르샤 사우스(Al Barsha South): 노드 앵글리아 인터내셔널 스쿨이 위치한 이 지역은 MIT, 줄리아드 등 글로벌 교육기관과 제휴하여 차별화된 커리큘럼을 제공합니다.
- 주메이라 및 엄 수케임(Jumeirah & Umm Suqeim): 주메이라 잉글리시 스피킹 스쿨, 두바이 칼리지 등 전통 명문이 다수 분포한 두바이 서부 해안선의 고급 주거지입니다.
- 다운타운 두바이(Downtown Dubai): 도심형 고급 레지던스 수요 외에도 두바이 인터내셔널 아카데미, 젬스 웰링턴과의 접근성 덕분에 가족 단위 외국인의 선호도가 높습니다.
- 아라비안 랜치스(Arabian Ranches): 가족 친화적 커뮤니티로 JESS 캠퍼스를 포함한 교육 인프라가 형성되어 있습니다.
- 나드 알 셰바(Nad Al Sheba): 영국식 커리큘럼과 IB 프로그램을 결합한 렙턴 스쿨 두바이가 진학 중심 명문으로 알려져 있습니다.
- 두바이 실리콘 오아시스(Dubai Silicon Oasis) 및 알 와슬(Al Wasl) 등도 빠르게 국제학교 유치에 나서며 신흥 학군지로 부상하고 있습니다.

대표 국제학교 비교(2023/2024 KHDA 기준)

학교명	위치	커리큘럼	등급	학비(AED)
두바이 칼리지	알 수푸	영국	Outstanding	80,000~100,000
젬스 DAA	알 바르샤	미국+IB	Outstanding	70,000~96,000
렙턴 스쿨	나드 알 셰바	영국+IB	Outstanding	65,000~100,000
노드 앵글리아	알 바르샤 사우스	영국+IB	Outstanding	70,000~105,000
JESS	주메이라/아라비안 랜치스	영국+IB	Outstanding	40,000~85,000
DIA	에미리트 힐스	IB 전 과정	Outstanding	45,000~75,000
젬스 웰링턴	알 수푸	영국+IB	Outstanding	50,000~95,000
스위스 사이언티픽 스쿨	헬스케어 시티	IB 다국어	Very Good	70,000~110,000

이 외에도 스위스 인터내셔널 스쿨(Swiss International School), 두바이 잉글리시 스피킹 스쿨(Dubai English Speaking School, DESS) 등 다양한 교육 옵션이 있습니다. 학교를 선택할 때는 두바이 교육청(KHDA)에서 부여하는 등급(Outstanding, Very Good 등)을 반드시 참고해야 합니다. 높은 등급을 받은 학교일수록 우수한 교수진과 시설, 명문대 진학률을 자랑하며, 인근 부동산의 가치 상승에도 긍정적인 영향을 미칩니다.

투자자가 기억해야 할 포인트
- 좋은 학군은 자녀 교육뿐 아니라 부동산 가치, 임대 수익, 자산 보존성까지 함께 결정짓는 요소입니다.
- '명문 국제학교+가족 친화 커뮤니티+인프라 접근성'의 삼박자가 갖춰진 지역은 장기 보유 전략에 최적입니다.
- 두바이에서 교육과 투자를 동시에 고려한다면 학군 지도는 반드시 체크해야 할 투자 나침반입니다.

PART 5

실전 가이드:
성공하는 글로벌 투자자의 체크리스트

구매 프로세스와 투자 전략

외국인 투자자의 구매 절차

두바이는 외국인에게 열려 있는, 세계에서도 손꼽히는 부동산 시장입니다. 2002년 프리홀드 법안 도입 이후 외국인은 지정 지역(freehold area) 내에서 100퍼센트 부동산 소유가 가능해졌습니다. 이는 단순한 임대나 투자뿐 아니라 실거주와 자산 보존까지 고려하는 글로벌 투자자에게 이상적인 환경을 제공합니다. 하지만 해외 투자자의 입장에서 본다면 두바이의 부동산 구매는 간단한 '매입'이 아닌, 철저한 절차와 전략을 요하는 '프로세스'입니다.

1단계: 시장 조사 및 투자 전략 수립

부동산 투자에 앞서 가장 중요한 것은 방향 설정입니다. 자금 여력, 목적(임대 vs 실거주), 기대 수익률, 보유 기간 등에 따라 지역과 유형이 달라지기 때문입니다. 예를 들어 높은 임대 수익률을 원한다면 JVC나 두바이 마리나처럼 임대 수익률이 7퍼센트 이상인 지역을 선호할 수 있고, 자산 보존 목적이라면 다운타운 두바이나 팜 주메이라와 같은 프라임 지역이 유리합니다.

2단계: 예산 책정 및 자금 조달 계획

현지 은행은 외국인에게도 최대 75퍼센트까지 모기지 대출을 제공합니다. 다만 대부분은 사전 승인(pre-approval)을 받아야 하며, 일정한 소득 기준과 서류 심사를 통과해야 합니다. 필요한 초기 비용은 아래와 같습니다.

- 계약금: 매매가의 10퍼센트
- 토지청 등록 수수료: 매매가의 4퍼센트
- 중개 수수료: 약 2퍼센트
- NOC 발급비, 소유권 등록비 등

※ 오프플랜 매물은 개발사에 따라 계약금 5~20퍼센트+분할 납부 조건이 적용됩니다.

3단계: 매물 탐색 및 중개인 선정

두바이 부동산규제청에 정식 등록된 중개인과 협업하는 것이 필수입니다. 중개인은 단순한 안내자가 아니라 가격 협상, 법률 검토, 개발사 실적 평가까지 담당하는 '투자 파트너' 역할을 합니다. 이 과정에서 투자자는 아래 내용을 확인해야 합니다.

- 해당 부동산이 자유 보유 지역인지 여부
- 완공 여부 및 개발사 신뢰도
- 시설, 서비스 차지, 공실률 등 운영 조건

4단계: 가격 협상 및 매매 계약 체결

두바이에서는 부동산 가격 협상이 일반적입니다. 주변 시세와 비교해 매입 제안을 하고, 조건을 조율한 후 양해각서(memorandum of understanding, MOU)를 체결합니다. 이때 계약금(보통 10퍼센트)을 에스크로 계좌나 개발사에 납부하며, 이후 거래는 법적 절차에 따라 진행됩니다.

5단계: 실사 및 NOC 획득

거래 전에 반드시 건물 상태, 하자 유무, 법적 소유권 등의 실사를 진행해야 합니다. 완공 부동산의 경우 개발사로부터 NOC(미지급금 없음 확인서)를 받아야 하며, 이는 소유권 이전을 위한 필수 요건입니다.

6단계: 두바이 토지청 등록 및 소유권 이전

모든 서류가 완비되면 토지청(DLD)에 방문해 다음 절차를 마칩니다.

- 등록 수수료 납부(매매가의 4퍼센트)
- 소유권 증서(title deed) 발급
- 명의 이전 및 소유자 등록

이로써 외국인도 법적으로 완전한 부동산 소유권을 확보하게 됩니다.

투자자를 위한 실전 팁
- 오프플랜은 개발사 신뢰도가 핵심입니다. 과거 프로젝트의 인도 지연 여부, 인프라 완공률을 반드시 확인하세요.
- '서비스 차지'는 매년 제곱피트당 약 15~25AED 수준이며, 장기 보유 시 수익률에 큰 영향을 줄 수 있습니다.
- 100만AED 이상의 부동산을 구입하면 장기 거주 비자(2년 또는 10년)를 신청할 수 있어, 이민 전략과 연계할 수도 있습니다.

오프플랜 vs 완공 매물 전략

'지금 눈에 보이는 안정'과 '미래의 가능성' 사이에서 무엇을 선택할 것인가.

두바이 부동산 시장에서 투자자들은 매번 한 가지 선택의 기로에 서게 됩니다. 바로 '오프플랜(off-plan) 매물과 완공 매물(ready property) 중 무엇을 택할 것인가'입니다. 하나는 아직 완공되지 않은 신축 프로젝트에 선제적으로 투자하는 방식이고, 다른 하나는 이미 준공된 자산을 바로 취득해 실사용하거나 임대를 통해 수익을 창출하는 방식입니다. 투자 목적과 자금 구조, 리스크 감수 성향에 따라 두 선택지의 결과는 전혀 다른 결말을 만들어냅니다.

오프플랜 부동산은 보통 10~20퍼센트의 계약금을 지불한 뒤, 건축 진행에 따라 분할 납부하는 구조입니다. 이 방식의 가장 큰 매력은 초기 투자 비용이 낮고, 완공 시점까지 시간이 흐르며 자연스럽게 자산 가치가 상승할 수 있다는 점입니다. 특히 분양 초기에 개발사들이 제공하는 DLD 등록 수수료 면제, 유연한 결제 플랜, 가구 옵션 제공 등의 혜택은 투자자에게 상당한 매력을 안겨줍니다.

하지만 오프플랜에는 항상 '시간'이라는 변수와 함께 '신뢰'라는 과제가 따라옵니다. 개발사의 신용도, 과거 완공 이력, 프로젝트 진행률, 품질 등을 모두 사전에 확인해야 하며, 실제 인도까지 기간이 지연되거나 품질이 예상보다 낮을 가능성도 고려해야 합니다. 그럼에도 불구하고 자본 이득을 노리는 중장기 투자자들에게는 여전히 유효한 전략입니다. 특히 향후 부동산 수요가 늘어날 것으로 예상되는 신흥 지역에서는 오프플랜이 자산을 선점하는 데 유리한 수단이 됩니다.

반면 완공 매물은 '당장 손에 쥐는 수익'을 원하는 투자자에게 적합합니다. 이미 준공된 상태이기 때문에 즉시 입주나 임대를 시작할 수 있으며, 현장에서 실물 자산을 직접 확인하고 투자 판단을 내릴 수 있다는 것이 큰 강점입니다. 평균 임대 수익률은 6~8퍼센트 수준이며, 단기 수익을 안정적으로 확보하고자 할 경우 이상적인 선택지입니다.

물론 완공 매물은 초기 비용이 비교적 크고, 이미 시장 가격이 반영되었기 때문에 자본 상승 여력은 오프플랜보다 낮을 수 있습니다. 하지만 리스크는 훨씬 낮습니다. 특히 투자 경험이 많지 않거나, 리스크 회피 성향이 강한 투자자라면 완공 매물에서부터 시작하는 것이 현명할 수 있습니다. 또 하나 주목할 점은 단기 임대(에어비앤비 등)를 고려한 전략입니다. 다운타운, 마리나, 팜 주메이라와 같은 지역에서는 단기 임대 수익률이 월등히 높기 때문에, 완공 매물 운용 전략은 장기 보유만큼이나 유리할 수 있습니다.

결국 이 둘의 선택은 '언제 수익을 창출하고 싶은가'에 대한 투자자의 답변에 달려 있습니다. 오프플랜은 미래의 기회를 선점하는 전략이며, 완공 매물은 현재의 수익을 확보하는 전략입니다. 두 전략 모두 각자의 가치가 있으며, 상황에 따라 조합해 포트폴리오를 구성하는 것이 가장 효과적인 접근일 수 있습니다.

법적 고려 사항과 협상 포인트

두바이에서의 부동산 거래, 권리를 지키는 '지식의 방패'가 있어야 합니다.

두바이 부동산 시장은 외국인 투자자에게 개방적인 구조를 갖추고 있지만, '개방'이 곧 '무제한 자유'를 의미하는 것은 아닙니다. 오히려 더 정교하고 신중한 법적 검토가 필요합니다. 투자는 단순한 자산 매입이 아니라, 권리를 온전히 확보하고 리스크를 최소화하는 과정이기도 하기 때문입니다.

무엇보다 중요한 것은 프리홀드 여부를 확인하는 것입니다. 외국인 투자자는 자유 보유 지역에 한해 100퍼센트 소유권을 가질 수 있으며, 이외 지역에서는 제한적 권리(임대 보유 등)만 인정됩니다. 대표적인 자유 보유 지역은 다운타운 두바이, 팜 주메이라, 마리나, JVC, 두바이 사우스 등입니다.

계약 체결 전에는 반드시 다음과 같은 법적 문서를 검토해야 합니다.

- 소유권 증서(title deed): 매도인이 해당 부동산에 대해 완전한 소유권을 가지고 있는지를 확인해야 합니다. 이 문서는 두바이 토지청에서 발급합니다.
- NOC(no objection certificate): 개발사로부터 해당 부동산에 미지급금이나 분쟁이 없음을 증명받는 문서로, 소유권 이전 전에 반드시 확보해야 합니다.
- SPA(sales and purchase agreement): 구매 조건, 납부 스케줄, 지연 시 벌칙 등을 명시한 계약서입니다. 내용이 복잡하기 때문에 전문가의 검토가 필수입니다.

실수요든 투자든 법률 자문은 선택이 아니라 필수입니다. 특히 오프플랜의 경우 개발사의 완공 이력, 재무 안정성, 허가 상태 등을 면밀히 검토해야 하며, 완공 지연 시의 위약금 조항도 반드시 포함해야 합니다.

이제 협상 단계로 넘어가볼까요? 두바이 부동산 가격은 고정된 가격제처럼 보이지만, 실제로는 협상이 가능합니다. 최근 유사 거래 사례(recent sales)나 제곱피트당 시세 비교(PPSF)를 통해 협상 여지를 판단할 수 있습니다. 특히 다음과 같은 항목은 조정이 가능합니다.

- 분양가 인하 또는 옵션 업그레이드 요청(예: 가구 포함, 주방 가전)
- 토지청 수수료(4퍼센트) 지원 여부
- 중개 수수료 또는 기타 행정 수수료의 분담 조정
- 결제 플랜의 유연성 확보(예: 후불 결제 비율 확대)

전문 중개인의 역할도 결코 가볍지 않습니다. 두바이 부동산규제청에 등록된 공인 중개인을 통해 거래를 진행해야 하며, 이들은 법적 책임을 갖고 거래를 중개합니다. 불법 중개인은 향후 계약 무효 또는 법적 분쟁의 원인이 될 수 있으므로 반드시 사전에 확인해야 합니다.

200만AED 이상 부동산을 구매하면 골든 비자 발급이 가능하다는 점도 눈여겨볼 부분입니다. 이는 단순한 부동산 취득을 넘어, UAE에서 장기 체류하는 기반을 마련할 수 있는 부가적인 혜택으로 작용합니다.

오프플랜 모기지와 자금 조달 전략

건설 중인 부동산, 모기지로도 가능할까?

두바이 부동산 시장의 핵심 기회를 놓치지 않으려면 이 질문부터 정확히 짚고 넘어가야 합니다. 오프플랜 부동산, 즉 아직 완공되지 않은 프로젝트에 투자하면서도 모기지(주택담보대출)를 활용할 수 있을까요? 정답은 '가능하다'입니다. 다만 일반 완공 매물에 비해 더 보수적인 조건과 절차가 적용됩니다.

오프플랜 매물의 가장 큰 장점은 낮은 초기 진입 가격과 유연한 결제 계획입니다. 그러나 아직 존재하지 않는 자산에 대해 대출을 받는 만큼, 은행 입장에서는 더 보수적인 기준을 적용하게 됩니다.

LTV 비율(loan-to-value): 국적에 따라 달라지는 대출 한도

- UAE 국민: 최대 70퍼센트
- 거주 외국인: 50~60퍼센트
- 비거주 외국인: 최대 50퍼센트

다운페이먼트(계약금) 기준과 대출 가능 범위

UAE 내에서 부동산을 구매할 경우 구매자의 국적 및 거주 여부에 따라 다운페이먼트(선납금) 조건이 상이하게 적용됩니다. 일반적으로 다음과 같은 기준이 적용됩니다.

- UAE 국민: 약 20~30퍼센트
- 거주 외국인: 약 30~40퍼센트
- 비거주 외국인: 약 50퍼센트

이처럼 오프플랜 모기지는 충분한 자기자본을 전제로 하며, 이는 리스크 관리 차원의 제도적 장치라 볼 수 있습니다.

모기지 활용 시 필수 체크리스트

- 대출을 제공하는 은행 및 상품 비교
- 신용 점수 및 자격 요건 확인
- 초기 자금 및 다운페이먼트 계획
- 이자율, 상환 기간, 수수료 등 금융 조건 점검

UAE의 부동산 금융 시스템은 각 은행 및 모기지 기관마다 조건이 상이하며, 외국인의 경우 거주 여부, 소득 증빙, 신용 등급, 투자 목적 등에 따라 대출 조건이 크게 달라질 수 있습니다.

실제 금융 상품을 이용하기 전에는 반드시 공인된 모기지 브로커 또는 중개인과 상담할 필요가 있습니다. 이 책에서는 일반적인 기준과 구조를 안내하지만, 구체적인 대출 조건 및 승인 가능성은 개별 사례에 따라 달라질 수 있음을 유의해야 합니다.

고정 금리 vs 변동 금리: 당신의 전략은?

모기지를 고려할 때 가장 중요한 결정 중 하나는 금리 구조의 선택입니다.

- 고정 금리(fixed rate): 대출 기간 동안 이자율이 고정되므로 재정 계획 수립이 용이하며, 건설 일정이 유동적인 오프플랜 매물에 안정성을 부여합니다.
- 변동 금리(variable rate): 초기 이자율은 낮지만, UAE 은행 간 기준 금리에 따라 월 상환금이 달라질 수 있어 유동성 관리가 필요합니다.

주요 은행과 오프플랜 대출 조건

모든 은행이 오프플랜 부동산에 대해 모기지를 제공하는 것은 아닙니다. 대체로 신뢰도가 높은 개발사(에마르, 나킬, 두바이 프로퍼티스 등)의 프로젝트에 한해 승인이 이뤄지며, 은행의 신용 심사도 까다롭게 적용됩니다.

- 대출 기간: 최대 25년
- 변동 금리: 약 4.99~6.5퍼센트(UAE 은행 간 금리+마진)
- 고정 금리: 약 5.5~6.5퍼센트
- 월 상환금 예시: 100만AED 대출 시 5퍼센트 금리 기준 약 AED 5,900/월

대표적인 사례로 에미리트 NBD(Emirates NBD)의 '퓨처 밸류 모기

지(Future-Value Mortgage)'는 건설 단계에 따라 대출이 분할 집행되며, 예상 자산 가치 상승을 반영해 유연한 상환 구조를 제공합니다.

오프플랜 모기지의 장점과 리스크

장점
- 초기 비용이 낮고 유연한 결제 구조
- 자산 가치 상승에 따른 시세 차익 기대
- 최신 스마트 인프라와 친환경 설계를 갖춘 신흥 커뮤니티 선점 가능
- 장기 상환을 통한 월 부담 완화

단점
- 높은 다운페이먼트 요구(특히 비거주자)
- 제한된 은행 및 프로젝트
- 건설 지연 및 인도 시점의 불확실성
- 금리 변동에 따른 상환 부담 증가 가능성
- 개발사 자체 지급 혜택과 병행 불가

모기지는 단순한 부채가 아닙니다. 자산을 레버리지하는 전략적 수단이며, 두바이처럼 급변하는 시장에서는 특히 유용한 도구가 될 수 있습니다. 그러나 모든 투자자에게 정답은 아닙니다. 개발사 자체 분할 납부 조건이 더 유리한 경우도 있고, 현금 구매가 수익률 면에서

더 효율적인 경우도 있습니다.

결국 중요한 것은 다음 3가지입니다.

1. 개발사와 프로젝트의 신뢰도에 대한 철저한 실사
2. 금융 및 법적 조건에 대한 명확한 이해와 검토
3. 금융 전문가와의 사전 상담을 통한 최적 조건 확보

정리하면, 오프플랜 모기지를 활용한 투자는 '현금이 부족한 투자자'의 전략이 아닌, '현명하게 자산을 늘리고 싶은 투자자'의 전략입니다. 당신의 목표에 맞는 금융 구조를 설계하는 순간, 두바이 부동산 시장은 훨씬 더 가깝고 현실적인 기회의 공간이 될 수 있습니다.

해외 투자자를 위한 준비 체크리스트

해외 부동산, '사기 전' 반드시 준비해야 할 것들

해외 부동산 투자란 단순히 외국의 집 한 채를 사는 일이 아닙니다. 통화, 법 제도, 세금, 행정 절차가 전혀 다른 시스템 속에서 자산을 옮기고 관리하는 복합적인 과정이기 때문입니다. 특히 한국 거주자가 해외 부동산을 매입할 경우, 외환 관리 규정과 세무 절차를 제대로 이해하지 못하면 거래 자체가 무효가 되거나 과태료와 세금 추징 등 불이익을 받을 수 있습니다.

여기서는 한국인의 입장에서 두바이를 포함한 해외 부동산에 투자하기 위해 반드시 숙지해야 할 절차, 자금 이동 규정, 법적 신고 요건을 체계적으로 안내합니다.

사전에 준비해야 할 핵심 요소

1) 투자 목적 명확히 구분하기

'내가 살 집인가, 수익을 위한 투자처인가?' 이 질문은 단순하지만 매우 중요합니다. 주거 목적과 투자 목적에 따라 외국환 신고 절차, 비자 요건, 자금 흐름 방식, 추후 과세 요건까지 완전히 달라지기 때문입니다.

2) 자금 출처 입증 준비하기

은행을 통한 해외 송금 시 자금 출처 증빙은 필수입니다. 급여소득자는 소득 금액 증명원, 프리랜서는 사업소득 신고서, 상속·증여금이라면 관련 세금 납부 자료 등을 준비해야 원활한 승인 절차를 밟을 수 있습니다.

3) 현지 법제와 세금 구조 이해하기

두바이는 프리홀드 지역에서 외국인 부동산 소유가 자유롭지만, 오스트레일리아와 캐나다는 별도의 정부 승인을 요구합니다. 또한 보유세, 양도세, 상속세의 적용 여부와 세율은 국가마다 다르므로, 투자 대상국의 세무 구조까지 사전에 확인해야 합니다.

4) 환율 리스크와 송금 계획 수립하기

해외 부동산 계약은 계약금, 중도금, 잔금 순서로 여러 차례 송금이 이뤄지므로 환율 변동에 따른 리스크 관리가 필요합니다. 환전 시점에 따라 실제 투자금의 차액이 수천만 원 이상 벌어질 수 있습니다.

해외 부동산 투자 절차

법적으로 안전하게, 실무적으로 확실하게

Step 1. 예비 신고 및 계약금 송금

오프플랜 매물을 계약할 경우 계약금을 먼저 보내야 할 수 있습니다. 이때는 외국환은행을 통해 예비 신고를 거친 후 소액 송금(10만 달러 이하)이 가능합니다. 필요한 서류는 계약서 초안, 신분증, 자금 출처 증빙 자료 등입니다.

Step 2. 외국환 본신고 진행

실제 부동산 매입 단계에서는 외국환거래 신고서를 작성하고 본신고를 진행해야 합니다. 이 과정에서는 계약서, 가격표, 납세 증명서, 체류 목적 관련 증빙 등 다수의 서류가 요구됩니다.

Step 3. 자금 송금 및 계약 체결

외국환 신고가 수리된 후에만 본계약 및 본격적인 송금이 가능합니다. 이때 반드시 외국 수취 은행의 SWIFT 코드, 수취인 계좌 등 정확한 정보를 기입해야 하며, 계약서의 환불 조건 및 인도 시점 등도 확인해야 합니다.

Step 4. 사후 보고

부동산을 취득한 후 3개월 이내에 외국환은행에 '해외 부동산 취득 보고서'를 제출해야 하며, 2년 이상 지속 보유하면 정기 보고 요건이 면제될 수 있습니다.

Step 5. 매각 후 회수 절차

해외 부동산을 매각한 경우 수익금을 반드시 국내로 회수해야 합니다. 미회수 시 외환거래법 위반으로 과태료가 부과될 수 있습니다. 또한 3개월 이내에 처분 보고서를 제출해야 합니다.

주의 사항: 거주자 vs 비거주자의 기준

한국 내에서 183일 이상 거주한 사람은 국내 거주자로 분류되어 모든 신고 의무가 발생합니다. 반면 외국 영주권자 또는 해외 체류자는 신고 대상에서 제외되나, 자금 출처 관련 이슈는 여전히 존재합니다.

해외 부동산 투자 절차는 복잡한 세무 및 회계 요소를 수반하므로, 반드시 관련 분야 전문가(세무사 및 회계사)에게 자문하는 것이 바람직합니다.

실전 팁: 투자자의 관점에서 보는 사전 전략

✓ 신고 전에 계약금부터 보내지 마세요

간혹 현지 부동산 개발사가 계약금 입금을 서두르는 경우가 있습니다. 그러나 신고하지 않고 송금하면 과태료 대상이 될 수 있으며,

환불 문제가 발생하면 법적 보호를 받기 어렵습니다.

✔ 비자 목적 부동산 투자 시 목적용 증빙 확보 필수

장기 체류 비자(골든 비자)를 목적으로 부동산을 취득할 경우, 금액 요건과 함께 토지청 등록 여부, 투자 기간 요건 등도 함께 확인해야 합니다.

✔ 모기지 활용 시 승인서 사본 반드시 준비

해외 은행을 통한 자금 대출(모기지)을 이용한 경우 대출 승인서 및 상환 계획서도 외국환 신고 서류로 제출해야 합니다.

투자자가 기억해야 할 포인트
- 해외 부동산 투자는 계약 전이 아니라 신고 후에 진행해야 법적 리스크가 없습니다.
- 투자 목적, 자금 출처, 체류 요건, 송금 구조까지 사전 계획이 철저해야 합니다.
- 한국에서 거주자로 분류된다면 외국환 거래법상의 의무 신고를 반드시 이행해야 합니다.

해외 부동산 투자자를 위한 세무 가이드: 한국 세법상 신고·납부 의무

해외 부동산 투자로 수익을 창출하는 경우, 단순히 해당 국가의 수익성만 고려해서는 부족합니다. 한국 세법상 의무까지 포괄적으로 이해하고 준비해야 진정한 '성공 투자자'라 할 수 있습니다. 특히 해외 부동산 거래와 관련된 양도소득세, 임대 소득세, 해외 금융계좌 신고 의무 등에는 명확한 법적 기준이 존재하며, 이를 위반하면 과태료나 형사처벌이라는 심각한 리스크로 이어질 수 있습니다.

해외 부동산 양도 시 발생하는 양도소득세

먼저 해외 부동산을 매각하여 차익이 발생한 경우 한국 내에서도 양도소득세 과세 대상이 됩니다. 2025년 기준으로 과세표준이 1억 원을 초과할 경우 최대 45퍼센트의 세율이 적용될 수 있으며, 이는 국내 부동산 양도소득과 동일한 수준입니다. 단, 투자 대상 국가가 한국과 조세조약을 맺고 있고 현지에서 세금을 납부한 사실이 있다면 '외국 납부 세액공제'를 통해 이중과세를 방지할 수 있습니다. 이 경우 반드시 현지 세금 납부 증빙을 확보해두는 것이 중요합니다.

임대 소득도 한국에서 신고 대상

해외 부동산 임대를 통해 발생한 수익 또한 종합소득세 대상입니다. 즉, 순 임대 소득(총임대료에서 감가상각비, 관리비, 유지비 등을 공제한 금액)에 대해 한국 세법상 종합소득세 신고 의무가 발생하며, 이를 누락할 경우 가산세가 부과될 수 있습니다. 예컨대 두바이에서 월 1,000달러의 임대 수익이 발생했다면, 순수익 기준으로 국내에서 종합소득세를 납부해야 합니다.

해외 금융 계좌 신고 의무

해외 부동산 매각 대금이나 임대 수익이 입금되는 외국 계좌의 연중 잔액이 한 번이라도 5억 원을 초과한 경우 다음 해 6월 말까지 '해외 금융 계좌 신고'를 해야 합니다. 이를 누락하면 수백만 원에서 수천만 원에 이르는 과태료가 부과되며, 고의성이 입증되면 형사처벌 대상이 될 수도 있습니다. 이는 미국의 FBAR 제도와 유사한 규제로, 해외 부동산을 통한 자금 유입 및 유출을 투명하게 관리하기 위한 장치입니다.

두바이의 과세 구조와 투자 메리트

한국과 달리 두바이에는 부동산과 관련된 재산세, 양도소득세, 임대 소득세가 없습니다. 단, 부동산 매입 시에는 두바이 토지청에 납부하는 약 4퍼센트의 등록 수수료가 발생하며, 일반적으로 매수자가 이를 부담하거나 매도자와 분담합니다. 이처럼 보유 및 처분에 따른 세금이 없는 점이 두바이가 글로벌 투자자들에게 '세금 없는 부동산 허브'로 각광받는 핵심 이유 중 하나입니다.

이중과세 방지 제도

한국은 다수의 국가와 조세조약을 체결한 상태이므로, 해외에서 이미 납부한 세금에 대해서는 국내에서 일정 부분 공제 혜택을 받을 수 있습니다. 단, 공제를 받기 위해서는 외국 납부 세금에 대한 명확한 증빙 자료가 필요하며, 이는 세무 조사 시 핵심 자료로 활용됩니다. 특히 임대 소득이나 양도 차익이 발생한 경우 전문가의 조력을 받아 체계적인 세무 전략을 수립하는 것이 바람직합니다.

투자자가 반드시 유의해야 할 세무 리스크

- 외환거래법 위반 시 과태료는 물론 형사처벌 대상이 될 수 있습니다. 자금을 쪼개 송금하거나 무신고로 해외 부동산을 취득하는 행위는 반드시 피해야 합니다.
- 투자 국가의 외국인 소유 규정, 모기지 조건, 거주 요건 등을 충분히 검토한 뒤 진입해야 하며, 계약 조건이나 비자 요건도 함께 살펴야 합니다.
- 환율 변동성도 투자 수익률에 영향을 미치는 변수입니다. 원화 약세 국면에서는 수익 실현이 어려워질 수 있으므로, 선물환 계약 등 환 리스크를 관리하는 전략도 병행하여 검토할 필요가 있습니다.
- 세법은 국가별로 매우 복잡하며, 상호작용도 많습니다. 따라서 세무사, 회계사, 법무 전문가와의 사전 상담은 선택이 아닌 필수입니다.

투자자가 기억해야 할 포인트
- 해외에서 얻은 수익도 한국에서 과세될 수 있습니다. 신고와 납부는 철저히 순비해야 합니다.
- 두바이의 비과세 구조는 매력적이지만, 한국 세법을 따르는 투자자에게는 여전히 신고·보고 의무가 따릅니다.
- 세금 전략 없는 투자 설계는 리스크입니다. 초기 단계에서 전문가 상담을 통해 구조를 설계하는 것이 가장 현명한 접근입니다.

마무리

이제 당신의 이야기를 시작할 차례입니다

두바이에 처음 도착했던 그날을 아직도 기억합니다. 불볕더위 속 공항의 낯선 공기, 자동차 창밖으로 펼쳐진 사막과 마천루의 묘한 공존, 그리고 익숙하지 않지만 이상하게 편안했던 도시의 리듬.

그때는 몰랐습니다. 이 도시가 제 인생을 얼마나 바꿔놓을지를.

이 책 『나는 세금 없는 두바이에서 집 산다』는 단순히 자산을 불리는 법을 설명한 책이 아닙니다. 두바이라는 낯선 땅에 발을 디딘 한 투자자의 경험에서 출발해, 그 땅 위에 기회를 발견하고, 전략을 세우고, 때론 실패하며 결국 스스로의 지도를 완성해온 삶의 기록이자 생존의 전략서입니다.

책을 집필하며 수많은 질문을 떠올렸습니다.

'두바이는 과연 안전한가?'

'부동산 시장은 너무 뜨겁지 않은가?'

'내가 정말 이 시장에 들어갈 수 있을까?'

이 질문들에 답하기 위해 저는 수백 건의 실제 거래 사례를 검토했고, 수십 개 지역을 걸어 다녔으며, 개발사, 법률 전문가, 중개인들과의 대화를 통해 각각의 가능성과 한계를 파헤쳤습니다. 때론 냉철하게 숫자만을 들여다보았고, 때론 현지 투자자들의 일상에서 감정을 읽었습니다.

투자의 정답은 없습니다.

하지만 투자의 방향은 분명히 있습니다.

그 방향은 지금, 이 책을 읽고 있는 당신만이 결정할 수 있습니다.

두바이의 부동산 시장은 여전히 '진행형'입니다. 두바이 2040 도시 마스터플랜은 도시의 구조를 근본부터 다시 짜고 있으며, 블루라인과 에티하드 철도는 도시의 경계를 넓히고 있습니다.

이 모든 변화는, 어쩌면 '그때 샀어야 했는데'라는 후회의 기준이 될지도 모릅니다.

그래서 저는 이렇게 말하고 싶습니다.

"두바이에 투자하라, 단 부동산에만 투자하지 말라. 도시의 시간과 구조, 사람과 흐름에 투자하라."

이 책이 단 한 명의 독자에게라도 '더 정확한 질문을 던지고, 더 정교한 전략을 세우며, 더 단단한 결정을 내릴 수 있도록 돕는 나침반'이 되기를 바랍니다.

그리고 언젠가 두바이의 어느 커뮤니티에서 당신의 투자 이야기를 듣게 되는 날이 온다면 저는 이 책의 마지막 페이지를 그제야 비로소 덮을 수 있을 것 같습니다.

이제, 당신의 두바이 이야기를 시작하십시오.

유다나 드림

부록 1

두바이에 거주하거나 부동산을 소유한 유명 인사들

2025년 현재 두바이는 단순한 중동의 중심 도시를 넘어, 세계 부호들과 유명 인사들이 선택한 프라이빗한 거주지이자 자산 보존형 투자처로 자리매김하고 있습니다. 고급 주거 인프라, 세계적 수준의 보안, 국제학교와 병원, 안정적인 금융 환경, 그리고 매력적인 세제 혜택이 결합되며 글로벌 셀럽들의 두바이 정착이 더욱 가속화되고 있습니다.

• **데이비드 베컴(David Beckham) & 빅토리아 베컴(Victoria Beckham)**

이 영국 스타 부부는 2002년 팜 주메이라에 고급 빌라를 매입하며 두바이와의 인연을 시작했습니다. 이후 부르즈 할리파에 고급 아파트도 추가로 보유하고 있으며, 두바이를 겨울철 가족 거주지로 활용하고 있습니다.

• **무케시 암바니(Mukesh Ambani)**

인도 최고 부호인 그는 2022년 팜 주메이라의 비치프런트 빌라를 약 2억 8,350만AED(약 773억 원)에 구매해 아들 아난트의 신혼 주택으로 선물했습니다. 이 거래는 당시 두바이 최고가 기록 중 하나로 기록됐습니다.

• 미하엘 슈마허(Michael Schumacher)

전설적인 F1 드라이버인 그는 '더 월드 아일랜드' 내 섬 한 채를 두바이 국왕 셰이크 모하메드 빈 라시드 알 막툼에게 선물받았으며, 여기에는 프라이빗 항구와 유리 궁전 스타일의 저택이 포함되어 있습니다.

• 마돈나(Madonna)

세계적인 팝스타 마돈나는 더 월드 아일랜드의 유럽 구역에 위치한 섬에 약 6,300만AED 규모의 초호화 주거 공간을 소유하고 있습니다. 수중 거실과 전용 해변으로 구성된 이 공간은 예술성과 사생활 보호를 동시에 만족시키는 투자처로 알려져 있습니다.

• 로저 페더러(Roger Federer)

두바이에 체류할 때면 두바이 마리나 인근의 '르 레브(Le Reve)' 펜트하우스에서 가족과 머무르며 조용한 도심형 고급 라이프스타일을 즐기고 있습니다.

• 린제이 로한(Lindsay Lohan)

2014년부터 두바이에 정착해 거주 중인 할리우드 배우로, 현재는 카이트 비치를 내려다보는 4베드룸 빌라에서 남편과 함께 거주 중입니다.

• 조르지오 아르마니(Giorgio Armani)

부르즈 할리파 내 아르마니 호텔 & 레지던스 설계자로 참여했으며, 해당 레지던스 유닛 중 일부를 직접 소유하고 있습니다.

• 힐러리 스웽크(Hilary Swank)

더 월드 아일랜드의 '아키타니아섬'에 투자했으며, 프로젝트 홍보대사로 활동하며 두바이 부동산 홍보에도 기여했습니다.

• 미첼 살가도(Michel Salgado)

스페인 축구 스타인 그는 팜 주메이라의 해변 저택에서 장기 거주 중이며, 두바이 내 스포츠 아카데미 운영과 유소년 교육에 활발히 참여하고 있습니다.

• 샤룩 칸(Shah Rukh Khan)

인도 볼리우드 스타인 그는 팜 주메이라의 K 프롱(K Frond)에 1,800제곱미터 규모의 빌라를 소유하고 있으며, 나킬로부터 특별히 제공받은 뒤 매입한 사례로 유명합니다.

• 후다 카탄(Huda Kattan)

글로벌 뷰티 브랜드 '후다 뷰티'의 창립자로, 팜 주메이라의 9베드룸 저택에 거주하고 있습니다. 그녀는 두바이에서 글로벌 여성 창업가로 상징적인 존재입니다.

• 타이거 우즈(Tiger Woods)

팜 주메이라에 고급 주택을 보유하고 있으며, 정기적으로 두바이를 방문하는 스포츠 스타로 꼽힙니다.

• 크리스티아누 호날두(Cristiano Ronaldo)

주메이라 베이 아일랜드에 위치한 초고급 불가리 빌라를 소유하고 있습니다. 해당 지역은 '빌리어네어스 아일랜드(Billionaire's Island)'라 불리며, 불가리 리조트 및 요트 클럽이 인접한 프라이빗 커뮤니티입니다. 호날두는 이곳에서 겨울을 보내며 두바이 관광청 홍보 대사로도 활약하고 있습니다.

• 네이마르 주니어(Neymar Jr)

2024년 비즈니스 베이 내 '부가티 레지던스 바이 빈갸티(Bugatti Residences by Binghatti)'의 '스카이 맨션 컬렉션' 펜트하우스를 약 2억 AED에 매입했습니다. 세계 최초의 부가티 브랜드 주거 공간으로, 전용 수영장과 자동차 엘리베이터 등 프렌치 리비에라 콘셉트의 최고급 부대 시설이 포함돼 있습니다.

투자자가 기억해야 할 포인트
- 두바이의 초고급 부동산은 글로벌 셀럽과 자산가들의 '라이프스타일 투자처'로 각광받고 있습니다.
- 이들은 단순한 가격 상승에 대한 기대를 넘어서, 프라이버시, 브랜드, 지속 거주 환경을 중시하는 장기 거주형 투자 경향이 강합니다.
- 유명 인사들이 선택한 지역(팜 주메이라, 주메이라 베이, 더 월드 아일랜드 등)은 브랜드 가치와 희소성이 결합된 프라임 자산으로, 자산 보존형 투자에 적합합니다.

부록 2

두바이 부동산 투자자가 꼭 알아야 할 핵심 용어 가이드

두바이는 전 세계 투자자들의 이목을 끄는 부동산 투자 허브입니다. 그러나 낯선 시장에서 성공적인 투자를 실현하기 위해서는 기본 개념과 용어에 대한 이해가 무엇보다 중요합니다. 두바이의 부동산 시스템은 다른 국가와 다른 고유한 법적 구조와 규제 언어를 갖고 있으며, 실전 투자자일수록 정확한 개념 정립이 필수입니다. 다음은 반드시 숙지해야 할 핵심 용어 10가지입니다.

1) 프리홀드 vs 리스홀드

- 프리홀드(freehold): 외국인이 토지 및 건물 모두에 대해 완전한 소유권을 가질 수 있는 제도입니다. 다운타운 두바이, 두바이 마리나, 팜 주메이라 등 지정된 프리홀드 지역 내에서만 외국인 소유가 가능하며, 임대, 매매, 상속 등 모든 권리 행사가 자유롭습니다.

- 리스홀드(leasehold): 일정 기간(통상 10~99년) 부동산을 임차할 수 있는 제도로, 계약 종료 후 소유권은 반환됩니다. 토지 자체는 여전히 개발사 또는 정부에 귀속됩니다.

투자자는 매입할 예정인 부동산이 프리홀드 지역인지 반드시 확인해야 합니다.

2) 오프플랜(off-plan property)

설계도면 기반으로 거래되는 '미완공' 부동산입니다. 대부분 개발사가 유연한 분할 납부 옵션을 제공하며, 낮은 초기 투자금으로 고수익을 기대할 수 있습니다. 다만 공사 지연, 품질 이슈, 개발사 리스크가 존재하므로 신뢰할 수 있는 개발사를 선정하는 것이 매우 중요합니다. 오프플랜 투자를 위해서는 토지청에 등록된 공식 개발사의 프로젝트인지 여부를 반드시 확인해야 합니다.

3) DLD(Dubai Land Department)

두바이 토지청(DLD)은 모든 부동산 거래, 소유권 이전, 등록 업무를 관할하는 정부 기관입니다. 거래 시 등록 수수료 4퍼센트가 부과되며, 에스크로 계좌를 통해 오프플랜 자금이 보호됩니다.

4) RERA(Real Estate Regulatory Agency)

토지청 산하의 부동산규제청으로, 중개업자 등록, 매매·임대 규제, 분쟁 조정 등을 담당합니다. 모든 공인 중개인은 RERA에 등록되어 있어야 하며, 투자자는 거래 시 RERA 번호를 필수적으로 확인해야 합니다.

5) title deed(소유권 증서)

소유자가 부동산에 대해 법적으로 권리를 가진다는 것을 증명하는 문서입니다. 토지청에서 발급하며, 현재는 디지털 증서로도 발급합니다. 실물 거래든 오프플랜이든, 최종 소유권을 확보하기 위한 필수 서류입니다.

6) service charges(공동 관리비)

빌라나 아파트 보유 시 매년 납부해야 하는 관리비로, 보안, 조경, 청소, 공용 시설 유지비 등이 포함됩니다. 프로젝트 및 위치에 따라 제곱피트당 10~35AED 수준까지 차이가 크므로, 임대 수익률을 산정할 때 반드시 반영해야 하는 고정비용입니다.

7) Ejari 시스템

Ejari(이자리)는 두바이의 임대 계약 온라인 등록 시스템입니다. 모든 임대 계약은 Ejari를 통해 등록해야 법적 효력이 있으며, 이를 기반으로 거주 비자 발급, 유틸리티 연결 등이 가능합니다. Ejari 미등록 시 임대 계약은 무효로 간주될 수 있습니다.

8) Golden Visa(골든 비자)

200만AED(약 8억 원) 이상의 부동산을 구매하면 최대 10년간 체류 가능한 장기 비자(골든 비자)가 발급됩니다. 배우자 및 자녀에게도 동일한 혜택이 적용되며, 이는 비즈니스와 자산 이전, 가족 이주 목적의 투자자에게 매력적인 제도입니다.

9) handover(인도 시점)

오프플랜 부동산이 실제 완공된 후 인도되는 시점을 의미합니다. 계약서에는 예상 인도일이 명시되어 있으며, 중도금 납부 일정과 키

수령 시점을 기준으로 잔금 및 입주가 진행됩니다. 인도 시점에서의 현장 확인과 스내그 리스트(snag list, 건설, 부동산 인도 과정에서 발견된 하자 목록) 작성은 필수입니다.

10) NOC(no objection certificate)

NOC는 부동산 거래, 개발, 임대, 전매 등의 과정에서 제3자가 해당 행위에 대해 '이의가 없다'라고 밝히는 공식 승인 문서입니다. 발행 기관은 해당 행위(예: 매매, 개조 등)에 이의가 없으며, 관련 규정을 충족했음을 공식 인정하고 다음 절차 진행을 허가받습니다. NOC는 법적 또는 행정적 절차를 진행하기 위한 필수 요건이며, UAE, 특히 두바이에서는 거의 모든 부동산 관련 거래에 반드시 필요합니다.

이 용어 가이드는 두바이 부동산 투자자의 첫걸음을 돕기 위한 안내서이자, 실전 투자에서 반드시 확인해야 할 핵심 항목입니다. 개념을 알면 리스크가 줄고, 개념을 모르면 이익도 놓치게 됩니다. 두바이에서의 성공적인 투자는 결국 '정확한 이해'로부터 시작됩니다.

투자자가 기억해야 할 포인트
- '프리홀드' 지역에서만 외국인의 부동산 소유 가능
- '오프플랜' 투자에서는 반드시 등록 개발사와만 거래
- 'RERA 인증 중개인'과만 거래할 것
- 'Ejari 등록'하지 않으면 임대 계약은 무효
- '골든 비자'로 장기 체류 및 가족 동반 가능

참고 문헌

- Arabian Business(2024.12), 「Palm Jumeirah sets record with AED 275M transaction」, Arabian Business.
- Bayut & Dubizzle(2025), 『Dubai Annual Property Market Report 2024』, Bayut & Dubizzle.
- CBRE(2024), 『UAE Real Estate Market Review Q3 2024』, CBRE.
- Deloitte Middle East(2025), 『Middle East Real Estate Predictions 2025』, Deloitte Middle East.
- Dubai Land Department(2025), 『Annual Transaction Report 2024』, Dubai Land Department.
- Dubai Land Department(2025), 『Residential Sales Price Index』, Dubai Land Department.
- Dubai Municipality(2025), 『Jumeirah Beach Expansion and Infrastructure Development』, Dubai Municipality.
- Dubai Roads and Transport Authority(2025), 『Sheikh Zayed Road Expansion and Electric Shuttle Introduction』, Dubai Roads and Transport Authority.
- Dubai Statistics Center(2024), 『Dubai Population Statistics』, Dubai Statistics Center.
- Emaar Properties(2025), 『Dubai Creek Tower 및 Off-plan Project 현황』, Emaar Properties.
- Expo City Dubai(2025), 『Expo City Dubai Development Status and Global Events』, Expo City Dubai.
- Global Media Insight(2024), 「Dubai Population Statistics」, Global Media Insight Blog.
- Global Property Guide(2024), 『Gross Rental Yields in the United Arab Emirates』, Global Property Guide.
- Gulf Business(2025), 「Dubai Real Estate Records 2024: The Top 14 Areas」, Gulf Business.
- Gulf News(2025.01), 「Foreign Investors Drive Dubai's Property Boom」, Gulf News.
- Hindustan Times(2024), 「UAE real estate sees steady growth in projects, record transactions in 2024」, Hindustan Times.
- IMF(2024), 『United Arab Emirates: 2024 Article IV Consultation』, IMF.
- JLL MENA(2024), 『UAE Real Estate Market Overview 2024』, JLL MENA.
- Knight Frank(2024), 『Dubai Residential Market Review 2024』, Knight Frank.
- Knight Frank(2024), 『The Wealth Report 2024』, Knight Frank.
- Nakheel Properties(2025), 『Palm West Beach, The Pointe 개발 현황』, Nakheel Properties.
- Primo Capital(2025.01), 「Dubai Real Estate Surge Continues」, Primo Capital Blog.
- Property Finder(2024), 『Dubai Property Market Report 2024』, Property Finder.
- Savills(2024), 『UAE Property Trends 2024』, Savills.
- Smarthost(2025), 「Dubai's Luxury Real Estate Market: A Paradise for Investors」, Smarthost Blog.
- ValuStrat(2024), 『Dubai Real Estate Review Q3 2024』, ValuStrat.
- World Bank(2025), 『UAE GDP projected to grow by 4.1 percent in 2025』, World Bank.
- Zawya(2025), 「Dubai's ultra-luxury real estate market set for more growth in 2025」, Zawya.